教育部人文社会科学研究规划基金项目"企业员工抱怨行为研究
——构念、测量、形成机制与对策"（19YJA630063）资助

# 企业员工抱怨实证研究
## ——构念测量、形成机制与对策

孙永生　著

西北工业大学出版社

西　安

【内容简介】 本书是关于企业员工抱怨行为的探索性实证研究成果。在内容安排上，第一章综述了国内外员工抱怨研究文献，指出员工抱怨相关研究存在的不足；第二章是员工抱怨构念内涵及测量研究，采用扎根理论实证探讨了员工抱怨构念内涵，开发了员工抱怨行为的测量量表；第三章实证探讨了基于不满事件情境的员工抱怨方式选择行为；第四章实证检验了高绩效人力资源实践对员工抱怨的影响机制；第五章实证检验了组织公平感对员工抱怨的影响机制；第六章探讨了新生代员工抱怨的影响因素；第七章是在以上实证研究结论的基础上，从思想上重视员工抱怨问题、构建员工抱怨管理机制、制定个性化的抱怨干预策略、完善企业人力资源管理职能、营造和谐的组织氛围、重视企业文化建设及关注新生代员工的个体差异等方面，提出了企业员工抱怨管理的对策建议。

本书适合企业人力资源管理人员，高等院校相关专业研究生、本科生阅读。

## 图书在版编目（CIP）数据

企业员工抱怨实证研究：构念测量、形成机制与对策/孙永生著. —西安：西北工业大学出版社，2023.6

ISBN 978-7-5612-8781-1

Ⅰ.①企⋯　Ⅱ.①孙⋯　Ⅲ.①企业管理-研究　Ⅳ.①F272

中国国家版本馆CIP数据核字（2023）第126829号

QIYE YUANGONG BAOYUAN SHIZHENG YANJIU—GOUNIAN CELIANG, XINGCHENG JIZHI YU DUICE

**企业员工抱怨实证研究——构念测量、形成机制与对策**

孙永生　著

| | | | |
|---|---|---|---|
| 责任编辑：李文乾 | | 策划编辑：胡西洁 | |
| 责任校对：陈　瑶 | | 装帧设计：董晓伟 | |
| 出版发行：西北工业大学出版社 | | | |
| 通信地址：西安市友谊西路127号 | | 邮编：710072 | |
| 电　　话：（029）88491757，88493844 | | | |
| 网　　址：www.nwpup.com | | | |
| 印刷者：广东虎彩云印刷有限公司 | | | |
| 开　　本：787 mm×1 092 mm | | 1/16 | |
| 印　　张：12.125 | | | |
| 字　　数：280千字 | | | |
| 版　　次：2023年6月第1版 | | 2023年6月第1次印刷 | |
| 书　　号：ISBN 978-7-5612-8781-1 | | | |
| 定　　价：68.00元 | | | |

如有印装问题请与出版社联系调换

# 前　　言

　　劳动关系是生产关系的重要组成部分，是最基本、最重要的社会关系之一。劳动关系的和谐程度，与广大员工和企业的切身利益息息相关，更影响着经济发展和社会的和谐稳定。尽管构建和谐劳动关系已经上升为国家意志，但伴随着中国经济社会及企业组织的快速发展，在劳动法律制度不断完善及员工争取自身权益意识逐渐觉醒的进程中，劳动争议事件仍经常发生，这对企业健康发展和员工权益保障造成了巨大的负面影响。员工抱怨是企业劳动关系质量的"预警器"，对构建和谐劳动关系及和谐社会会产生重要影响。企业实践中，员工抱怨是员工对组织管理、工作安排、薪酬待遇等是否满意的最直接、最真实的行为反应，最初的抱怨问题如果得不到合理解决，进一步演化则有可能导致严重的劳动争议。

　　已有的员工抱怨理论主要是从管理学、心理学及劳动关系等视角出发，大多关注员工申诉研究，而员工抱怨的相关研究总体还比较零散，不够系统。相较于人力资源管理及劳动关系的其他方面，目前员工抱怨相关研究总体上不够深入。人力资源管理和劳动关系视角主要涉及制度化或正式的员工抱怨，却忽视了非正式抱怨行为。关于员工抱怨的实证研究较少，员工抱怨构念还没有形成公认的理论界定，员工抱怨的形成机制也缺乏实证探讨。

　　同时，员工抱怨研究多以发达国家为背景，针对中国情境的研究较少。中国是一个具有鲜明文化特征和独特人际交往环境的国家，传统中国哲学和文化强调包容。在中国情境下，由于受到中国传统文化的潜在影响，员工可能即使心存不满也不会轻易以言语抱怨来表达。考虑文化价值观方面的差异及中国劳动关系发展的实际情况，基于西方情境的研究结论并不一定适用于中国管理实践，所以需要适合中国情境的本土化研究。显然，探索员工抱怨行为对中国管理研究和企业实践具有重要意义。

　　当前，以"80后"和"90后"为代表的新生代员工已经成为职场主力军，是企业应对激烈市场竞争的基石。相较于老一代员工，新生代员工成长于中国迅猛发展的新时代，形成了极具鲜明色彩的工作价值理念，而这些价值理念会对其认知与行为产生影响。目前已有文献涉及新生代员工抱怨的研究。

　　本研究立足于中国企业管理实践，在文献研究的基础上，通过扎根理论方法界定员工抱怨内涵及维度，开发员工抱怨的测量量表，分析探讨员工抱怨的原因及方式类型，并理论分析和实证检验员工抱怨的形成机制。有关中国情境下员工抱怨构念的内涵界定及量表开发，为后续员工抱怨的深入研究提供了理论基础。本研究是中国情境下关于员工抱怨的本土化研究，拓展了员工抱怨的内涵，丰富和发展了中国情境下的员工抱怨理论及劳动关系理论。另外，本研究从劳动关系和人力资源管理相整合的视角，基于扎根理论探究了新生代员工抱怨的影响因素，并实证分析了具体影响因素对新生代员工抱怨的影响效应。

本研究为企业员工抱怨管理提供理论指导，对员工权益维护、企业和谐劳动关系构建及人力资源激励均起到重要作用。本研究的主要内容共7章，具体如下：

第1章从员工抱怨的研究视角、内涵、方式类型、影响因素、员工抱怨的后果、形成机制及测量等方面，梳理了已有文献研究成果，评述了该领域文献研究的不足，提出本研究拟探讨的问题。

第2章借鉴已有文献研究成果，采用扎根理论方法识别、界定了员工抱怨构念的内涵及维度，开发了员工抱怨测量量表，并依据领导成员交换理论和资源保存理论，构建了辱虐型领导、服务型领导及工作投入与员工抱怨的逻辑关系，实证检验了员工抱怨的效标效度。

第3章从人力资源管理视角，基于公平理论、心理抗拒理论及事件系统理论，采用情境实验研究方法，探讨了十种具体不满事件情境下员工抱怨方式的选择，实证检验了员工抱怨方式选择在具体不满事件情境及个体特征与人口统计学变量上的差异。

第4章基于心理契约理论、自我概念理论和自我控制理论，实证探讨了高绩效人力资源实践对员工抱怨的影响及自我威胁感（私下自我威胁和公开自我威胁）在高绩效人力资源实践影响员工抱怨关系中存在的中介效应。

第5章基于员工抱怨文献成果，将员工抱怨区分为抱怨频率和抱怨反应两个层面，实证检验了组织公平感对员工抱怨频率和员工抱怨反应的影响效应，检验了工作价值观在这一关系中的调节作用。

第6章从劳动关系与人力资源管理相整合的视角，采用扎根理论及文献研究方法，探究了新生代员工抱怨的影响因素，并实证检验了具体影响因素对新生代员工抱怨的影响效应。

第7章立足企业员工抱怨管理现状，从重视员工抱怨问题、构建员工抱怨管理机制、制定个性化的抱怨干预策略、完善企业人力资源管理职能、营造和谐的组织氛围、重视企业文化建设及关注新生代员工的个体差异等方面提出员工抱怨管理的对策建议。

关于员工抱怨问题，更多的理论与实证研究仍有待进一步探讨，希望该领域更多学者及企业管理者能关注企业员工抱怨问题，推动员工抱怨行为理论研究，提升企业发展的核心竞争力。

由于水平所限，书中难免存在疏漏和不足之处，敬请各位同行及广大读者批评指正。

著 者

2023年3月

# 目　　录

**第 1 章　文献研究** ......................................................................... 1

1.1　员工抱怨的研究视角 ............................................................ 1

1.2　员工抱怨的内涵 .................................................................... 2

1.3　员工抱怨的方式 .................................................................... 5

1.4　员工抱怨的影响因素 ............................................................ 7

1.5　员工抱怨的后果 .................................................................. 11

1.6　员工抱怨的形成机制 .......................................................... 12

1.7　员工抱怨的测量 .................................................................. 17

1.8　研究现状评析 ...................................................................... 19

**第 2 章　员工抱怨构念内涵及测量** ........................................... 21

2.1　文献背景与理论基础 .......................................................... 21

2.2　基于扎根理论的深度访谈 .................................................. 24

2.3　数据编码 .............................................................................. 28

2.4　基于扎根理论的员工抱怨构念内涵及维度归纳 .............. 37

2.5　初始量表构建 ...................................................................... 39

2.6　量表题项筛选 ...................................................................... 41

2.7　正式量表检验 ...................................................................... 49

2.8　效标效度检验 ...................................................................... 52

2.9　本研究小结 .......................................................................... 58

## 第3章 基于不满事件情境的员工抱怨方式选择 ⋯⋯⋯⋯⋯⋯⋯⋯⋯⋯⋯⋯⋯ 60

    3.1  理论基础 ⋯⋯⋯⋯⋯⋯⋯⋯⋯⋯⋯⋯⋯⋯⋯⋯⋯⋯⋯⋯⋯⋯⋯⋯⋯⋯⋯ 60

    3.2  不满事件情境及抱怨方式分类 ⋯⋯⋯⋯⋯⋯⋯⋯⋯⋯⋯⋯⋯⋯⋯⋯⋯ 62

    3.3  研究假设的提出 ⋯⋯⋯⋯⋯⋯⋯⋯⋯⋯⋯⋯⋯⋯⋯⋯⋯⋯⋯⋯⋯⋯⋯ 69

    3.4  数据采集与统计 ⋯⋯⋯⋯⋯⋯⋯⋯⋯⋯⋯⋯⋯⋯⋯⋯⋯⋯⋯⋯⋯⋯⋯ 73

    3.5  员工抱怨方式选择的实证分析 ⋯⋯⋯⋯⋯⋯⋯⋯⋯⋯⋯⋯⋯⋯⋯⋯⋯ 75

    3.6  本研究小结 ⋯⋯⋯⋯⋯⋯⋯⋯⋯⋯⋯⋯⋯⋯⋯⋯⋯⋯⋯⋯⋯⋯⋯⋯⋯ 81

## 第4章 高绩效人力资源实践对员工抱怨的影响机制 ⋯⋯⋯⋯⋯⋯⋯⋯⋯⋯ 84

    4.1  相关理论 ⋯⋯⋯⋯⋯⋯⋯⋯⋯⋯⋯⋯⋯⋯⋯⋯⋯⋯⋯⋯⋯⋯⋯⋯⋯⋯ 84

    4.2  研究假设的提出 ⋯⋯⋯⋯⋯⋯⋯⋯⋯⋯⋯⋯⋯⋯⋯⋯⋯⋯⋯⋯⋯⋯⋯ 92

    4.3  数据采集与整理 ⋯⋯⋯⋯⋯⋯⋯⋯⋯⋯⋯⋯⋯⋯⋯⋯⋯⋯⋯⋯⋯⋯⋯ 95

    4.4  实证分析与假设检验 ⋯⋯⋯⋯⋯⋯⋯⋯⋯⋯⋯⋯⋯⋯⋯⋯⋯⋯⋯⋯⋯ 101

    4.5  本研究小结 ⋯⋯⋯⋯⋯⋯⋯⋯⋯⋯⋯⋯⋯⋯⋯⋯⋯⋯⋯⋯⋯⋯⋯⋯⋯ 107

## 第5章 组织公平感对员工抱怨的影响机制 ⋯⋯⋯⋯⋯⋯⋯⋯⋯⋯⋯⋯⋯⋯ 110

    5.1  相关文献综述 ⋯⋯⋯⋯⋯⋯⋯⋯⋯⋯⋯⋯⋯⋯⋯⋯⋯⋯⋯⋯⋯⋯⋯⋯ 110

    5.2  研究假设的提出 ⋯⋯⋯⋯⋯⋯⋯⋯⋯⋯⋯⋯⋯⋯⋯⋯⋯⋯⋯⋯⋯⋯⋯ 117

    5.3  变量测量与数据采集 ⋯⋯⋯⋯⋯⋯⋯⋯⋯⋯⋯⋯⋯⋯⋯⋯⋯⋯⋯⋯⋯ 120

    5.4  实证分析与假设检验 ⋯⋯⋯⋯⋯⋯⋯⋯⋯⋯⋯⋯⋯⋯⋯⋯⋯⋯⋯⋯⋯ 123

    5.5  本研究小结 ⋯⋯⋯⋯⋯⋯⋯⋯⋯⋯⋯⋯⋯⋯⋯⋯⋯⋯⋯⋯⋯⋯⋯⋯⋯ 133

## 第6章 新生代员工抱怨的影响因素 ⋯⋯⋯⋯⋯⋯⋯⋯⋯⋯⋯⋯⋯⋯⋯⋯⋯⋯ 136

    6.1  研究背景及问题的提出 ⋯⋯⋯⋯⋯⋯⋯⋯⋯⋯⋯⋯⋯⋯⋯⋯⋯⋯⋯⋯ 136

    6.2  理论基础 ⋯⋯⋯⋯⋯⋯⋯⋯⋯⋯⋯⋯⋯⋯⋯⋯⋯⋯⋯⋯⋯⋯⋯⋯⋯⋯ 137

    6.3  新生代员工的概念界定与特征 ⋯⋯⋯⋯⋯⋯⋯⋯⋯⋯⋯⋯⋯⋯⋯⋯⋯ 139

    6.4  扎根理论研究方案设计 ⋯⋯⋯⋯⋯⋯⋯⋯⋯⋯⋯⋯⋯⋯⋯⋯⋯⋯⋯⋯ 141

    6.5  数据编码 ⋯⋯⋯⋯⋯⋯⋯⋯⋯⋯⋯⋯⋯⋯⋯⋯⋯⋯⋯⋯⋯⋯⋯⋯⋯⋯ 144

    6.6  新生代员工抱怨影响因素实证检验 ⋯⋯⋯⋯⋯⋯⋯⋯⋯⋯⋯⋯⋯⋯⋯ 149

    6.7  本研究小结 ⋯⋯⋯⋯⋯⋯⋯⋯⋯⋯⋯⋯⋯⋯⋯⋯⋯⋯⋯⋯⋯⋯⋯⋯⋯ 160

**第 7 章 企业员工抱怨管理对策建议** ································· 162

  7.1 思想上重视员工抱怨问题 ····································· 162

  7.2 构建员工抱怨管理机制 ······································· 163

  7.3 制定个性化的抱怨干预策略 ··································· 164

  7.4 完善企业人力资源管理职能 ··································· 166

  7.5 营造和谐的组织氛围 ········································· 168

  7.6 重视企业文化建设 ··········································· 170

  7.7 关注新生代员工的个体差异 ··································· 170

**参考文献** ······················································ 172

**后　　记** ······················································ 185

# 第1章 文献研究

现有文献主要从员工抱怨的内涵、方式类型、影响因素、抱怨后果、抱怨机制及测量等方面开展了相关研究。本章从员工抱怨的研究视角、员工抱怨的内涵、员工抱怨的方式、员工抱怨的影响因素、员工抱怨的后果、员工抱怨的形成机制及员工抱怨的测量等方面,梳理了已有文献关于员工抱怨方面的研究成果,指出了该方面研究的不足,并提出本研究拟探讨的问题。

## 1.1 员工抱怨的研究视角

已有文献关于员工抱怨相关问题的探讨,存在心理学、社会学、经济学、劳动关系及人力资源管理等几个不同的研究视角。

员工抱怨的发生是个体心理认知与反应的过程,心理学视角的抱怨机制对员工抱怨问题的揭示及有效管理至关重要。但已有心理学视角的研究文献多是关于个体年龄、性别、受教育程度及管理因素对员工抱怨影响的分析(Bemmels等,1996;Walker等,2010),有关员工抱怨的形成机制仍缺乏深入研究。社会学视角的员工抱怨研究主要是探讨组织特征对员工抱怨的影响,如分权化组织与集权化组织、半技能工作小组与无技能工作小组、不愉快的任务环境、低效的管理决策等对抱怨率的影响(Purcell,2014)。经济学视角则主要关注的是抱怨成本和收益的比较对抱怨行为选择的影响,以及不同抱怨方式对工作绩效、员工流动率、劳动生产率、产品质量等的影响(Cox,2006)。

在已有的几个研究视角中,劳动关系视角的文献数量众多,是该方面最重要的研究成果。劳动关系视角除了普遍关注间接方式,即通过工会或非工会组织方式实现的集体化的员工代表制度,还广泛涉及员工个体正式的直接抱怨或申诉。劳动关系视角直接出于对员工自身利益的考虑,多聚焦于员工权利、劳资关系及其平衡,所关注的多是集体谈判、正式抱怨等形式,主要探讨的是员工抱怨解决的有效性及制度因素的影响(Cooke等,2015),但忽视了员工抱怨的心理机制、非正式抱怨及人力资源管理措施在员工抱怨预防及化解中的积极作用。近些年,人力资源管理视角的员工抱怨研究受到企业界和学术界越来越多的重视,主要侧重于员工抱怨的内涵、方式、影响因素及管理对策研究（陆露等，2016）。人力资源管理视角的研究普遍关注员工直接抱怨。不管是直接抱怨还是间接表达，劳动关系和人力资源管理视角的已有文献广泛讨论的是正式的抱怨机制，较少分析非正式抱怨方式，工作场所中管理者和员工之间非正式的交流被完全忽略了（Marchington等，2013）。劳动关系和人力资源管理视角下的员工抱怨研究各有侧重，形成了不同的研究聚焦、传统和范式，总体上呈现出纷繁细碎、彼此分隔的研究态势。这使得这方面的理论研究受到限制，也不利于员工抱怨问题的有效解决（Kaufman，2010）。

员工抱怨是员工发言的一种方式，是劳动关系和人力资源管理学科领域研究的主要议题。近些年，针对员工发言方面存在的研究视角割裂、概念内涵模糊的问题，不少学者倡导劳动关系和人力资源管理学科视角的整合研究。已有文献的整合思路，要么建议拓展相关概念的内涵，使不同学科关注的研究内容互为接近（Van Dyne等，2008；Tangirala等，2013；Mowbray等，2015），要么从内涵上清晰区分相关概念，然后将本质上不同的发言方式纳入同一个作用机制的综合模型（陈坤等，2016）。员工发言方面的研究缺陷，集中体现为员工抱怨与其他相关概念内涵在不同学科领域的交叉重叠和作用机制分析模型的泛化。因此，从劳动关系和人力资源管理不同的学科视角，实现员工抱怨内涵、方式分类及形成机制的整合分析，是该领域重要的发展趋势。

## 1.2 员工抱怨的内涵

### 1.2.1 员工抱怨内涵的演进

员工抱怨源于工业革命时期，当时突出的劳工问题，使得工作场所中员工的人身安全、薪酬分配等基本权益受到严重侵害。被工具化的员工自发地以个人或群体的方式采取的维权行为，就是最初的员工抱怨，也是员工发言的原形（Mondy等，1995）。随着经济社会的发展和劳工斗争的深入，代表员工利益的工会组织得以合法化，政府维护员工权益的法律法规也相继颁布和健全，劳资双方对话协商机制逐渐成熟、规范。员工自发的个人或群体维权行为也因此转变为组织化的正式抱怨机制，其中最主要的就是集体谈判和员工申诉机制（陈坤等，2016）。此时的员工抱怨仅指存在工会组织的员工个人及通过工会集体的正式抱怨，不满的清晰表达是抱怨的唯一构成要件（Freeman等，1984；Gollan，2001）。

员工抱怨的概念模型是基于Hirschman（1970）的经典理论，即Exit-Voice-Loyalty框架形成的（Allen，2014）。Hirschman理论的原意是，顾客在面对产品或服务质量问题时，可能会选择抱怨（Voice）、退出（Exit）或保持忠诚（Loyalty）。抱怨是指顾客直接向公司或有关第三方倾诉不满以寻求补偿或解决问题，退出是指顾客不做出任何解决问题的努力而停止购买该公司的产品或服务，保持忠诚是指顾客经历不满后既不退出也不抱怨的选择。Hirschman理论将抱怨定义为任何试图改变而不是逃避不满情形的努力，其目的是施压管理方以解决问题，具体方式包括通过个人或集体向直接负责的管理部门请愿或向上级部门申诉,以及有意动员公众舆论在内的各种类型的行动或抗议。Hirschman理论激发了不同学科学者的研究热情,在劳动经济学领域,不少学者借用Voice-Exit-Loyalty模型这一分析框架,解释了工会情景下抱怨机制存在的必要性(Freeman等,1984;Lewin,1987;Lewin等,1999)。在劳动关系领域内,Freeman和Medoff(1984)最早将Hirschman理论应用于员工抱怨或申诉的研究,分析了工会化企业员工抱怨与离职的关系,认为抱怨和仲裁体系及基于资历的人事政策有助于工会化职场降低离职率。

尽管Hirschman理论对抱怨的经典定义,包含了个人或集体采取各种形式的不满表达,但在早期该领域的研究文献中,员工抱怨或申诉主要还是指员工通过工会组织向管理部门表达工作中的不满。近些年的企业实践中,随着英美世界发达经济体内工会密度的逐渐降低(Freeman等,2007),组织内人力资源管理的重要性得到提升,企业采取了积极主动的高绩效人力资源实践和更加个性化的抱怨机制(Dundon等,2007),在集体和工会代表机制之外增加了直接的和个性化的人力资源管理形式,员工抱怨研究便开始关注无工会情景下非正式的抱怨方式(Wilkinson等,2015)。

可以看出,随着企业管理实践特别是西方社会工会实践的发展,员工抱怨从自发地以个人或群体的方式进行维权,到组织化的正式申诉机制,再到开始关注无工会情景下员工基于自身不满的表达,员工抱怨的内涵实际上包括有工会和无工会情景、基于工会组织正式机制和管理机制及其他非正式方式等。

### 1.2.2 关于员工抱怨的定义

抱怨通常被定义为对痛苦、忧虑或不舒服感的一种表达,或者是控诉的一种方式(张占山,2006)。西方文献中,多以grievance表示个体心中的不满或委屈,用filing a grievance或complaints表示抱怨行为(Brian,1989;Cooke等,2016)。从心理学角度理解,抱怨是一个复杂的心理和行为过程,涉及动机、特点、表现方式等多个因素(Maute等,1993;Kauffeld等,2009),是个体对心中不满的一种宣泄,是人性中的一种自我防卫机制(Gordon等,1984)。Kowalski(1996)将抱怨定义为,以释放情绪或实现个人的和人际关系的目标为目的的一种表达不满的行为。这说明抱怨的本义就是把内心的不满或委屈表达出来,抱怨的前提是心中存有不满,而实践中由于受各种因素的影响,表达方式就会多种多样。

由于受到企业管理实践及不同学科研究偏好的制约,学者们关于员工抱怨内涵的界定在劳动关系和人力资源管理学科领域各有侧重且相互关联。Sayler(1959)最早提出员工抱怨术语,他的研究比较了同一家工厂不同工作组的员工抱怨率,得出了员工抱怨率的影响因素,但没有明确给出员工抱怨的具体定义。劳动关系视角下,员工抱怨的根源是工会合同的条款或者暗含在合同内的约定俗成的社会规则受到了侵犯(Edelman,1961),抱怨行为实际上是员工所拥有的权利(Cappelli等,1991)。Gordon和Miller(1984)将员工抱怨定义为员工对管理方侵犯其权益的申诉,这里的权益就是集体合同、国家法规、企业制度及曾经的实践经验所赋予的。劳动关系视角下的员工抱怨主要指员工通过正式渠道将自己的不满向管理层或工会的表达，而人力资源管理视角下，员工抱怨的内涵相对宽泛，多延伸至集体合同及正式制度之外的非正式抱怨方式。如Salipante和Bouwen（1990）将员工抱怨定义为，员工对组织政策、管理程序和管理行为不满的表达，包括公开的直接表达和通过工作上糟糕的业绩来间接表达。Cooke等（2015）定义了狭义的员工抱怨，即对公司特定程序、措施、决策或政策不公正感知的一种正式投诉。

员工抱怨和顾客抱怨的概念模型均源自Hirschman的经典理论，但目前顾客抱怨已发展为一个相对比较成熟、成果比较丰富的研究领域。相关文献既有从企业视角探讨顾客抱怨行为的类型、形成过程和影响后果的研究（Liu等，2001；Luo，2007；Ward等，2006），也有运用心理账户、公平理论等从顾客的视角探究个体在遭遇不满事件时心理反应机制方面的研究（Mohr等，1995；Tax等，1998）。学者们针对顾客抱怨概念给出了不同的定义，总体的演变趋势是，从早期"不满的表达"（Day等，1977）发展为目前普遍认同的"针对不满的一系列采取行动或不采取行动的多重反应"（Singh，1988），其核心内涵保留了Hirschman理论所指的抱怨原义。该领域关于顾客抱怨内涵的界定，同样为员工抱怨研究提供了有益的借鉴。

以上分析显示，已有文献针对员工抱怨的具体定义大体上存在两种。狭义上的员工抱怨一般指在有工会的企业内，由于管理方侵犯了员工权益，员工依照正式程序提出申诉的行为（Cooke等，2015）。广义上的员工抱怨是指，任何可能影响个人和组织绩效的不满或不公平事件导致的、感到不满意的员工直接和公开表达这种不满的行为（Salipante等，1990）。而实践中员工抱怨所涵盖的范围要比抱怨者与上司沟通及正式抱怨所提到的宽广得多，因此员工抱怨的内涵需要进一步扩展（Salipante等，1990）。

### 1.2.3 员工抱怨内涵的理解

结合"抱怨"一词的原义和已有文献关于员工抱怨及顾客抱怨的定义，并考虑企业实践中员工实际的抱怨行为，员工抱怨本质上是因职场中不满或不公平事件导致的、员工为了获取补偿或发泄情绪而做出的一系列行为或非行为的多重反应。首先，员工感知到不满是抱怨发生的必要但非充分条件（范秀成等，2002），员工抱怨一定是不满事件导致的。其次，员工抱怨的方式多种多样，既体现在言语、行动上，也体现在心理反应上，包括言语、行为、各种努力及多重反应（Fornell等，1987；Singh，1988）。最后，员工抱怨行为的动机主要是获取补偿或发泄不满（Singh等，1996），是对个人受损或缺失权利的主张。单纯强调某一类抱怨行为并对其进行分析预测，不能反映抱怨行为选择的动态性，不利于完整地理解员工抱怨的内涵。本书将员工抱怨理解为员工针对不满经历的一系列行为和非行为的多重反应，是对实践中员工抱怨问题的真实描述。

## 1.3 员工抱怨的方式

现有文献关于员工抱怨的方式，主要有正式抱怨和非正式抱怨。正式抱怨是指员工通过正式的和层级化的程序向工会或管理方表达不满的行为，这种方式的效用和相关运行制度已经受到不同情境国家的质疑（Roche等，2012）。非正式抱怨实际上不是一种具体的抱怨类型，而是正式抱怨之外其他可能的员工抱怨方式。员工抱怨主要是西方劳动关系和人力资源管理领域的研究主题，而劳动关系视角所指的员工抱怨仅指正式抱怨，人力资源管理视角虽然涉及其他抱怨方式，但一般表达为与正式抱怨相对应的非正式抱怨，主要指企业建立的员工建议系统等柔性化的抱怨处理机制。这方面的中文文献较少，多借鉴顾客抱怨术语来区分员工抱怨方式。如曾小丹（2010）实证分析了酒店一线员工的抱怨行为，将员工抱怨划分为言语性抱怨和行动性抱怨。言语性抱怨主要指倾诉和沟通，行动性抱怨主要包括消极怠工和辞职。高英（2014）将员工抱怨（职场抱怨）限定为员工言语宣泄对工作的不满的行为，并将员工抱怨分为直接抱怨和私下抱怨。

针对人际不公正对待引起的补救型抱怨是近年来学者们关注的一种员工抱怨（Bergman等，2002；Cortina等，2003；Karen等，2010），具体是指员工对已经发生的不满事件向管理方表达的反对、挑战和抗议（Adam等，2013），其目的是解决造成员工不满的问题（Olson-Buchanan等，2008）。补救型抱怨程序与组织中的抱怨程序是一致的，从正式的抱怨机制到非正式的门户开放政策（Dundon等，2004；Harlos，2001），也就是同样包括正式抱怨和非正式抱怨。另外，感到不满的员工除了表达自己的抱怨，也可能以缺席、降低生产率水平、退出、破坏性生产行为等方式对自己受到的不公正待遇做出反应（Brian，1989）。员工的这些反应是工作场所中的不满事件导致的，实际上也属于广义的员工抱怨方式。已有文献虽然在不同研究情境中提到各种具体的抱怨方式，但还没有发现针对员工抱怨类型划分的系统性研究成果。

已有文献关于顾客抱怨类型的研究成果同样为员工抱怨方式区分提供了有益的借鉴。根据抱怨行为的性质，Day等（1977）将顾客对不满事件的反应，即抱怨行为区分为采取行动和不采取行动。其中，采取行动又分为公开行动和私下行动，公开行动是指顾客采用抗议、公开维权等形式表达不满，包括寻求补偿、法律诉求和向第三方抱怨；私下行动包括不再购买和负面口碑，负面口碑是指顾客向亲朋好友口头传递有关服务失误或产品缺陷的负面信息。Anna等（2004）在Day等（1977）对顾客抱怨进行分类的基础上将公开行动中的寻求补偿区分为直接交涉和远程交涉，其中，直接交涉包括面对面交流和电话沟通，远程交涉包括信件和电子邮件。根据抱怨指向的对象，Singh（1988）将顾客抱怨分为直接抱怨、第三方抱怨和私下抱怨。直接抱怨是指顾客直接向企业表达不满，第三方抱怨是指顾客向第三方机构（如行业协会、新闻媒体、监管部门、法律部门等）表达不满，私下抱怨是指向亲朋好友等其他顾客传递负面口碑和抵制消费等。

在企业实践中，员工抱怨具体的表现形式主要有正式申诉、向主管倾诉、向同事倾诉、私下倾诉（即向亲朋好友倾诉）、社交媒体发泄、沉默、消极怠工、反生产行为、离职等。这些不同行为分散在不同领域的相关研究中，其中因员工对组织的不满而发生的上述行为本质上属于员工抱怨的范畴。

员工申诉程序是一种组织内部为解决员工诉求而制定的制度，同时这个制度不是员工或雇主一方制定的，而是双方共同制定的。这种制度为员工解决在工作中遇到的不满提供了一种很好的途径。申诉的根本原因是员工遭遇了不公正的对待，从而向管理层反映，以期得到解决。随着申诉研究的不断深入，发现申诉的内容主要涉及员工之间的摩擦，以及对绩效考核结果、薪酬福利的不满，甚至是工作场所的歧视等。申诉主要有两个目的，分别是表达当事人心中的不满和获取解决的方案。换句话说，员工申诉程序是宣泄员工不满以及能与组织交流的一种正规途径。通过申诉，员工不仅可以表达自己的想法，同时，管理层也可以通过员工的表达了解员工遇到的问题和不满的地方，如果处理得当，就可以将矛盾遏制在萌芽中，避免事态恶化或采用法律手段。从这个方面来讲，申诉是一个对雇佣双方都有利的事情。申诉是员工表达想法的一种途径，也是组织了解矛盾的一种方式（张子源，2010）。申诉常见的表达方式有书面报告或填写专门的表格。除此之外，还可以借助新媒体或其他平台等（闫海平，2017）。

向主管倾诉指员工向上级或更高层的管理者报告问题或表达想法的行为。对于公司而言，可以通过倾听员工的倾诉来了解组织中存在的问题与员工提出的建议，及时获取信息，提早准备解决问题；对于员工而言，通过向主管倾诉，一方面可以表达自己的想法与意见，另一方面可以宣泄情绪。由此可见，向主管倾诉，不管对公司还是对员工，都是一种积极的行为。但是员工抱怨的核心是不满，由于员工感到不满而向上级或者管理层倾诉的行为属于员工抱怨。

向同事倾诉，是指抱怨主体向同事讲述所遭遇的不满。倾诉可以让抱怨主体宣泄自己不满的情绪，但是也会传播抱怨的内容，有时抱怨的内容也会在同事间就抱怨的问题产生共鸣。同时，并不是所有的向同事倾诉都属于员工抱怨，只有对组织不满导致的倾诉才属于员工抱怨。

私下倾诉，这里的私下倾诉指向亲朋好友倾诉，是抱怨主体向亲朋好友表达自己所遭遇的不满。这种倾诉也能够让抱怨主体发泄心中的不满，是解决情绪问题的一个好方法。但是，这种倾诉也会传播抱怨内容和抱怨行为，有时也会有损公司的形象。与此同时，并不是所有的私下倾诉都属于员工抱怨，只有对组织不满导致的倾诉才属于员工抱怨。

社交媒体发泄，指抱怨主体在各类社交媒体上讲述自己的遭遇和不满。在网络时代，新生代是这个时代的中坚力量，当其遭遇不满时，通过在社交媒体上发表言论，可以获得更多人的关注，同时也会损害公司的公众形象。同样，只有因对组织不满而在社交媒体发泄才属于员工抱怨。

黄桂等（2015）研究了中国情境下的员工沉默，并将其分为三个维度，分别为利益性员工沉默、防御性员工沉默、情感性员工沉默。利益性沉默的目的在于获得所属派系及自己精神上和物质上的利益，防御性沉默是为了保护自己的利益和安全而采取的一种积极行为，情感性沉默是为了宣泄不满情绪而产生的一种行为。员工沉默对于组织来说既有积极的一面，又有消极的一面（张子源，2010）。Tjosvold 和 Sun（2002）秉持着这样一种观念：不管是以认同、合作或妥协为目的的员工沉默，还是利他目的的员工沉默，对提高组织中的人际关系和团队协作都大有裨益。但是，Morrison 和 Milliken（2003）发现员工沉默也会带来一定的负面影响，比如员工沉默阻断了管理者获取多元信息的途径，导致组织的管理者不能及时了解员工的动态。如果因为不能及时、准确地收集到员工反馈的各方面信息，管理层的决策质量和效果也会受到很大的影响。由于员工抱怨的核心是不满，所以当员工产生不满时，没有倾诉，没有找主管及组织反映，而是表现为沉默，这种沉默在本质上也属于员工抱怨。

消极怠工是指行为主体丧失了对工作的热情，从而产生的一种消极对抗、不合作的一种状态。具体的表现形式为行为主体有能力做好但是拒绝去做。同时，消极怠工会影响工作效率，使工作水平只能保持一般的水平而达不到更高的水平。除此之外，消极怠工还有传染性。在一个组织内，如果有一个个体出现了消极怠工，这种情况也会被其他个体模仿，最终影响组织的整体绩效。消极怠工的影响因素很多，但并不是所有的消极怠工都属于员工抱怨，我们只把因对组织不满而产生的消极怠工认定为员工抱怨。

反生产行为是组织内的成员给组织或者其他成员造成损害的行为，而且这种行为必须是有意进行的（张建卫等，2008）。反生产行为是一种非常普遍的现象，由于其形式具有多样性，因此很难察觉，而它的危害却很大。常见的偷窃、报复、诈骗和攻击等都属于反生产行为。但并非所有的反生产行为都属于员工抱怨，员工抱怨与反生产行为有一定的区别，只有员工因对组织不满而发生的反生产行为才属于员工抱怨。

辞职指员工主动向组织提出结束劳动关系的行为。通常员工会因某些重要需求在组织中未得到满足而选择辞职。导致员工辞职的原因很多，只有员工因对组织不满而辞职才属于员工抱怨。

## 1.4 员工抱怨的影响因素

具体的员工抱怨行为是各种因素综合作用的结果。群体动力理论认为，个人的行为受到个体内在需要及周围环境外力共同作用的影响。员工抱怨是一种复杂的行为，其影响因素涉及个体、环境和社会三方面，已有文献就涉及许多具体的影响因素。

### 1.4.1 人口统计学因素

许多基于西方情景的研究发现，人口统计学因素与员工抱怨行为有关，且结论是多种多样的（Bamberger等，2008；Kaplan等，2009；Labig等，1988；Miceli等，1988）。早期劳动关系方面研究发现，相对于非抱怨员工，抱怨员工的年龄更小、资历更浅、文化程度更高、收入水平更低（Sulkin，1967；price等，1976），也有研究发现，经常抱怨的员工相对而言收入更高（Ronan，1963）。Lewin（1988）分析发现，与非抱怨者相比，抱怨者更年轻、学历也更低。顾客抱怨方面研究发现，中年人比老年人更容易抱怨，女性比男性更容易抱怨，收入高比收入低的人容易抱怨（Moyer，1984）。Karen Harlos（2010）的研究发现，当受到同事冒犯时，女性员工抱怨的可能性高于男性员工。社会经济地位、收入水平、受教育程度和社会参与度更高的个体，更具备抱怨的知识、信息和动力，更容易抱怨（Fornell，1992）。人口统计学变量也影响个体抱怨方式的选择。女性在工作场合会更多地通过申诉表达不满（Ng等，2012）。年龄较大的员工和受教育程度较高的员工，会更多地采用公开抱怨和第三方抱怨的方式（Koledinsky，1993）。基于中国市场数据的实证研究发现，年龄较小、收入较高、家庭人口较多的人，以及男性更倾向于直接抱怨（赵平等，2002）。

### 1.4.2 个体特征因素

Gordon（1989）的实验研究表明，员工个体特征对抱怨行为的影响比环境因素更明显。自信与员工抱怨之间存在正相关关系（Day等，1997；Naus等，2007）。特立独行、追求个性的人更容易抱怨（Motganosky等，1987）。相信"命"或"缘"，持有"凡事天注定"价值观的个体，直接抱怨的倾向较弱（宋竞等，2010）。宜人性人格特质与抱怨行为呈负相关关系（Kowalski等，1995）。外控倾向的员工在面临不利结果时，往往将原因归结为外部因素，更容易表现出抱怨行为（Basgall等，1988）。

工作自尊是补救型抱怨最重要的预测变量。当受到主管不公平对待时，低工作自尊员工抱怨的可能性低于高工作自尊的员工（Karen Harlos，2010）。实验仿真结果显示，自尊心高的个体，在通过内部协调向上级寻求解决问题时更趋向于采用正式抱怨（Harlos，2010）。

忠诚度影响员工抱怨行为，但具体影响则有不同。Lewin和Boroff（1996）分析发现，忠诚度低的员工更倾向于正式抱怨，忠诚度高的员工即使受到不公平待遇也尽量避免抱怨而选择沉默。Olson-Buchanan和Boswell（2002）的研究则发现，忠诚度低的员工更可能采取正式抱怨，而忠诚度高的员工采取正式抱怨的倾向性较小，但有可能采取非正式抱怨。

工作满意度与针对工作条件方面的非正式抱怨存在正相关关系（Rusbult等，1988；Olson-Buchanan，1997），满意度较低的员工更可能选择正式的抱怨方式（Olson-Buchanan，1997；Allen等，1985）。也有研究发现，当面对反感的工作条件时，对工作、上司和提升机会满意度高的员工更可能采取体谅型的非正式抱怨，而满意度低的员工更可能采取冒犯型的非正式抱怨（Hagedoorn等，1999）。

情感承诺与员工正式抱怨行为存在负相关关系（Boroff等，1997；Olson-Buchanan等，2002），高情感承诺的员工更容易产生针对不公正对待的非正式抱怨行为（Luchak，2003；Mellahi等，2010）。

消极情感是个体体验不快乐情绪状态的个性倾向，高消极情感的人对日常生活中经历的挫折与烦恼更加敏感（Watson等，1984），更容易产生不满等负面情绪，会产生更多的抱怨行为。但害怕等负面情绪往往导致员工选择隐忍而不是公开抱怨（Grant，2013）。另外，心理安全感较低时，因为担心抱怨会带来不利的后果，员工可能不太愿意采用正式抱怨机制（Jameson，2001；McCabe等，2002）。同时，心理安全感在领导特征感知对员工抱怨行为的影响中起调节或部分调节作用（Detert等，2007；Detert等，2010；Walumbwa等，2009）。

### 1.4.3 组织管理因素

员工抱怨的形成是一个由员工、管理者、工会代理人三方参与的复杂的过程（Bemmels等，1991）。组织中员工经历的人力资源政策及面临的工作环境是理解员工抱怨的最重要线索（Purcell，2014）。Labig等（1988）将影响员工抱怨的组织因素归纳为环境因素、管理因素、工会因素及劳资关系因素四个方面。许多研究发现，管理政策和管理行为是员工抱怨的重要影响因素。管理政策可能影响员工抱怨收益和可选择的抱怨方式，如果公司对员工的生产率和出勤率进行考核并将结果用于奖惩激励时，员工采用正式抱怨的可能性就高（Brian，1989）。管理的严格程度、企业纪律标准与员工抱怨率呈正相关关系（Labig等，1985）。民主管理会带来较低的员工抱怨率（Bemmels，1994）。公司设计的强调员工采用建议系统改进组织流程重要性的宣传活动与正式抱怨存在正相关关系（Leach等，2006；Rapp等，2007）。管理者的结构行为（对产量和组织目标的强调）与员工抱怨正向相关，而关怀行为（对员工的关心）则有助于减少员工抱怨（Bemmels，1994；Bemmels等，1991）。管理者对集体合同的了解与员工抱怨率负相关（Bemmels等，1994）。Buch（1991）检验了有工会的制造工厂中质量圈项目对员工抱怨率的影响，发现质量圈项目明显降低了员工抱怨率。

工会政策及工会负责人的行为影响员工抱怨。研究发现，工会鼓励员工抱怨的政策会导致较高的抱怨率（Labig，1988；Lewin，1996）。工会负责人的经历、态度、个性和积极性等特征与员工抱怨行为相关（Dalton等，1979；Duane等，1991）。和谐的劳资关系与较低的员工抱怨率相关，但很难确定究竟是和谐的劳动关系造成了低抱怨率，还是低抱怨率造成了和谐的劳动关系（Labig，1988）。郑晓涛等（2017）研究表明，合作型劳动关系氛围影响员工抱怨行为，其中高关系质量和低关系质量下员工会选择正式和非正式的申诉方式，而在中等关系质量下则会选择沉默。

组织环境及任务的组织化程度会影响员工抱怨。在具有威胁性且压力大、令人不愉快的、不稳定的工作环境下，容易产生令人不满的工作状况，员工抱怨率较高（Muchinsky，1980）。工作组织（Sayles，1958）及技术因素（Kuhn，1961）影响员工抱怨。但也有研究认为，很少有实证研究能证明技术差异显著影响职场中的员工抱怨率（Bemmels等，1991；Bemmels，1994）。员工对产出的控制程度、工作内容的可变性及工作对整个生产过程的重要性与员工抱怨正相关，员工间相互配合的程度和员工抱怨负相关（Peach，1974）。

### 1.4.4 文化因素

文化差异影响个体抱怨行为，相对于个人主义文化，集体主义文化取向的个体在遭遇不满时采取直接抱怨的倾向更低，但他们更有可能在集体中传播负面消息，更容易引起群体内成员的关注（Watkins等，1996）。Liu等（2001）以韩国和美国的统计数据为样本，比较分析后发现，在经历不满遭遇后，集体主义和个人主义两种文化背景下的个体都会表现出抱怨情绪，但都较少采取法律途径或诉诸第三方机构；与个人主义文化相比，集体主义文化背景中的个体较少采用直接抱怨方式，更倾向于向亲朋好友倾诉不满。杜建刚等（2007）基于中国文化中的面子理论，发现个体在经历了挫折事件后，因感到面子受损而引发负面情绪，从而形成抱怨倾向。权力距离也影响员工处理争议时的策略选择，可能是因为怀有高权力距离的员工更多关注有权势人物的仁慈的评论（Tyler等，2000）。

### 1.4.5 宏观环境因素

宏观环境因素主要是经济与法律因素。Slichter等（1960）通过分析150位公司领导及40位工会领导的访谈发现，不利的经济环境导致员工抱怨率升高。Peach等（1974）的研究结论是，外部经济环境会影响不同企业的员工抱怨率，但对同一企业内部的不同部门则不会产生影响。法律会影响工会在抱怨机制中的作用，在法律强化了工会受理员工抱怨的责任后，就可促使工会替员工正式抱怨并调查导致抱怨的不满事件（Feldacker，2014）。

### 1.4.6 其他因素

抱怨的效用影响员工正式及非正式抱怨行为（Detert等，2010；Klaas等，2012）。抱怨态度（Bearden等，1984）、感知抱怨利益（Singh等，1996）、抱怨成本及抱怨成功的可能性（Kim，2003）等因素影响直接抱怨行为。一般而言，个体在抱怨之前，通常会判断抱怨行为所能带来的利益，感知到的抱怨利益越多，就越容易形成对抱怨的积极态度（Richins，1987），也就越倾向于采取抱怨行为（Blodgett，1993）。感知到的抱怨成本越高，向公司提出抱怨的可能性就越低（Richins，1983b），而时间和精力是最多被提到的个体不愿意抱怨的成本理由（Richins，1987）。有可能增加其他可选抱怨成本的情景因素，也会提高员工正式抱怨的可能性（Bacharach等，2004；Lewin等，1988）。另外，当员工有可供选择的就业机会时，针对感知到的不公平对待的非正式抱怨就更有可能发生（Rusbult等，1988）。

可以看出，员工是否表达出抱怨，抱怨的程度和方式如何受到许多因素的影响，如员工个性特征、工作场所状况、员工与管理方的关系、工会对员工权益的代表性、员工感知到的抱怨被接受的可能性，以及社会规范、职场文化等（Klaas，1989）。高英等（2015）将知识型员工职场抱怨的成因归纳为七类，分别是人际关系、工作内容、管理规范化、物理环境、职业发展、工作负荷及工作协作。Cooke等（2016）认为，在员工抱怨水平、抱怨处理方式、有效性、个体对抱怨与退出的选择上，人口统计学特征、制度因素、文化因素、企业规模、所有制性质、经营绩效、当地的劳动力市场等会产生影响，并可能存在复合性的情境效应。

总部位于美国芝加哥的人力资源解决方案公司（HR Solutions Inc.），通过对2 100个组织的220万名员工调查发现，导致员工抱怨的前十大因素分别是：不涨工资、内部报酬分配不公平、对福利计划（如健康医疗保险、带薪休假）不满、管理过度、绩效工资增长不合理、人力资源部门对员工诉求缺乏响应、被不公正对待、员工缺乏与管理者沟通的渠道、工作量过大、对工作环境不满意等。英国产业关系服务局通过对英国133家企业2 519件员工申诉事件进行调查，总结得出占比较高的申诉议题分别是：与直线经理的关系（52%）、与同事的关系（47%）、欺凌/折磨（42%）、报酬问题（37%）、组织等级或职级问题（28%）、种族歧视（10%）、性别歧视（10%），其中括号内的百分比表示被调查雇主收到该类申诉的比例。以上两项有关员工抱怨的调研结果，比较真实地反映了西方情境下企业劳动关系实践中员工抱怨的主要影响因素。

## 1.5 员工抱怨的后果

### 1.5.1 消极后果

抱怨在职场传递的是负面信息，抱怨行为产生的最常见消极后果是抱怨者被他人拒绝或排斥。因为经常抱怨的人向周围传播的是大量的"负能量"，会引起别人的厌恶和反感（Williams，1997），从而可能引发人际冲突，破坏人际关系。同时，情绪是会传染的，一方面，抱怨行为增加了接收者的心理负担；另一方面，抱怨的内容会唤起接收者对此人或事物的不好印象而引发负面情绪。不断的员工抱怨，会使消极态度迁移到其他员工身上，影响其他员工行为（Lipsman，2012）。更严重的是，抱怨接收者因为受到负面情绪的"传染"而产生不满，进而引发抱怨行为的多米诺效应，使得职场氛围被负面情绪所笼罩。加之员工抱怨信息的扩散具有高传染性和"蝴蝶效应"，很容易使管理人员陷入员工的信任危机，甚至导致部门解体（赵洪利，2005）。

实践中，员工抱怨未必都会演化为对抗性的劳资冲突，但企业如果对员工抱怨不予重视或处理不当，就可能导致破坏性的员工行为，最终必然伤及劳动生产率与组织绩效。不重视员工抱怨或对员工抱怨处理不当的企业，通常会面临员工流失的风险，因为员工看不到工作改善的机会（McClean等，2013）。

### 1.5.2 积极后果

对抱怨者而言，抱怨行为可以释放其消极情绪（Alicke等，1992）。研究发现，较少抱怨的人比经常抱怨的人更容易患上抑郁症（Folkman等，1986）。Wegner等（1987）的研究结论在一定程度上解释了这一现象，他们认为，因为压抑而没有表达出不满的人会更多地想起诱致不满的人或事，进而产生更多的不满和负面情绪。情绪的压抑和控制不能消除这些负面情绪，反而会消耗生理和心理的能量，最终给身体和心理健康带来损害。抱怨也可以带来积极的人际关系效应。当抱怨行为能够引起被抱怨者对问题的关注并做出改进或修正时，当事人之间的关系就会因为"危机解除"而得到改善。此外，抱怨行为本身还可以增加人际互动。同事之间一个小小的无伤大雅的抱怨行为，或者朋友之间常有的善意的抱怨，都可以轻松地找到话题从而缓解尴尬的沉默气氛。在这些情形下，抱怨缓和了潜在冲突，改善了人际关系。

抱怨行为可以发挥印象管理的作用。在有些情况下，抱怨的目的可能是向别人展示出希望被别人看到的那部分自己（Jones等，1982），可能是通过对事物或他人的抱怨来表现自己的某种优势，以增加自己得到他人接受和欢迎的可能性。这种抱怨行为事实上发挥了印象管理的作用。尽管抱怨行为一般涉及个人权益问题，本质上是员工对自身受损或缺失权益的主张，但可以反映出工作设计、职务晋升、员工培训、绩效考核及薪酬分配等诸多方面的组织问题。因此，员工抱怨有助于组织流程的改进，有助于组织运作效率和竞争力的提升（Cox，2006）。另外，员工抱怨在企业处理管理不端行为特别是贪腐问题时，提供了重要的信息来源，发挥了内部审计的作用（Cooke等，2016）。

### 1.5.3　组织抱怨机制有效性的影响

员工抱怨的结果效应也体现在组织抱怨机制的有效性上。研究发现，整个抱怨机制是需要员工高度参与的过程，员工的这种实践活动与组织绩效成正相关关系（Boswell等，2004）。抱怨机制的公平性与系统的使用及总体的有效性成正相关关系（Nurse等，2007），抱怨机制的可用性会带来较低的员工流动率、较长的员工任期、较高的人力资本及劳动生产率（Ilmakunnas等，2005）。西方情境下的研究表明，员工不愿意采用正式抱怨解决机制的原因是担心抱怨会带来不利后果。诸如"害怕"这样的负面情绪阻碍员工不满的表达，使得员工选择沉默而不是抱怨，即使实施抱怨也倾向于非正式抱怨（Grant，2013）。

抱怨行为为员工提供了表达不满的渠道，也使得管理层可以及时了解员工的意见并处理员工遇到的不公平事件，尽可能防止或避免因不满事件导致的劳动关系恶化。抱怨既是员工负面情绪的"宣泄口"，也是管理层改进管理效果的"预警器"（张子源，2010）。因此，有效的抱怨管理机制对雇佣双方都是有利的。

## 1.6　员工抱怨的形成机制

### 1.6.1　员工抱怨的动机

关于员工抱怨的形成机制已有文献研究缺乏系统性的研究成果，有关员工为什么会抱怨，即个体抱怨的动机存在不同的理论解释。期望理论认为，处在职场中的每个员工都有自己的各种期望，当个体的期望与自己感知到的实际效用不一致时，就会产生不满从而引起抱怨。经济效用理论的核心是个体的行为选择坚持效用最大化原则，所以经济效用理论强调员工抱怨是个体理性判断的决策行为，当员工感知到抱怨带来的效用大于抱怨成本时，抱怨行为就会发生。归因理论是关于个人阐释他人或自己行为原因的社会认知理论，强调员工抱怨的因果关系。基于知觉公平理论，员工抱怨是个体公平认知的结果，员工之所以抱怨是因为感知到了不公平。

心理学认为，在外界环境或情景的影响下，由于自我认知的局限性，当自身不具备解决相关问题的经验和能力时，个体会产生压力和不舒适感。此时，个体可能会通过不同程度的抱怨行为，如嘟囔、负面口碑、投诉等来缓解这种紧张的情绪（王丽丽等，2009）。

Kowalski（1996）对一般抱怨行为的发生以自我倾注为起点进行了两种路径分析。一是自我倾注促使个体将理想和现实进行比较，当感觉到理想和现实之间存在较大差异时，个体容易滋出负面情绪，进而产生以缩减差异、减少不满为目的的动机；二是当个体沉浸在自我的负面情绪中无法脱身时，可能依赖这种负面状态，进而引发抱怨。无论通过何种路径产生抱怨，个体在采取行动前会衡量抱怨成本和抱怨收益，当收益高于成本时才会导致抱怨行为的发生。陆露等（2016）在此基础上，分析出员工抱怨的动机和影响员工抱怨行为的个体因素及情境因素。员工抱怨按动机分为工具性抱怨和非工具性抱怨：工具性抱怨被看作个体想要达到既定目标的一种手段，有时员工也借此表达建议，希望领导能够采纳；非工具性抱怨则多为不满情绪的表达，当不满情绪消失时，抱怨行为就会停止。

谢玉华等（2019）也将员工抱怨的动机分为两种：一种是基于情绪宣泄发生的非工具性抱怨，员工在遭受不公之后，用来释放内心的不满或焦虑的一种发声行为，借此达到内心的平衡；另一种是基于寻求补偿发生的工具性抱怨，员工希望通过抱怨来改善个体或组织当前的状态。员工的工作不满意度越高，就越有可能提出抱怨（Allen等，1985）。值得注意的是，工具性抱怨并非包含很强烈的不满情绪，强调的是个人将实际情况与其期望值进行对比，从而得出让员工把抱怨作为工具以求价值补偿的可能性（陆露等，2016；谢玉华等，2019）。员工认为抱怨的工具属性越高，越有可能采取抱怨行为。

此外，曾小丹（2010）通过对酒店一线人员抱怨情况的调查研究，发现存在心理安慰动机。倾听者为了和抱怨者拉近距离，获得他们的理解或支持，通常会列举一些类似事例表达对抱怨对象的不满，在此过程中，可能会产生新的抱怨行为。吴玉（2016）根据抱怨动机是否有助于抱怨者个人形象建设，将抱怨动机分为"正面形象动机"和"负面形象动机"两类。其中，"正面形象动机"是指有助于抱怨者树立正面形象的动机，包含宣泄自己的负面感受、获取别人的帮助和谅解、开启新的社交话题和安慰受伤害的朋友等四种类型。相反，"负面形象动机"是指不利于抱怨者积极形象建设的动机，如攫取他人的注意力、推卸自身责任、引起别人怨恨和屈从于团体其他成员从而保持一致等四种类型。也可以将成年人抱怨的动机分为内部动机和外部驱动两类。内部动机包括发泄情绪、获取支持、引起关注、推脱职责和引人羡慕。外部驱动则包含共建话题、服从群体和宽慰他人等。另外，个体对于不满经历的责任归因也会对其抱怨行为产生影响。当责任归因难以确定时，员工出于维护自身利益的动机，更可能将责任归咎于别人而非自己，由此引起抱怨的发生。员工抱怨是一种复杂行为，有时很难简单从单一动机上去理解，可能掺杂着几种动机。

单纯依据上述某一种理论均无法合理、完整地解释员工抱怨的动机。抱怨是对不满的反应，其根源是感知到了不公平的对待。有研究认为，抱怨是一个理性决策的过程，个体在抱怨时存在成本付出，包括时间、精力、经济和心理上的付出等。抱怨成本对抱怨行为有很大影响，理性的人无论不满情绪有多强烈，都会对抱怨的收益和成本进行衡量（Day，1984）。也有研究发现，抱怨行为未必都是理性分析的结果，当个体的愤怒和不公平感知非常强烈时，他们的回应实际上是自发的冲动，并不是有意识权衡利弊之后的结果。因此，尽管员工的抱怨行为会受到理性和功利的引导，但在特定条件下员工实施的抱怨可能是冲动而非理性的选择（Wheeler，1985）。

### 1.6.2 员工抱怨形成机制分析

员工因什么而抱怨、抱怨反应是如何做出的以及抱怨的过程和抱怨的解决是怎样的，这些问题显然是相互依存的（Brian，1989）。按照心理学观点，行为既是个体和环境的函数，又反作用于环境及个体（段锦云等，2012）。因此，员工抱怨同样是个体、环境和行为交互作用的结果。员工因不满事件而产生不满感知，受不满感知的驱使形成了抱怨行为，这一过程受到个体特征和情境因素的影响。如果员工的抱怨没有得到妥善解决，抱怨行为通过与个体、环境的交互作用，有可能转化为新的不满事件，导致首次抱怨演变为进一步的多重抱怨反应。本研究基于已有文献成果，将员工抱怨形成机制表达为如下综合模型（见图1-1）。以下详细分析员工抱怨形成的三个阶段及影响因素。

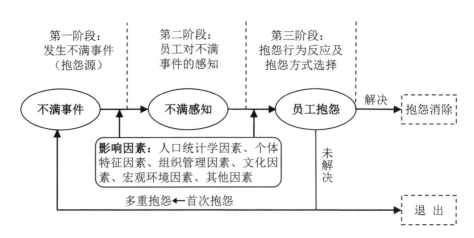

图1-1 员工抱怨形成机制

第一阶段：发生不满事件

不满事件是员工产生抱怨的根源，如果不考虑员工为什么产生了抱怨，那么要搞清楚员工是如何做出抱怨反应、抱怨过程是什么及化解抱怨就是困难的（Brian，1989）。就宏观而言，员工抱怨是产业冲突的一种形式（Cooke等，2016）。在企业实践中，造成员工抱怨的不满事件多与工作环境有关，包括管理政策和制度、工作条件、人际关系、薪资地位、安全保障等（李勇泉，2010）。Cooke等（2016）认为，员工在人力资源管理实践及工作环境中的经历是理解他们抱怨的最重要线索。他们基于24名一线员工的访谈发现，员工抱怨主要集中于劳动报酬、管理风格/胜任力、工作实践、工作量/速度等方面。收入水平和管理控制更是导致员工抱怨的两个重要因素，因为在实践中，公司更多关注的是降低成本和增加生产率。这一研究发现与其他研究结论也基本一致（Cooke，2013；Li，2014）。

补救型抱怨的相关研究证实，不满事件的严重程度影响员工抱怨行为，如严重程度较轻的争议，当事人倾向于不去寻求第三方解决问题（Rubin，1980）；性骚扰的严重程度与抱怨行为存在正相关关系（Fitzgerald等，1995）。Olson-Buchanan和Boswell（2008）的研究显示，不满事件本身的严重程度在员工体验和应对不公正对待方面起到中心作用。顾客抱怨研究也证实，服务失败的严重程度与抱怨行为正相关（Tax，1998；McCollough，2000），服务失败的严重程度越高，顾客的不满意或不公平感就可能越强烈，抱怨的可能性也就越高（Richins，1987）。另外，不满事件的性质会影响员工抱怨方式的选择（Townsend等，2013；Marchington等，2013），比如关于员工个人的事务更可能采用非正式的抱怨方式（Wilkinson等，2013）。

第二阶段：员工对不满事件的感知

依据心理学的解释，当外部冲突或问题即不满事件形势超出个体成功经验的范围时，个体就会出现不舒适感，抱怨行为就是为了缓解这种不舒适感而采取的一种社会交往手段（Levine，1994）。可以看出，个体抱怨行为的发生需要具备两个条件，一是出现了不满事件，二是不满事件形势超出了个体成功经验的范围。也就是说，从不满事件的出现到抱怨行为的产生，中间存在一个心理感知过程，个体特定抱怨行为意向的产生是由其心理感知状态决定的。不满事件能够诱发员工抱怨，但不满事件本身并不必然导致员工抱怨行为，个体对不满事件的心理感知直接决定了员工抱怨行为的选择。要理解员工为什么会抱怨，就必须了解个体的不满（或不公平）感知在抱怨行为决策中发挥的重要作用（Brian，1989）。按照公平理论，员工心中有了不满或委屈，就可能产生不公平感，在这种情况下，员工有动机采取措施降低不公平感，抱怨行为也是个体降低不公平感的一种选择（Brian，1989）。Olson-Buchanan和Boswell（2008）的研究证实，员工关于不满事件的体验和感知对补救型抱怨行为会产生至关重要的影响。在顾客抱怨方面，有研究运用心理账户理论（Mohr等，1995）和公平理论（Tax等，1998），从顾客的视角对个体在遭遇不满事件时的心理反应机制做了解释，证实了个体对不满事件的感知直接影响其抱怨反应，同时也发现，不满事件越严重，个体感知的损失就越大，抱怨的意愿就越强烈（Smith等，1999）。

已有关于员工抱怨的文献中，西方学者的研究多是针对存在工会组织且正式抱怨机制比较完善的组织情境。一般分析认为，员工抱怨的产生是因为员工感知到管理方违背了之前签订的雇佣条款的约定（Brian，1989）。由于不满事件的情形多种多样，且员工的不满感知具有一定的主观性，因此这一观点从某种程度上简化了实际工作场所中员工抱怨的发生机制。

第三阶段：抱怨行为反应及抱怨方式选择

不满事件及因此产生的不满情感状态激发了员工抱怨行为（Paula等，2015），抱怨行为反应就是员工抱怨行为决策及抱怨方式选择的过程。员工抱怨究竟会在什么情境下发生，已有文献存在不同解释。David（2002）提出，员工抱怨的发生存在两个先决条件，即抱怨原因的充分性和抱怨意愿的强烈程度。寻求补偿和发泄不满是员工抱怨的主要动机（Wirtz等，1977）。期望理论假定员工抱怨行为完全是一种理性决策的结果，这一决策过程需要考虑各种情境因素的影响。员工通过评估抱怨（或申诉）的收益、成本及成功的可能性，来决定是否发起抱怨（Klaas，1989；郑晓涛等，2017）。只有当抱怨带来的好处超过其他可选择行动带来的好处时，员工抱怨才会发生（Gordon等，1984）。而个体对抱怨可能带来的好处进行评估时通常会考虑以下因素：获得补偿的价值、获胜的可能性、上司和同事可能做出的积极与消极回应（Allen等，1985），以及上司对非正式问题解决策略的可接受性、员工对管理的信任程度、获得其他工作的可能性、接受现状的相关成本等（Brian，1989）。但当个体对愤怒和不公平感知强烈的时候，员工抱怨行为可能是自发的和冲动的，而不是理性的（Wheeler，1985）。因此，员工抱怨决策可能会基于期望理论揭示的理性和功利性判断，也可能是一种完全受情感驱使的冲动行为。基于归因理论，顾客抱怨研究发现，在经历服务或产品失败后，个体首先要进行归因，然后再决定应对的态度和行为（Chebat，2005；Hess，2007）。员工抱怨行为的发生也可能是一种归因过程，不同归因模式导致不同的抱怨反应（Folkes，1984）。

抱怨方式的选择同样受到许多因素的影响，是各种因素综合作用的结果。例如，忠诚度与员工抱怨关系的研究发现，高忠诚度员工更喜欢采用正式程度较低的抱怨方式，低忠诚度员工则更可能采用正式程度较高的抱怨方式，其原因是高忠诚度员工更愿意与实施不公平对待的人进行直接沟通（Olson-Buchanan等，2002）。Brian（1989）考虑了员工在抱怨前后的感知、态度和相关决策，构建了同时包括抱怨行为的影响因素及组织抱怨机制对员工行为影响的综合模型，从理论上分析了员工抱怨发生的原因及组织抱怨机制对员工行为的影响，也隐含着各种因素作用下的抱怨方式的选择。基于内隐理论，个体先前长期习得的社会化观点和认知对工作中的员工行为具有重要影响（Milliken等，2003）。Detert等（2011）的实证研究也证实，隐含在个体心中的基于自我保护动机的内隐建言信念能够显著预测员工沉默行为。员工对抱怨的认知也是个体在日常生活和工作背景下形成的，在发生了不满事件并产生了不满感知后，个体本能的反应就是选择最安全的抱怨方式。

在企业实践中，员工可以选择许多不同的抱怨方式，不同方式的员工抱怨带来的后果可能不同，相互之间可能存在递延式影响。研究发现，采用正式抱怨机制的员工有着较高的离职率，原因可能是抱怨者受到了组织惩罚。关于高忠诚度员工不情愿采用正式抱怨机制的原因，国外学者通常认为，正式抱怨机制显得更具有对抗性，或者正式抱怨机制与惩罚相联系（Olson-Buchanan等，2002）。事实上，员工抱怨问题如果得不到公平合理的解决，初次抱怨就有可能转化为多重抱怨。因此，如果考虑其他非正式抱怨方式及其叠加效应，这些采用正式抱怨机制后离职的员工未必是受到了组织的惩罚，也许在正式抱怨之前已经存在没有被组织发现的非正式抱怨行为。如果正式抱怨没有得到满意的结果，即使组织没有采取惩罚，员工也会因前期的各种抱怨的叠加效应而离职。

## 1.7 员工抱怨的测量

基于目前的文献研究，虽然国内外学者从不同角度对员工抱怨的测量进行了研究，但员工抱怨量表的开发与完善还有待进一步探讨。

黄玫（2010）采用文献研究法、访谈法及定量分析的方法，通过相关检验最终开发了包含8个题项、单维度的员工抱怨测量量表，并基于206个样本数据，实证分析发现人格特质对员工抱怨行为具有显著的影响。

高英和袁少锋（2015）前后两次收集了知识型员工的样本，通过探索性和验证性因素分析，得到了员工抱怨的7个维度，分别是人际关系、工作内容、工作协作等，据此开发了员工抱怨量表。该量表共包含32个题项。量表的各维度内部一致性系数均在0.74以上。该研究侧重于对员工抱怨内容进行测量，量表的有效性尚待进一步检验（谢玉华等，2019）。

应璐（2016）对Brown和Chandrashek（1998）的测量量表进行了修改，预判得到员工抱怨的两大类型，即抱怨倾向与抱怨行为。原始文献共7个题目，分别从4个方面进行设定，包括抱怨常态性、抱怨归责、抱怨方向及抱怨方式。采用6分法进行判定，包括非常不符合、比较不符合、有点不符合、有点符合、比较符合和非常符合。量表的有效性尚待检验。

段慧敏（2016）基于相关文献资料的研究，通过与企业员工和管理人员进行访谈，开发了员工抱怨意向量表。该正式量表有4个项目，从导致他们产生不公平感的3个方面来测量员工的抱怨意向，采用李科特五点计分法。量表的内部一致性系数为0.875。

归纳起来，目前学者对员工抱怨的测量主要有以下4种方式：

第一种是以抱怨率为指标，通过记录员工客观提出抱怨的次数来测量员工抱怨。这种方式存在不足，一是中国企业抱怨管理制度不完善，员工提出抱怨的渠道较少，企业统计员工抱怨的次数也存在困难；二是中国社会重人情、爱面子，企业员工正式提出抱怨的可能性较低。

第二种是以抱怨意向为指标，通过假设不公平情境，调查员工主观上提出抱怨的意向，以此测量员工抱怨。如段慧敏（2016）、江贝贝（2017）的研究采用的就是这种方法。该方式解决了员工因担心抱怨带来负面影响而未能被记录的数据问题，但是对员工抱怨的定义局限于因自身感知不公平而提出的正式申诉，将因其他事件产生的抱怨与私下的、非正式的抱怨排除在外。

第三种是参考顾客抱怨测量，以员工抱怨方式来测量员工抱怨倾向和抱怨行为。这是目前学者测量员工抱怨使用较多的方式，这种方式隐含员工必然产生抱怨的前提假设，通过测量员工在工作上产生抱怨时倾向采取的行为类型，对各类型取值进行加总求和来预测员工抱怨。实质上，这是对员工不满时抱怨反应强烈程度进行的测量，即员工抱怨反应。值得一提的是，反应和频率并不相同，员工在面对不满时反应激烈并不等于员工在组织中的抱怨率高，用员工抱怨反应来体现员工抱怨总体情况也有不妥（余璇等，2018；Tax等，1998）。

第四种是以抱怨内容和抱怨频次为题项，通过员工主观上对各项抱怨内容的抱怨次数来测量员工抱怨，如黄枚（2010）编制的员工抱怨测量量表。该测量方法通过员工抱怨频率指标反映员工抱怨的总体情况。

谢玉华等（2019）对于员工抱怨的测量提出了三个视角，即结果视角、过程视角和内容视角。首先，结果视角是基于西方国家将员工抱怨作为处理劳资纠纷的正式制度程序这一事实，大多数公司的工会都收集了抱怨的客观记录，因此西方大多数学者将抱怨率指标用于员工抱怨的测量。其次，在过程视角的研究中，研究者将抱怨视为从不公正的感知到提出正式申诉的过程，并且员工在申诉后也可能受到报复，并对抱怨者产生负面影响。最后，在内容视角的研究中，这种观点强调通过抱怨的具体内容来进行测量。例如有学者认为员工抱怨与组织环境密切相关，并且使用文本分析组织中员工提出的抱怨的来源和解决方案，以帮助拓展抱怨管理研究。

可以看出，学者们对员工抱怨的研究视角不同，所测量的目标构念也不同，相应地存在一些不足之处。首先，国外员工抱怨研究主要以结果视角和过程视角的测量工具为主（谢玉华等，2019）。在基于结果视角的研究中，构念界定局限于正式抱怨及申诉，基于工会完善的抱怨记录和员工自由表达诉求是抱怨率指标完善的前提。而在中国情境下，企业中类似抱怨率记录的机制存在空缺，员工受中国传统文化价值观的影响更可能将抱怨忍而不发，因此无法通过记录抱怨率的方式来对抱怨进行测量。其次，在基于内容视角的研究中，员工抱怨的内涵界定模糊。不同组织情境下，抱怨的具体内容很多，很难全部列举。最后，在基于过程视角的研究中，虽然研究者深入探讨了抱怨的过程，但没有区分抱怨的不同类型。现有基于过程视角测量量表的文献较少，其量表的可靠性和有效性有待进一步检验。目前国内学者在员工抱怨研究中采用的测量大都是借鉴顾客抱怨测量量表，这与我们所了解到的企业实践中所表现的员工抱怨存在差距，不够全面和科学。

## 1.8 研究现状评析

现有文献主要对员工抱怨的内涵、方式、影响因素、抱怨后果及抱怨动机等开展了相关研究，取得了一定成果。但总体上该领域的相关研究很不充分，这方面的实证研究更是少见（Cooke等，2016），具体反映在以下几个方面。

第一，员工抱怨内涵与方式缺乏公认和一致的理论界定。劳动关系视角下的员工抱怨主要是指组织的正式申诉，人力资源管理视角下员工抱怨的内涵虽然有所拓展，但已有文献关注的大多是正式抱怨，只是正式抱怨的渠道不同而已（Cooke等，2016）。员工抱怨内涵界定的不一致，限制了抱怨的方式，已有文献讨论的抱怨方式远远没有涵盖实践中存在的各种形式的非正式抱怨。员工抱怨研究仍缺乏适用于中国的有效的测量工具。国外的研究大多采用抱怨率，即利用工会记录的员工提交的正式抱怨的次数来测量抱怨的程度，这种方式有很大局限性，在中国不一定适用。国内学者针对员工抱怨的研究总体来说还比较零散，不够系统深入，尽管不同文献多参考顾客抱怨研究成果，从不同角度给出了不同的概念界定，但员工抱怨的内涵还不够全面，也没有发现基于规范实证研究开发的测量工具。

第二，现有文献较广泛地探讨了员工抱怨的前因变量即影响因素，但有关员工抱怨的原因仍是一个比较模糊的问题。员工抱怨的直接原因来自不满事件，同时又受到各种情景因素的影响。已有文献针对员工抱怨的前因变量的探讨，既没有区分不满事件与其他影响因素的差异，也很少考虑不同影响因素在抱怨形成过程中的具体作用。究竟什么样的不满事件会引起员工抱怨？不满事件的严重程度如何影响抱怨方式的选择？针对这些问题，目前还缺乏深入系统的实证探讨和明确的研究结论。

第三，现有文献探讨了员工抱怨的动机及后果，但员工抱怨形成机制仍是一个没有打开、有待深入探究的"黑箱"。劳动关系视角下的员工抱怨大多研究的是制度的作用、基于法律和程序的抱怨解决效能，很少研究抱怨的形成机制（Colvin，2003）。人力资源管理视角的相关研究，由于对员工抱怨内涵界定的不一致及缺乏前因变量的深入分析，因此对员工抱怨形成机制的讨论相当有限，实证研究更是少见（高英等，2015）。尽管合理的假设是不满事件导致了员工抱怨，但这一过程是如何发生的？员工抱怨的心理机制是什么？现有文献缺乏这方面的研究成果。

第四，劳动关系和人力资源管理研究视角彼此割裂，员工抱怨研究缺乏系统性和完整性。劳动关系和人力资源管理两种视角关于员工抱怨的内涵及研究侧重均不同。劳动关系视角的员工抱怨主要指企业的正式申诉，相关研究多聚焦于争议发生后采用法律程序解决的有效性及企业之外制度因素在解决员工抱怨问题上的作用（Cooke等，2015）。人力资源管理视角的员工抱怨一般是指个体针对不满的行为或非行为反应，内涵比较宽泛，除了直接针对员工抱怨的内涵、方式及影响因素等的质性探索外，在员工建言及员工沉默等相关领域的研究中事实上也包含了不同形式的员工抱怨行为。如员工建言领域的公平导向建言行为及员工感知到权益受损而将不满隐藏在心中的沉默行为，本质上都是员工抱怨。不同研究视角各有侧重的研究偏好，既造成员工抱怨研究的相互割裂，又使得非正式的员工抱怨行为被忽视。显然，系统完整的员工抱怨问题研究更具实践意义和基础作用，也需要劳动关系和人力资源管理研究视角的整合（Budd等，2009）。

第五，员工抱怨研究多以劳动关系制度化体系比较完善的发达国家为背景，针对中国情境的研究很少。由于中国文化深受儒家传统的影响，中国企业员工不同于西方企业员工，因此基于西方情境的研究结论并不一定适用于中国管理实践，需要中国情境的本土化研究。现有文献较少关注中国情境下员工抱怨问题，因此，劳动关系与人力资源管理整合视角下的中国企业员工抱怨研究无疑有着重要的现实意义。

第六，已有研究文献对新生代员工群体的关注不够。新生代员工已经成为企业的主力军，新生代员工的出生及成长环境发生了明显的变化，其工作价值观也与老一代不一样，因此影响他们的抱怨因素和他们的抱怨表达形式也会有所变化。新生代员工与互联网发展密切关联，自20世纪90年代以来，互联网得到了迅猛发展，尤其在商务及个人社交活动中广泛应用，更是引起了理论及实践界的普遍重视。互联网背景下，员工之间的沟通更加方便、及时，关于企业信息的交流和传播速度更快、范围更广。这给企业与员工的沟通提供了便利的渠道，有利于员工直接抱怨的有效控制和解决，但同时，员工可以随时随地通过QQ、微信等社交平台表达不满，这些私下抱怨在网络中的传播速度快且方向具有不确定性，加大了抱怨管理的难度，有可能给企业造成极为不利的负面影响。员工可以更方便、准确地获取其他企业招聘、薪酬福利等信息，更容易萌生跳槽的想法，更方便以离职行为来表达不满。新生代员工直接处在互联网环境中，受到互联网的影响最大，加之新生代员工自身具有的不同于老一代的独特性，使得企业实践中的新生代员工抱怨管理面临新的挑战，但现有文献很少关注这一问题。

基于现有文献研究的不足和对企业员工抱怨管理实践的思考，本研究围绕不满事件导致员工抱怨这一逻辑关系，拟探讨如下问题：员工抱怨构念内涵是什么，包含哪些维度，如何测量？实践中员工抱怨的具体方式有哪些？不满事件对员工抱怨方式的选择有何影响？员工抱怨的直接原因即不满事件或抱怨源究竟是什么？不满事件如何导致员工抱怨，即员工抱怨的形成机制是什么？人力资源管理实践如何影响员工抱怨行为，特别是组织公平影响员工抱怨的作用机制是什么？新生代员工抱怨的影响因素又是什么？组织支持对新生代员工抱怨影响机制是什么？

# 第 2 章 员工抱怨构念内涵及测量

本研究的主要目的是界定员工抱怨构念的内涵及维度，开发出有效的测量量表。采用的研究方法主要有文献研究、深度访谈法、扎根理论法、问卷调查法及定量分析法等。首先，通过梳理文献对员工抱怨构念进行初步定义，基于扎根理论通过深度访谈收集到26份文本资料，利用Nvivo12.0软件对文本资料的内容进行编码分析。在借鉴已有文献研究成果，考虑企业实践中员工实际的抱怨现象的基础上，明确界定了员工抱怨构念。其次，基于26个访谈样本，通过专家判断法分析、筛选、提取，得到由19个题项组成的员工抱怨初始量表；再利用预调研通过探索性因子分析对初始量表进行题项筛选，最终得到由3个维度的17个题项组成的员工抱怨正式量表。最后，依据领导成员交换理论和资源保存理论，构建了辱虐型领导、服务型领导及工作投入与员工抱怨的逻辑关系网，实证检验了员工抱怨的效标效度。

## 2.1 文献背景与理论基础

### 2.1.1 员工抱怨文献回顾

学界对员工抱怨的研究由来已久，在国外文献中抱怨直接对应的英文单词是grievances和complaint，但员工抱怨研究实际上还零散分布于employee appeal、employee voice等相关领域中。受到企业管理实践及不同学科研究偏好的制约，学者们关于员工抱怨内涵的理解在劳动关系和人力资源管理学科领域各有侧重、相互关联（Cooke等，2016；谢玉华等，2019）。劳动关系视角下，员工抱怨的根源是工会合同的条款或者暗含在合同内的约定俗成的社会规则受到了侵犯（Delman，1961），抱怨行为实际上是员工所拥有的权力（Cappelli等，1991）。Gordon和Miller（1984）将员工抱怨定义为员工对管理方侵犯其权益的申诉。劳动关系实践中，员工抱怨主要指员工通过正式渠道将自己的不满向管理层或工会表达的行为。人力资源管理视角下，员工抱怨的内涵相对比较宽泛，多延伸至集体合同及正式制度之外的非正式抱怨方式，是员工对组织政策、管理程序和管理行为不满的表达，包括公开的直接表达和通过工作上糟糕的绩效来间接表达（Salipante等，1990）。随着企业管理实践特别是西方社会工会实践的发展，员工抱怨从自发地以个人或群体的方式进行维权，到组织化的正式申诉机制，再到开始关注无工会情境下员工基于自身不满的表达,员工抱怨的内涵事实上包含了有工会和无工会情境、基于工会组织的正式机制、其他管理机制及非正式方式等。由于学科范式及研究视角的差异,已有文献相关研究中员工抱怨的内涵还缺乏统一、规范的界定。

已有文献还初步探讨了员工抱怨的类型、影响因素、结果效应、行为动机及测量工具等。员工抱怨分类研究主要是对顾客抱怨相关文献中有关抱怨行为分类研究的借鉴,仍缺乏可以涵盖所有抱怨方式的分类研究成果(Marsden,2013;陆露等,2016)。研究证实,员工抱怨的影响因素体现在个体和组织两个层面,相关研究发现了许多具体影响因素,如个体层面的年龄、种族、性别、受教育程度及收入水平(Ng等,2012),以及工作满意度、情感承诺等个体态度变量(Allen等,1985);组织因素则可以归纳为环境因素、管理因素、工会因素及劳资关系因素等(Labig等,1988)。员工抱怨行为既有消极影响也有积极作用。消极影响主要是影响员工身心健康,抱怨者的消极态度影响其他员工行为,以及抱怨信息扩散的"蝴蝶效应"使得管理人员陷入员工的信任危机,同时不重视员工抱怨或员工抱怨管理不当的企业,通常会面临员工流失的风险(Mcclean等,2013);积极作用则是抱怨行为可以释放员工的消极情绪,可以发挥印象管理的作用,有助于组织运作效率和竞争力的提升,同时员工抱怨在企业获取管理不端行为方面是一个重要的信息来源,发挥了内部审计的作用(Cox,2006)。有关员工抱怨行为动机的分析多借鉴顾客抱怨研究文献,一般认为,员工抱怨的动机主要是获取补偿或发泄不满(Singh等,1996),是对个人受损或缺失权利的主张。

国内外文献有关员工抱怨的测量存在三种视角,即结果视角、过程视角和内容视角(谢玉华等,2019)。基于结果视角的测量中,员工抱怨构念内涵仅指正式抱怨即申诉,通常采用抱怨率指标来衡量,前提是员工可以自由表达诉求且组织有完善的抱怨记录。在中国下,企业普遍缺乏正式的抱怨管理机制,员工受到传统文化价值观的影响也可能"忍而不发",因此抱怨率指标未必准确。基于内容视角的测量中,选择抱怨的内容来衡量员工抱怨的程度,一方面员工抱怨的内涵界定模糊,另一方面不同组织情境下,员工抱怨的具体内容细碎繁杂,很难全部列举。基于过程视角的测量文献较少,实际操作需要深入探讨抱怨发生的复杂过程,测量的可靠性和有效性有待进一步检验。可以看出,由于员工抱怨构念内涵的差异化界定及组织情境的复杂性,三种不同视角的测量方法的关注对象各有侧重,是从不同角度对员工抱怨不同程度的衡量,却不是信效度得到检验的规范的测量量表,难以准确体现组织实践中真实存在的员工抱怨问题。因此,在科学规范界定员工抱怨构念内涵基础上开发测量工具是该领域理论研究的迫切任务。

### 2.1.2 员工抱怨行为的文化差异

员工抱怨发生在工作环境中,讨论员工抱怨问题不能脱离企业员工关系中的文化情境。文化差异会影响员工对组织管理的理解(Laurent,1983),影响员工抱怨的意愿(Thomas等,2003),不同文化背景下个体对同一事件的感受和行为反应不同。与个人主义文化相比,集体主义文化中的个体较少采用直接抱怨方式,而更倾向于向亲朋好友倾诉不满(Liu等,2001)。中国传统文化所倡导的价值观,是中国情境下员工感知组织成员关系及评判各方权益得失的基础,对企业人力资源管理会产生重要影响。研究发现,中国传统文化不仅影响中国员工的组织工作,也会影响他们的社会和家庭生活(杨春江等,2019)。由于中国文化深受儒家传统的影响,中国人的社会关系强调人情和面子(梁建等,2001)。例如,员工在经历了不满事件后,因感到面子受损而引发负面情绪,由此导致了抱怨倾向(杜建刚等,2007)。同样受到人情、面子及和谐价值观影响,企业人力资源实践中发生的公开冲突常常被分散化处理,以避免伤及员工间的和谐与面子(Hui等,2008)。另外,中国企业劳动关系中雇主处于支配地位,管理常常表现出权威式或家长式的风格(Cooke等,2016);劳动法律框架基本完善,也有着体系完善的工会组织,但法律实施的效果及企业工会对员工权益的代表性普遍受到质疑(Chang等,2015);同时值得重视的是,中国共产党在企业管理中是一个有着重要影响力的制度因素,发挥着部分人力资源管理的功能,可以指导和解决员工遇到的个人或工作方面的诸多问题,如企业党支部书记有效承担了人力资源管理的职责,在员工抱怨管理方面起到了解释、教育、劝导的作用,这种抱怨解决机制体现了中国传统文化特征与管理风格(Chen等,2014)。

显然,由于文化价值观念及企业制度性差异,中国企业员工与西方企业员工在抱怨原因、表现方式及解决机制等方面存在差异,因此需要中国情境下的本土化研究。

### 2.1.3 员工抱怨行为的理论解释

员工抱怨的概念模型是基于"发言—退出—忠诚—忽略"理论形成的(Allen,2014)。该理论最早由Hirschman(1970)提出,后来经过Rusbult(1988)等多位学者的不断研究和探索而更加成熟和完善。"发言—退出—忠诚—忽略"模型是一个较为成熟的分析员工行为的理论框架,对员工在工作中面对不满事件时的行为选择做出了合理解释。它表达的基本含义是,工作场所中的员工在面对不满事件时,可能选择的行为包括发言、退出、忠诚和忽略。"发言"是指员工将不满以言语方式表达出来,可能是相对积极的意见表达行为,通常包括向上级提出申诉,也可能涉及其他行动和抗议;"退出"是指员工认为当前的不满状况可能难以改善,从而以主动离职、调岗等方式离开组织的行为或倾向;"忠诚"是指员工通过对组织公开或私下的支持,或者表现为组织公民行为,被动但乐观地等待或希望组织环境与条件有所改善;"忽略"是员工以工作努力程度降低、兴趣减少、工作拖延或缺勤、上班时间干私活、工作差错率上升、工作场所反生产行为等方式消极对待工作、任由工作状况恶化的行为(Rusbult等,1988)。基于"发言—退出—忠诚—忽略"理论,员工抱怨可以理解为任何试图改变不满情形的努力,其目的是施压管理方以解决导致不满的问题。

心理学理论揭示,抱怨行为意向的产生是由个体心理认知决定的。个体的一切外在行为都会在某种程度上对应深层次的自我概念,因此自我概念理论为员工抱怨行为动机提供了一个合理的解释。自我概念是个体与环境相互作用形成的关于自己、自己与他人、自己与外部世界的观念性认识，是自我知觉的一部分（贾谊峰等，2008）。自我概念理论认为，社会互动中的反馈是个体构建自我概念的重要信息来源，个体在与环境互动的过程中构建起某种自我概念，因其知识、经验、对事物的理解程度不同而出现不同的认知，由此引发其表现出相应的态度或行为，并且个体会不断对这一自我概念进行"自我强化"（Bono等，2003）。自我概念受到破坏时个体的心理感知称为自我威胁感（Wii等，2013）。员工抱怨就是个体自我概念受到破坏，即产生自我威胁感时的一种心理及行为反应。组织实践中的不满事件使个体达到了抱怨阈值，或与通常情形相比产生了效用评估的差异，就会产生自我威胁感，进而导致抱怨行为产生。

社会认知理论强调，个体的行为、认知及环境三者之间是动态关联、交互影响的（尚永辉等，2012）。由此，员工抱怨行为自然也是个体因素和情境因素及其相互作用的结果。另外，期望理论、经济效用理论、归因理论及知觉公平理论等也从不同角度解释了员工抱怨行为发生的原因及过程。

## 2.2 基于扎根理论的深度访谈

### 2.2.1 扎根理论研究方法

本研究采用扎根理论方法验证和界定员工抱怨的构念。扎根理论研究方法最早由Strauss和Glaser（1967）提出，属于质性研究法范畴。这种方法将量化研究的一些方法融入质性研究，弥补了质性研究印象式、非系统性、缺乏可重复性等缺点。该方法是在对大量的案例资料收集汇总的基础上，进行理论性抽样、编码、分析，最终建构出理论。扎根理论的首要任务是建立介于宏大理论和微观操作性假设之间的实质理论。目前扎根理论方法主要分为三大流派（贾旭东等，2010）：一是以Strauss和Gleaser（1967）为代表的经典扎根理论；二是Strauss和Corbin（2006）提出的程序化扎根理论，其编码过程有三个步骤，即开放性编码、主轴性编码和选择性编码；三是以Charmaz（2014）为代表的构建型扎根理论。虽然现在扎根理论被分为三个流派，但是在其著作中可以看出，三个流派经常将其他流派的观点作为自己流派的论据，因此可以说明这三个流派在很多问题上都存在共识（贾旭东等，2016）。经典扎根理论学派认为，问题是从情境中涌现的，研究者应当从更客观的角度，只能以观察者的身份，而不是预设结论，应当以数据为线索进行实证，从而得出科学的结论。而程序化扎根理论更倾向于认为，解释和预测的客观现象是有一套可以应用的在关系命题中相互联系的完善的概念体系。不同于以上两者，建构扎根理论学派则倡导的是基于个体过去及现在的活动，以及个体与其他群体视角和实践的互动构建过程。显然，不管是哪一个流派，都是扎根于数据而建立的。首先，作为研究者应该保持客观中立的态度，对材料进行客观公正的判断而不是事先做出预判。其次，客观现象与理论是相互连接的，需要注重编码的过程，通过科学严谨的编码以构建完整的概念体系。最后，扎根理论无法脱离数据进行研究，作为研究者应尽可能收集详尽的案例资料。

本研究以质性研究为主要方法对员工抱怨构念进行验证和界定，以及对结构进行初步探索。首先，本研究通过对不同公司选取的不同员工进行深入访谈来获取文本信息，然后借鉴扎根理论中的编码分析方法对访谈文本进行编码，基于文献分析及编码的结果，最后探讨员工抱怨的构念内涵和维度划分。

### 2.2.2 构念初释

在对构念进行明确界定之前，采用文献分析的方法对员工抱怨构念进行初步界定。通过对已有文献的梳理，可发现对员工抱怨的界定是基于抱怨或者顾客抱怨的。对于员工抱怨构念的界定，国内已有文献明确界定的并不多。国内的很多学者基于国外学者的研究，认为工作场所中的抱怨对员工来说是一种通过正式渠道反映不满的行为，其表现形式为申诉或者投诉（谢玉华等，2019）。但也有一些国内学者认为员工抱怨是员工以非正式的方式表达出来的。

在不同背景下，不同学者对员工抱怨的研究观点也不一样，但员工抱怨构念所包含的核心要点大致相同。结合国内外各学者对员工抱怨的定义，通常认为员工抱怨的构念包括以下核心要点：①员工抱怨是发生在组织内的；②抱怨的发出者是组织内部的成员；③员工抱怨内容与工作相关。

从以上分析可以看出，在员工抱怨构念的界定上存在广义和狭义两种不同的理解。狭义上，员工抱怨是指在建有工会机制的企业内，当管理者因为违反了集体协议的规定、公司制度、法律等一些约定俗成的规则从而损害了员工权益时，员工依照程序提出的书面申诉（谢玉华等，2019）。广义上，员工抱怨既包括正式的申诉，也包括各种非正式抱怨。本研究认为员工抱怨构念包括员工对工作相关的不满意作出的正式和非正式的言语及其他行为性的一切反应。

### 2.2.3 访谈数据采集

（1）访谈提纲的设计

根据访谈目的，参考了吴玉（2016）、高英（2014）等关于抱怨及员工抱怨的访谈提纲，撰写了访谈提纲初稿。初步编写的访谈主题包含两个部分，即访谈对象的基本信息和访谈内容的主要说明。在提纲初稿的基础上，经过课题组成员的深入讨论和进一步修改，形成访谈提纲终稿。

（2）访谈对象的选择

样本数量是否合适，取决于样本是否达到理论饱和的要求。一般来说，在新收集的样本中已经无法得到新的信息时说明达到了理论饱和的相关要求。理论上来讲，样本数量越多，理论就越容易达到饱和状态。Fassinger（2005）认为样本数量最好保持在20～30。为达到理论饱和要求，本研究最终选取了26个样本。访谈对象具体情况如表2-1所示。

表2-1 访谈对象人口统计特征

| 统计内容 | 内容描述 | 频数 | 百分比/（%） |
|---|---|---|---|
| 性别 | 男 | 14 | 53.8 |
|  | 女 | 12 | 46.2 |
| 年龄 | 18～24 | 3 | 11.5 |
|  | 25～34 | 15 | 57.7 |
|  | 35～44 | 8 | 30.8 |
|  | 45以上 | 0 | 0 |
| 月工资 | 2 000元以下 | 1 | 3.8 |
|  | 2 001～3 000元 | 1 | 3.8 |
|  | 3 001～4 000元 | 5 | 19.2 |
|  | 4 001～5 000元 | 4 | 15.4 |
|  | 5 001～10 000元 | 11 | 42.3 |
|  | 10 000元以上 | 4 | 15.4 |
| 岗位 | 高层管理者 | 0 | 0 |
|  | 中层管理者 | 3 | 11.5 |
|  | 基层管理者 | 7 | 26.9 |
|  | 技术类员工 | 5 | 19.2 |
|  | 其他一般员工 | 11 | 42.3 |
| 岗位性质 | 人事 | 1 | 3.8 |
|  | 销售 | 5 | 19.2 |
|  | 财务 | 4 | 15.4 |
|  | 生产 | 3 | 11.5 |
|  | 研发 | 1 | 3.8 |
|  | 行政 | 3 | 11.5 |
|  | 其他 | 9 | 34.6 |
| 工作时间 | 1～5年 | 17 | 65.4 |
|  | 6～10年 | 8 | 30.8 |
|  | 11年以上 | 1 | 3.8 |
| 学历 | 初中及以下 | 0 | 0 |
|  | 高中/中专 | 2 | 7.7 |
|  | 大专 | 3 | 11.5 |
|  | 本科 | 19 | 73.1 |
|  | 硕士及以上 | 2 | 7.7 |
| 所在公司性质 | 国有独资 | 8 | 30.8 |
|  | 私营 | 12 | 46.2 |
|  | 股份制 | 2 | 7.7 |
|  | 中外合资 | 1 | 3.8 |
|  | 外商独资 | 3 | 11.5 |
|  | 中外合作 | 0 | 0 |

续表

| 统计内容 | 内容描述 | 频数 | 百分比/（%） |
|---|---|---|---|
| 所在公司员工总数 | 100人以下 | 6 | 23.1 |
| | 101～500人 | 9 | 34.6 |
| | 501～1 000人 | 3 | 11.5 |
| | 1 001～5 000人 | 4 | 15.4 |
| | 5 000～10 000人 | 1 | 3.8 |
| | 10 000人以上 | 3 | 11.5 |

（3）实施访谈

通过校友企业和MBA在读学生帮助，选取访谈对象。提前与访谈对象取得联系，向被访谈者详细说明访谈的目的及内容，并且说明对访谈内容及录音资料进行保密处理。在征得被访谈者的同意后，提前向被访谈者发送访谈提纲，沟通并确定访谈时间和地点。在正式访谈开始之前，请被访谈者在知情同意书上签字。在访谈开始时，通过问一些轻松的话题让被访谈者处于放松的状态，再循序渐进进入正题。针对重要关键的问题，尽可能多地详细了解。在采访全过程中，使用录音笔进行声音的记录及笔记记录，在访谈结束后向被访谈者表达真诚的感谢。

（4）访谈录音转录

在结束每个访谈之后，及时对录音进行文本转换，以免时间的推移导致忘记访谈重要的相关细节。进行录音转换时，参照访谈时的情境及被访谈者的情绪起伏进行相应的补充和标注。为了确保录音转录文字资料的初始性和正确性，在转录时会进行反复对照比较和修改。本研究最终完成26个样本的访谈录音，合计786分12秒，转录成文本资料共8万余字。访谈文本的编码情况如表2-2所示。

表2-2 访谈文本编码情况

| 访谈文本编号 | 字数 | 编码数 |
|---|---|---|
| T1 | 2 646 | 29 |
| T2 | 4 074 | 33 |
| T3 | 4 509 | 33 |
| T4 | 4 102 | 27 |
| T5 | 3 474 | 29 |
| T6 | 3 497 | 30 |
| T7 | 4 163 | 25 |
| T8 | 2 925 | 31 |
| T9 | 3 316 | 22 |
| T10 | 3 277 | 24 |
| T11 | 3 120 | 29 |

续表

| 访谈文本编号 | 字数 | 编码数 |
| --- | --- | --- |
| T12 | 3 459 | 28 |
| T13 | 3 047 | 29 |
| T14 | 3 129 | 24 |
| T15 | 3 326 | 34 |
| T16 | 3 789 | 28 |
| T17 | 3 060 | 21 |
| T18 | 2 605 | 24 |
| T19 | 3 093 | 23 |
| T20 | 3 482 | 26 |
| T21 | 3 378 | 23 |
| T22 | 3 680 | 24 |
| T23 | 3 522 | 27 |
| T24 | 2 917 | 22 |
| T25 | 3 794 | 25 |
| T26 | 3 048 | 24 |

## 2.3 数据编码

### 2.3.1 数据编码过程

扎根理论方法不同于实证研究，它是一种定性的研究方法，通过分析、归纳与总结大量的文献资料，从而归纳出表达主题的核心概念。它不是对以往经验的总结，而是从以往总结的经验中提取新的概念和思想。这部分研究通过使用Nvivo12.0软件，按照程序化编码的开放性编码、主轴性编码和选择性编码这三个步骤对文本资料进行编码。

本研究以Nvivo12.0软件为辅助工具，具体分析过程如下：

1）新建项目。建立文件夹并对其命名，将转录整理好的26个访谈样本资料导入Nvivo12.0软件。

2）编码与分析。反复阅读原始文本，并进行编码。首先，对文字进行贴标签，即开放性编码。然后，根据逻辑关系，进一步归纳出主轴性编码，在Nvivo12.0软件系统中显示为子节点。最后，在所有已发现的概念类属中经过整体的分析和系统的考量后选择一个"核心类属"进行选择性编码。

3）对26个访谈文本进行编码，共得到523个标签，其中选取25个文本的499个标签进行编码归类，保留1个文本的24个标签作为后续的饱和度检验。

4）进行理论饱和检验。编码结束后，对另外1个访谈文本继续分析，没有发现新出现的范畴，可以认为现有范畴已达到饱和状态（贾旭东等，2010）。

5）梳理与检查。认真梳理各个节点并修改节点名称，对于不确定、不清晰的节点名称，研究团队成员会认真讨论和修改。检查各节点之间的逻辑关系，并进行适当的调整。

### 2.3.2 员工抱怨源访谈资料的编码

采用Nvivo12.0软件对员工抱怨的抱怨源文本进行开放性编码，在开放性编码的基础上进行主轴性编码，即生成子节点编码，共形成28个子节点，分别为B1公司氛围不够好、B2官僚主义、B3论资排辈、B4以利润为导向的企业文化、B5工作中感到不公平、B6工作单调、B7工作任务分工不明确、B8工作任务重、B9工作与能力不匹配、B10工作任务分配不公平、B11休息时间安排不合理、B12加班频繁工作时间长、B13硬件设施差、B14薪酬待遇欠缺、B15福利关怀较少、B16没有加班费、B17薪酬不公平、B18不合理的人员调配、B19晋升制度不合理、B20固化的人事结构、B21公司领导更换频繁、B22领导的才能欠缺、B23得不到领导的理解和帮助、B24领导不信守承诺、B25领导苛刻、B26领导对员工的认可度不高、B27不愉快的客户关系和B28不和谐的同事关系。

在Nvivo12.0软件对员工抱怨源的文本进行子节点编码的基础上，对其进行选择性编码，共形成8个树状节点，分别为树状节点A1工作氛围（B1公司氛围不够好、B2官僚主义、B3论资排辈、B4以利润为导向的企业文化、B5工作中感到不公平）、A2工作内容（B6工作单调、B7工作任务分工不明确、B8工作任务重、B9工作与能力不匹配、B10工作任务分配不公平）、A3工作时间（B11休息时间安排不合理、B12加班频繁工作时间长）、A4工作物理环境（B13硬件设施差）、A5薪酬福利（B14薪酬待遇欠缺、B15福利关怀较少、B16没有加班费、B17薪酬不公平）、A6人事制度（B18不合理的人员调配、B19晋升制度不合理、B20固化的人事结构）、A7领导行为（B21公司领导更换频繁、B22领导的才能欠缺、B23得不到领导的理解和帮助、B24领导不信守承诺、B25领导苛刻、B26领导对员工的认可度不高）、A8人际关系（B27不愉快的客户关系、B28不和谐的同事关系）等。

通过对26份访谈资料编码，共提取出198条抱怨源信息，并将其进行归纳总结，最后形成28条子节点，并对其进行进一步的归纳，形成了8个树状节点，即员工抱怨的抱怨源，分别为工作氛围、工作内容、工作时间、工作物理环境、薪酬福利、人事制度、领导行为、人际关系。具体如表2-3所示。

表2-3 员工抱怨源编码的节点层次

| 树状节点<br>（选择性编码） | 子节点<br>（主轴性编码） |
| --- | --- |
| A1工作氛围 | B1公司氛围不够好 |
|  | B2官僚主义 |
|  | B3论资排辈 |
|  | B4以利润为导向的企业文化 |
|  | B5工作中感到不公平 |
| A2工作内容 | B6工作单调 |
|  | B7工作任务分工不明确 |
|  | B8工作任务重 |
|  | B9工作与能力不匹配 |
|  | B10工作任务分配不公平 |
| A3工作时间 | B11休息时间安排不合理 |
|  | B12加班频繁工作时间长 |
| A4工作物理环境 | B13硬件设施差 |
| A5薪酬福利 | B14薪酬待遇欠缺 |
|  | B15福利关怀较少 |
|  | B16没有加班费 |
|  | B17薪酬不公平 |
| A6人事制度 | B18不合理的人员调配 |
|  | B19晋升制度不合理 |
|  | B20固化的人事结构 |
| A7领导行为 | B21公司领导更换频繁 |
|  | B22领导的才能欠缺 |
|  | B23得不到领导的理解和帮助 |
|  | B24领导不信守承诺 |
|  | B25领导苛刻 |
|  | B26领导对员工的认可度不高 |
| A8人际关系 | B27不愉快的客户关系 |
|  | B28不和谐的同事关系 |

### 2.3.3 员工抱怨源文献资料分析

为了对员工抱怨的抱怨源进行全面把握和深入了解，在对员工抱怨的抱怨源编码后，基于文献资料，对员工抱怨源已有的相关研究进行了梳理和总结分析，通过对照检验，再对编码结果进行相应的补充。

现有文献关于抱怨源的研究主要体现在员工抱怨影响因素的研究中，不同学者从不同角度对员工抱怨的影响因素进行了探讨，包括个体层面和组织层面两个方面。通过对文献的总结可以看出，员工抱怨的影响因素和抱怨源既有重叠又存在不同。本研究的目的是探讨员工抱怨因何产生，抱怨源只能是与工作有关的组织层面的影响因素，因此，没有将个人层面的影响因素纳入分析范围。文献梳理的结果与通过访谈资料编码所得的结果基本一致，员工抱怨的抱怨源可以归纳为以下8类，分别为工作氛围、工作内容、工作时间、工作物理环境、薪酬福利、人事制度、领导行为、人际关系等。员工工作中的不满事件直接来源于这些影响因素，进而导致了员工抱怨的发生。文献分析结果如表2-4所示。

表2-4 员工抱怨影响因素汇总结果

| 文献来源 | 影响因素 | 研究结论 |
| --- | --- | --- |
| Lewin D, Boroff K E（1996） | 组织忠诚度 | 组织忠诚度低的员工遇到不满时越容易抱怨 |
| Walker, Hamilton (2010) | 员工的个人基本特征包括年龄、性别等影响因素 | 这些基本特征因素都会导致员工申请抱怨仲裁 |
| 高英，袁少锋(2015) | 在工作中的人际关系、工作内容、工作负荷、工作协作等因素 | 发现了影响知识型员工抱怨产生的七个因素 |
| Simon等(2015) | 情绪调节能力 | 员工情绪调节能力越差，面对压力和威胁时就越容易抱怨 |
| 江贝贝（2017） | 领导风格 | 关怀型领导风格和定规型领导风格对新生代员工抱怨具有显著负向影响 |
| 余璇，刘旭红，丁小琴（2018） | 薪酬不满感 | 员工的薪酬不满感与员工抱怨呈正向相关 |
| 黄玫（2010） | 人格特质 | 人格特质与员工抱怨行为有显著的相关关系 |
| 段慧敏（2016） | 个体层面：性别、年龄、文化程度、婚姻、工作年限等<br>组织层面：薪酬福利、领导行为、晋升制度等 | 部分个体因素对员工抱怨意向有显著影响，部分组织因素对员工抱怨意向有显著影响 |
| 段伟玲（2019） | 个体层面：个体特征<br>组织层面：工作内容、工作时间、工作环境、工作关系、薪酬待遇和上下级关系等 | 外向性、宜人性、责任感和开放性对员工抱怨具有显著负向影响，工作关系、薪酬待遇、企业文化等对员工抱怨具有显著正向影响 |

### 2.3.4 员工抱怨特征访谈资料的编码

采用Nvivo12.0软件对员工抱怨特征文本进行开放性编码，在其基础上进行主轴性编码，共形成5个子节点，分别为D1我的抱怨引起别人的抱怨、D2别人的抱怨引起我的抱怨、D3消极情绪、D4消极的工作状态、D5一个抱怨引发一连串抱怨。

在用Nvivo12.0软件对员工抱怨特征文本进行主轴性编码的基础上，对其进行选择性编码，共形成3个树状节点，分别为C1传染性（D1我的抱怨引起别人的抱怨、D2别人的抱怨引起我的抱怨）、C2负面性（D3消极情绪、D4消极的工作状态）、C3连锁效应（D5一个抱怨引发一连串抱怨）。

通过对26份访谈资料的编码，共提取出67条关于抱怨特征的信息，并将其进行归纳总结，最后形成5个子节点，并对子节点进行进一步的归纳，形成了3个树状节点，即员工抱怨的特征，分别为传染性、负面性、连锁效应。具体如表2-5所示。

表2-5 员工抱怨特征编码的节点层次

| 树状节点（选择性编码） | 子节点（主轴性编码） |
| --- | --- |
| C1传染性 | D1我的抱怨引起别人的抱怨 |
| | D2别人的抱怨引起我的抱怨 |
| C2负面性 | D3消极情绪 |
| | D4消极的工作状态 |
| C3连锁效应 | D5一个抱怨引发一连串抱怨 |

### 2.3.5 员工抱怨特征文献资料分析

通过访谈资料编码分析得出员工抱怨具有三个特征，分别为负面性、传染性和连锁效应。

负面性通过消极的情绪和消极的工作状态表现出来。当抱怨者遇到让他不满意并且感觉自己无力解决的事件时，会向与不满事件无关的第三人表达自己不满和焦虑等口头行为，这种行为不是以解决问题为导向且充满消极的特征，并经常伴随着负面的情绪和行为表现。在人类社会互动中，人们会因为交互对象高兴而感到快乐，会由于他们的悲伤而感到悲伤，这就是互动双方的情感会产生影响的现象（刘丽丹等，2019），即心理学所称的情感传染，是人与人之间情感的自动和无意识的转移。发生情感传染是因为人类倾向于有意或无意地注意、模仿和同步他人的面部表情、声音、手势和行为。在组织环境中，员工与员工互动时也容易发生情感传染。本研究通过访谈资料的编码总结，发现抱怨的传染性是通过"我"的抱怨引起别人的抱怨和别人的抱怨引起"我"的抱怨体现出来的。

连锁效应是一个因素的变化会导致一系列相关因素的连带反应。例如，A因素的变化会导致B因素的变化，B因素的变化会导致C因素的变化等。在编码时将其编码为连锁效应。连锁效应与传染性不同，传染性特指主体范围的扩大，而连锁效应是指在某一主体本身抱怨范围的扩大。

### 2.3.6 员工抱怨方式访谈资料的编码

采用Nvivo12.0软件对员工抱怨方式文本进行开放性编码，在此基础上再进行主轴性编码，共形成11个子节点，分别为F1私下抱怨（向亲人或朋友）、F2私下抱怨（向同事）、F3社交媒体抱怨、F4正式抱怨、F5直接抱怨（向责任方或管理者）、F6第三方抱怨（向企业之外的第三方机构）、F7沉默、F8消极怠工、F9旷工、F10破坏性行为、F11离职。

在采用Nvivo12.0软件对员工抱怨方式文本进行主轴性编码的基础上，对其进行选择性编码，共形成3个树状节点，分别为E1言语性抱怨［F1私下抱怨（向亲人或朋友）、F2私下抱怨（向同事）、F3社交媒体抱怨、F4正式抱怨、F5直接抱怨（向责任方或管理者）、F6第三方抱怨（向企业之外的第三方机构）］、E2隐忍性抱怨（F7沉默）、E3行动性抱怨（F8消极怠工、F9旷工、F10破坏性行为、F11离职）。

通过对26份访谈资料原始数据的开放性编码，共计提取出141条有关抱怨方式的语句。基于方式分类的思想进一步划分概括，形成11条子节点即主轴性编码。再基于抱怨行为表现的形式及每个行为概念的准确定义范围进行上升式的总结概括，最终形成了3个树状节点即选择性编码，总结归类为员工抱怨的方式，确定命名为言语性抱怨、隐忍性抱怨和行动性抱怨。具体如表2-6所示。

表2-6 员工抱怨方式编码的节点层次

| 树状节点（选择性编码） | 子节点（主轴性编码） |
| --- | --- |
| E1言语性抱怨 | F1私下抱怨（向亲人或朋友） |
| | F2私下抱怨（向同事） |
| | F3社交媒体抱怨 |
| | F4直接抱怨（向责任方或管理者） |
| | F5正式抱怨 |
| | F6第三方抱怨（向企业之外的第三方机构） |
| E2隐忍性抱怨 | F7沉默（内心产生了不满，但没有通过言语或行动表达出来） |
| E3行动性抱怨 | F8消极怠工 |
| | F9旷工 |
| | F10破坏性行为 |
| | F11离职 |

### 2.3.7 员工抱怨方式的文献资料分析

通过文献资料与编码结果的对照比较，可以更加全面地理解员工抱怨的方式。现有关于员工抱怨方式的研究较少，关于员工抱怨方式分类的研究也是在顾客抱怨方式分类的基础上展开的,主要通过目的、对象和表达方式来划分。不同的学者对于抱怨的表达形式有不同的观点,通过整理分析,发现顾客抱怨主要以抱怨的目的、对象和抱怨的行为反应划分,主要有行为和非行为反应,直接抱怨、私下抱怨和第三方抱怨,寻求赔偿型、宣泄型和个人抵制型等几类。

本研究认为,从员工抱怨的内容及表现形式上看,员工抱怨存在狭义与广义之分,狭义的员工抱怨是指员工对与工作相关的各种不满的言语表达(包括书面表达),抱怨内容围绕自己感知到的与工作相关的不满事件,抱怨行为本身明确表达了抱怨的内容,如正式的申诉、向同事或上级的抱怨、在自己社交圈内的私下抱怨、第三方抱怨等。广义的员工抱怨是指员工对与工作相关的各种不满的言语及其他行为表达,包含狭义的员工抱怨。就表现形式而言,除了狭义的员工抱怨之外,还包括因不满而发生的沉默、消极怠工、破坏性行为及离职等。这些消极行为发生的缘由,同样也是员工感知到了不满事件(也可能是一系列的不满事件或者是同一不满事件的不断积累),但具体抱怨行为不一定明确表达抱怨的内容,员工心中的不满是以不同的员工行为表达出来的。

本研究通过深度访谈和文献研究的方法对员工抱怨的方式进行总结和划分,发现主要有私下抱怨(向亲人、朋友和同事)、社交媒体抱怨、直接抱怨(向责任方或管理者)、正式抱怨、第三方抱怨(向企业之外的第三方机构)、沉默、消极怠工、旷工、破坏性行为和离职等(见图2-1)。

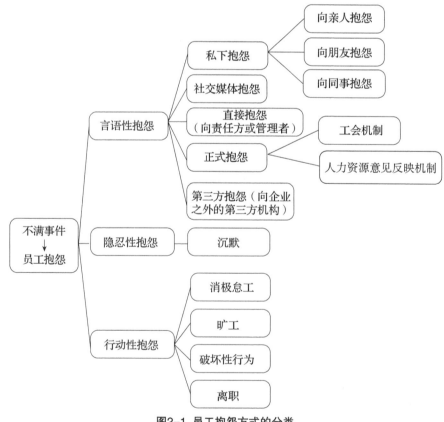

图2-1 员工抱怨方式的分类

私下抱怨是指将工作中的不满情绪向亲人、朋友和同事倾诉的行为。换句话说，是指抱怨者向亲朋好友或同事倾诉自己在工作中所遭遇的不满事情。倾诉可以有效缓解抱怨者的情绪。但是当抱怨者向同事倾诉不满时，由于情绪传染的特点，可能会引起同事的抱怨情绪。当抱怨者向亲人、朋友倾诉工作中的不满时，共情可能会导致其对公司的不满，由此影响公司口碑。同时，并不是所有的向同事的倾诉都属于私下抱怨，如果因工作中的不满，抱怨主体向当事人（同事）发生抱怨则属于直接抱怨。

第三方抱怨（向企业之外的第三方机构）是指员工在工作中遇到不满后，在组织内部得不到有效解决时进一步采取行动向企业之外的第三方机构表达自己的诉求。

直接抱怨指员工因工作中的不满直接向责任方或管理者抱怨。对组织来说，可以通过员工抱怨的问题及时了解员工的心理及组织中存在的问题，从而及时调整管理政策。对员工个人来说，不仅可以使自己的抱怨情绪得到有效缓解，还可以通过有效的沟通方式解决自己的问题。积极主动的沟通是组织中解决问题最有效的方式，因此组织管理者应该鼓励员工大胆说出不满的问题，以便有效解决问题，使员工和组织都成为受益者。

正式抱怨属于员工申诉的概念范围，即通过组织内的工会、人力资源部门等机构依照正式程序进行投诉和非正式申诉（张子源，2010），也就是员工通过组织中的意见反映机制来表达自己在工作中的不满。

沉默是指员工在工作中内心产生了不满，但没有通过言语或行动表达出来。员工沉默对组织既有积极的方面也有消极的方面（段锦云，2012）。员工保持沉默意味着无法及时被组织发现并无法有效解决员工遇到的问题。一方面，这可能导致员工士气低落，工作绩效下降，甚至以辞职的形式退出组织。另一方面，员工负面情绪的积累很容易在组织中引发更大范围，甚至是激进或极端的直接对抗事件，形成恶性劳动冲突（郑晓涛，2017）。当员工产生不满时，没有通过任何方式行为表达出来，只是把不满意的情绪隐忍在心里，这种沉默属于员工抱怨的一种方式。

消极怠工是行为主体有能力做好但是主观意识主导其不去做，表现为在工作中员工因为对工作的不满而对自己的工作失去了工作的激情，并且也不愿意积极主动的工作状态。消极怠工的行为会严重影响员工工作效率，导致员工手头工作搁置或者任务推迟完成。这种行为不但会影响员工自己的工作效率，还会影响组织内其他员工的工作状态，最终导致组织整体效益的下滑。

破坏性行为是指因工作中的不满而对组织或他人利益造成损害的行为，破坏性行为包括在工作中因为不满而发生的肢体攻击行为、破坏组织财产行为、偷盗行为等。员工因为对组织不满而对与工作相关的人或物进行的故意破坏性行为属于行动性抱怨。这种行为的负面影响力大、危害范围广，是员工抱怨现象较为严重的情形之一。

离职是指员工主动向组织提出结束劳动关系的行为，员工因为对工作的不满而离职的行为属于员工抱怨的范围。当员工面临工作中的不满无法解决时，其个人目标与组织目标不相统一，在这种情况下，员工可能会选择离开。

### 2.3.8 员工抱怨动机访谈资料的编码

采用Nvivo12.0软件对员工抱怨动机文本进行开放性编码,在此基础上进行主轴性编码,共形成2个树状节点,分别为G1利益补偿和G2宣泄情绪,共计提取出了57条有关抱怨动机的语句。具体如表2-7所示。

表2-7 员工抱怨动机的节点层次

| 树状节点(选择性编码) | 子节点(主轴性编码) |
|---|---|
| G1利益补偿 | H1向主管、领导或第三方寻求补偿 |
| G2宣泄情绪 | H2表达不满、吐露心声,以此来缓解情绪 |

### 2.3.9 员工抱怨动机的文献资料分析

在已有的与抱怨相关的研究中,员工抱怨的动机解释多参考顾客抱怨动机的研究结论。Day(1980)基于抱怨的目的将顾客抱怨划分为三类:一是寻求赔偿型抱怨,个体感到自己的权益受到损害,抱怨的主要目的是直接或间接寻求赔偿;二是宣泄型抱怨,个体感到了不满,抱怨就是为了宣泄自己的不满情绪,以达到心理上的平衡;三是个人抵制型抱怨,以抵制行为表明自己的不满。国内学者从抱怨行为的目的将员工抱怨划分为工具性抱怨和非工具性抱怨。其中,工具性抱怨的目的很明确,通常是努力改变不满的现状或对他人行为进行影响和控制。例如,员工通过向领导者抱怨以寻求工资增长,实施印象管理以及员工认为自己的权利受到损害而提出的抱怨都是工具性抱怨。这种抱怨行为的抱怨者有时甚至没有强烈的不满,主要是为了达到某个目的。工具性抱怨通常以员工建议的形式表达,这是给抱怨行为穿上了"建言的外衣"。

在企业实践中,员工因为工作相关的因素感到不满而隐忍在心里的情况也较为普遍,除去抱怨者因为无力改变现状而沉默的因素外,还有可能是以沉默的方式实现自我保护。员工沉默包含默许性沉默、防御性沉默和漠视性沉默(段锦云,2012),这三种沉默不仅是组织中员工沉默的日常表现,也体现了员工沉默的原因。其中员工为了避免表达而导致人际疏离的自我保护沉默是防御性沉默。借鉴员工沉默的分类研究,我们将员工抱怨中的沉默视为员工对工作有不满情绪,但可能为了避免因为表达而导致人际隔阂或被报复等风险的自我保护式沉默,并将其定义为员工抱怨动机中的规避风险。

结合已有文献研究和访谈资料的编码分析,得出员工抱怨的动机主要是寻求利益的补偿、宣泄情绪和规避风险。

## 2.4 基于扎根理论的员工抱怨构念内涵及维度归纳

### 2.4.1 员工抱怨的构念界定

作为组织中的行动者，员工在组织中承担着不可缺少的角色，作为独立的个体存在于组织中，员工的个人目标与组织目标息息相关。通过扎根理论的编码分析发现，大部分员工对企业的薪资感到不满，说明员工作为行动者在组织内部也充当着经济人的角色，组织并没有满足其目标需求，由此员工会产生不满继而引发抱怨。而员工在组织内作为一个社会人时，会有社会及心理方面的需求，包括友情、安全感、归属感和尊重等。如果这些需求在组织内没有得到满足，那么员工对组织的不满最终导致员工的抱怨积累及抱怨的最终爆发，体现在言语上的抱怨、行为上的消极怠工和离职等。

从访谈资料的分析结果可以看出，员工抱怨有言语和非语言、正式和非正式之分，包括员工对工作相关的不满意做出的正式和非正式及其他行为性的一切反应。基于访谈资料的文本分析结果，结合"抱怨"一词的原意和已有文献关于员工抱怨及顾客抱怨的定义，并考虑企业实践中员工实际的抱怨行为，本研究将员工抱怨定义为，因工作中的不满导致的、员工为了获取补偿或发泄情绪而做出的正式或非正式的言语、行为及心理性反应。首先，员工抱怨是因工作中的不满引起的，是与工作相关的；其次，员工感到不满是抱怨发生的必要但非充分条件，员工抱怨一定是不满事件导致的；再次，员工抱怨方式多种多样，既体现在言语、行动上，也体现在不满的心理反应上，包括了言语、行为、各种努力及多重反应；最后，员工抱怨行为的动机主要是发泄不满、规避风险、获取补偿，是对个人受损或缺失权利的主张。本研究关于员工抱怨内涵的界定包括针对不满的各种言语及行为，能够较为全面和准确地涵盖员工抱怨的核心要义，是对实践中员工抱怨问题的真实描述。质性分析结果也验证了其在不同种类组织中具有一定的普适性。

当然，在企业实践中，如果抱怨问题没有得到解决，员工不满未消除，可能面临进一步的两种选择：一种是以退出（离职）的方式表达不满；另一种是重新选择抱怨方式，由首次抱怨进一步转化为多重抱怨。这里的首次抱怨，是指不满事件直接导致的员工首次选择的抱怨方式，而多重抱怨是指针对不满事件员工首次抱怨后，问题没有得到解决而继续选择的抱怨方式。员工抱怨方式的这种演变，体现出员工抱怨也是一系列行为和非行为的、动态的多重反应。

本研究界定的员工抱怨构念与已有研究的构念相比，具有以下不同：①员工抱怨并不局限于员工申诉即员工的正式抱怨，也包含非正式抱怨，本研究更完整全面地罗列了非正式抱怨的方式。②区分了隐忍性抱怨，将其列为员工抱怨的维度之一。本研究认为因种种原因员工没有将工作中的不满通过言语或行动表达出来，而是隐忍在心里，这也是一种抱怨方式。③本研究进一步从抱怨方式、抱怨对象和抱怨动机这几个方面理解和分析了员工抱怨的内涵。

### 2.4.2 员工抱怨的维度构建

通过访谈文本的编码,我们发现员工抱怨是一个多维度的概念。从抱怨方式的角度看,根据行为产生的情境或目的不同可将其分为三类:第一类是言语性抱怨,此类抱怨行为是员工对与工作相关的各种不满的言语表达(包括书面表达),抱怨主体可能是寻求利益补偿,也可能是宣泄情绪。第二类是行动性抱怨,员工因工作中不满事件的发生可能选择消极怠工,抱怨程度严重时可能会旷工,当抱怨积累到一定程度时会选择辞职。行动性抱怨的不同方式可能包含着抱怨问题的累积以及导致员工抱怨的多重反应。第三类是隐忍性抱怨。该类报怨在形式上表现为一种沉默,是指内心产生了不满,但没有通过言语或行动表达出来。这类沉默是员工抱怨的一种形式,抱怨或沉默都是员工遭遇组织内不公正对待或者感知到不公正对待时最直接和最基本的反应方式。员工可以通过言语抱怨表达他们的不满,寻求不公正事件的改善,也可以选择隐藏不满而保持沉默(实际上是以沉默来表达不满),是员工感知到不公正事件并权衡利弊后的决策结果。

### 2.4.3 员工抱怨与几个相近概念的区分

员工抱怨包含言语性抱怨、行动性抱怨和隐忍性抱怨,就外在的行为表现来说,言语性抱怨与员工建言、行动性抱怨与反生产行为、隐忍性抱怨与员工沉默在某些方面存在一些相似性,但在内涵上是有本质区别的。

言语性抱怨是指员工为了寻求利益补偿或宣泄情绪而对与工作相关的各种不满的言语表达。抱怨行为是职场中的不满事件导致的,其目的主要是获取受损或缺失权利的补偿或发泄不满。员工建言是员工为了改善其工作或组织现状而积极主动地向组织提出建设性意见的一种角色外行为(Van等,1998),其核心特征可以概况为:员工建言是一种积极主动的行为,是角色外的组织公民行为,目的是促进组织发展。显然,员工抱怨是基于不满的表达,员工建言是基于组织现状改进的建议,二者是不同情境、不同动机下的不同发言行为,员工在感知到自己权益受损、处于不满的情况下,很难做出理性的、亲社会的、利他的建言行为(陈坤等,2016),可能做出的只会是抱怨行为。

行动性抱怨是员工以行动的方式对职场中的不满做出的反应,如消极怠工、旷工及破坏性行为等,目的主要是发泄不满或求得自身权益的补偿。其中破坏性行为与部分反生产行为的表现方式是相似的,但反生产行为是个体表现出的对组织或他人有意的伤害行为(Spector等,2006)。反生产行为产生的原因多种多样,以有意伤害组织或领导者的利益为其根本动机。

隐忍性抱怨与现有文献中的员工沉默既有联系又有区别。员工沉默是一种有意识、有目的的经过深思熟虑后决定的行为(段锦云,2012),而隐忍性抱怨则是"敢怒不敢言"式的无奈的隐忍。在组织实践中,员工本可以提出自己的建议,以改善所在组织某些方面的工作,但因各种原因选择保留观点而不主动表达。这种行为就是典型的员工沉默，与隐忍性抱怨的内涵截然不同。员工在职场中遇到了不满事件，可以通过言语或行动表达不满并寻求权益补偿，但由于"敢怒不敢言"，只好将不满隐藏在心中。本研究将这种心理反应界定为隐忍性抱怨，而在已有文献中也称为沉默。这种"沉默"实质上是心存不满的，只是没有通过言语或行动表达出来，表现为后果更具危害性的内心抱怨，因此从内涵上理解其本质是员工抱怨。

显然，员工抱怨行为和员工建言、反生产行为及员工沉默发生的根源及动机是不同的，实证分析时它们的差异会通过量表测量题项的设计得以体现。

## 2.5 初始量表构建

首先基于已经确定的员工抱怨构念广泛收集题项。通过演绎法和归纳法，利用已有研究的相关文献对符合题目的语句进行筛选，通过前述访谈资料来寻找符合构念范围的题项信息。在尽可能多地收集题项后，研究小组成员进行初步的题项筛选，再通过专家评审的方法对题项进行内容效度的判断，最终形成由19个题项组成的员工抱怨的初始量表。

### 2.5.1 量表开发的一般步骤

量表是测量构念的常用方法之一。测量的最终目的是把抽象的概念具体化，利用科学规范的量表开发方法发展出合适的测量指标，对构念反映出的现象进行科学的描述、区分及预测（陈晓萍等，2012；梁建等，2012）。量表开发相关研究较为成熟，已经形成固定科学的研究范式。DeVellis（2003）提出的量表编制的步骤主要包括：首先确定要测量的构念，根据构建范围建立一个题项池，确定题项的打分形式，保证测量题项的内容效度，然后通过样本数据评价题项及最终优化量表题项等。国内学者梁建和樊景立（2012）等认为，通过严谨科学的步骤才能研究出规范的量表，由此他们提出的量表开发的步骤包括构念说明、产生测量题目和内容效度评价等。

通过相关量表开发文献的梳理和总结，量表开发的步骤总结如下（章凯等，2020）：第一步，明确要测量对象的构念与结构；第二步，构建初始量表的题项表，然后确定答题形式及精简题项；第三步，对初始量表进行筛选与检验，通过对初始量表进行预测试，并利用探索性因子分析进行题项筛选；第四步，检验正式量表，通过验证性因子分析对量表信效度及效用进行检验。前文已对员工抱怨构念的内涵和边界进行了界定，并通过深度访谈初步分析了员工抱怨的构念结构。该部分将在文献资料研究和访谈文本资料的基础上形成初始量表，并进行内容效度的检验。

### 2.5.2 员工抱怨初始量表的形成

（1）收集员工抱怨项目

初始题项的收集基于演绎法和归纳法，通过深度访谈和文献阅读的方法进行，形成员工抱怨初始量表的题项池。①深度访谈。基于企业实践中的真实情况，收集第一手的访谈资料。应用之前收集到的访谈文本资料，基于已经确定的员工抱怨的构念，对访谈资料信息进行筛选和提取，对符合构念范围的描述语句进行重新组织，使口语化的文字更加书面化，共整理得到18条符合要求的条目。②文献阅读。为全面把握和理解员工抱怨，在对相关文献梳理和总结的基础上提取员工抱怨的测量题项，共整理得到7条符合要求的条目。

（2）量表的答题形式

初步选择的题项确定后，需要进行再次转化，通过问题的形式确定量表的规范性，方便提供给被调查者测评。本研究采用使用最为广泛的李科特五级量表。请答题者根据自己在工作中的实际情况，对员工抱怨发生频率进行客观评价，回答"从未"计1分、"很少"计2分、"有时"计3分、"经常"计4分和"总是"计5分。分数越高，表明员工某种类型抱怨的情况越严重。为方便答题者的阅读，本研究在量表题项的陈述方面使用简单清晰的肯定句形式。

（3）题项合并和精简

为了对原始条目进行精简，本研究团队成员组成6人评审小组进行背靠背核验。在了解员工抱怨的内涵之后，从内容和表达上对量表题项进行了细致分析和检查，对许多建议进行讨论并对表达不清的语句进行修改，对存在争议的题项经过讨论后决定保留，待进一步分析后再做出判断。在反复的评审和确定后，最终形成21个初步题项。

（4）内容效度的评价

在对题项进行了精简之后，对量表的内容效度做进一步检验，检验题项是否属于员工抱怨构念界定的范围、题项内容表达是否准确清晰。我们邀请了4位专家，由他们对量表题项进行内容效度的评价。在评审前向他们说明了员工抱怨的构念定义，在他们对构念没有疑问的情况下，根据自己对所给出构念的理解对题项做出评价。重点关注每一个题项的表述是否正确、是否符合员工抱怨的构念，以及题项之间是否存在表达相近的题项。这4位专家为管理学院企业管理专业的教师，有较为深厚的组织行为学和人力资源管理学术背景，其中2位教授、2位副教授。每一位专家的评审过程都是独立的，每一份评审结果都不会受到其他人意见的干扰和影响。

在专家评审后，我们还请他们补充了他们认为量表中没有涉及的员工抱怨的内容，以防止漏掉员工抱怨的关键内容。在讨论过程中，有专家认为在质性研究中，员工对工作感到不满但是由于种种原因没有表达出来的现象是普遍存在的。而在文献研究的基础上进一步认为，员工将不满压制在心里是一种心理表现形式，不通过行为表现也是员工抱怨的一种形式。而且在管理实践中，不满的压制和隐忍对员工造成的影响更大，对组织也存在潜在的危害，对企业管理来说更具有实践意义。因此，经过讨论达成一致，保留隐忍性抱怨的相关题项。

最后，我们将4位专家的意见汇总，根据评审意见对题项进行了修正，对不完全符合员工抱怨构念和语义重复的题项进行了删除，对语句表达不够简洁和表达内容不准确的题项进行了修改。最终的员工抱怨初始量表由19个题项组成，如表2-8所示。

表2-8 员工抱怨初始量表题项

| 序号 | 题项 | 访谈文本 | 文献资料 |
|---|---|---|---|
| 1 | 我在工作上遇到不满时会私下向家人、朋友倾诉 | √ | √ |
| 2 | 我在工作上遇到不满时会私下向同事倾诉 | √ | √ |
| 3 | 我在工作上遇到不满时会找上级领导进行沟通 | √ | √ |
| 4 | 我在工作上遇到不满时会找企业之外的相关部门解决问题 | √ | √ |
| 5 | 我在工作上遇到不满时会通过人力资源部门反映自己的诉求 | √ | √ |
| 6 | 我在工作上遇到不满时会在开会时反映自己的诉求 | √ | |
| 7 | 我在工作上遇到不满时会通过意见箱反映自己的诉求 | √ | |
| 8 | 我在工作上遇到不满时会通过员工社区等网络平台反映自己的诉求 | √ | |
| 9 | 我在工作上遇到不满时会在社交媒体（朋友圈、微博等）上进行发泄 | √ | √ |
| 10 | 我在工作上与同事之间发生不满时会直接向他表达 | √ | |
| 11 | 我在工作上遇到不满时会消极怠工 | √ | √ |
| 12 | 我在工作上遇到不满时会旷工 | √ | |
| 13 | 我在工作上遇到不满时会与相关人员发生肢体冲突 | √ | |
| 14 | 我在工作上遇到不满时会破坏组织的生产工具 | √ | |
| 15 | 我在工作上遇到不满时会选择离职 | √ | √ |
| 16 | 我在工作中遇到不满时会选择沉默，因为觉得以言语或行动表达出来也得不到有效解决 | √ | √ |
| 17 | 我在工作中遇到不满时会选择沉默，因为觉得以言语或行动表达出来也不能让自己的心情变得愉悦 | √ | |
| 18 | 我在工作中遇到不满时会选择沉默，因为觉得以言语或行动表达出来可能会使自己损失更大 | √ | |
| 19 | 我在工作中遇到不满时会选择沉默，因为觉得以言语或行动表达出来会伤害同事间的友好关系 | √ | |

在确定员工抱怨内涵的基础上，基于文献资料和访谈资料广泛收集题项，并确定了量表的答题形式。先通过团队内部的反复讨论，删除、合并了一些不符合其内涵和语义不明的题项，再通过专家评审进行了内容效度的检验，最终确定了19个语义明确的题项，由此筛选得到初始量表。接下来，将对初始量表进行探索性因子分析。

## 2.6 量表题项筛选

### 2.6.1 预调研

为了对量表题项进行有效的筛选，在正式调研之前进行了一次预调研。将问卷随机发放给与研究团队成员有联系的企业员工，被调查人员填写问卷遇到不理解的问题时可通过微信、QQ、电话等方式与研究团队成员及时沟通,并进行解答。对预试问卷进行了初步的探索性因子分析,根据数据分析结果删除了不符合因子载荷标准的题项,构成了由17个题项组成的正式调查问卷。

(1)数据收集

本研究数据是通过问卷调查采集的。问卷的发放方式有两种,分别为纸质问卷和电子问卷,纸质问卷通过一对一发放。去掉不合格的5份问卷,最终共收到222份有效问卷,回收率97.80%。在所有被调查者中,男性有118人,女性有104人。年龄范围在20～50岁;被调查者的工作年限在1～10年以上,并且涉及多个地区的多个行业。具体情况如表2-9所示。

表2-9 样本描述性分析

| 统计内容 | 内容描述 | 频数 | 百分比/(%) |
|---|---|---|---|
| 性别 | 男 | 118 | 49.80 |
| | 女 | 104 | 50.20 |
| 年龄 | 20岁以下 | 0 | 0.00 |
| | 20～29岁 | 95 | 42.79 |
| | 30～39岁 | 87 | 39.19 |
| | 40～49岁 | 38 | 17.12 |
| | 50岁及以上 | 2 | 0.90 |
| 婚姻状况 | 未婚 | 71 | 31.98 |
| | 已婚 | 148 | 66.67 |
| | 离异 | 3 | 1.35 |
| | 丧偶 | 0 | 0.00 |
| 月工资 | 2 000元以下 | 2 | 0.90 |
| | 2 000～4 999元 | 51 | 22.97 |
| | 5 000～9 999元 | 154 | 69.37 |
| | 10 000元及以上 | 15 | 6.76 |
| 岗位 | 高层管理者 | 3 | 1.35 |
| | 中层管理者 | 89 | 40.09 |
| | 基层管理者 | 75 | 33.78 |
| | 技术类员工 | 29 | 13.06 |
| | 其他一般员工 | 26 | 11.71 |
| 工作的时间 | 3年及以下 | 31 | 13.96 |
| | 3～5年(含5年) | 74 | 33.33 |
| | 5～10年(含10年) | 93 | 41.89 |
| | 10年以上 | 24 | 10.81 |

续表

| 统计内容 | 内容描述 | 频数 | 百分比/(%) |
|---|---|---|---|
| 换工作的次数 | 0次 | 37 | 16.67 |
| | 1~2次 | 157 | 70.72 |
| | 3~4次 | 26 | 11.71 |
| | 5次及以上 | 2 | 0.90 |
| 在目前企业工作的时间 | 1年及以下 | 5 | 2.25 |
| | 1~3年（含3年） | 75 | 33.78 |
| | 3~5年（含5年） | 78 | 35.14 |
| | 5~10年（含10年） | 49 | 22.07 |
| | 10年以上 | 15 | 6.76 |
| 学历 | 本科 | 172 | 77.48 |
| | 初中及以下 | 2 | 0.90 |
| | 大专 | 17 | 7.66 |
| | 高中/中专 | 19 | 8.56 |
| | 硕士及以上 | 12 | 5.41 |
| 目前所在企业类型 | 国有（控股）企业 | 50 | 22.52 |
| | 民营企业 | 139 | 62.61 |
| | 外资企业 | 18 | 8.11 |
| | 中外合资企业 | 14 | 6.31 |
| | 其他 | 1 | 0.45 |
| 所在企业员工总人数 | 100人及以下 | 34 | 15.32 |
| | 101~500人 | 97 | 43.69 |
| | 501~1 000人 | 64 | 28.83 |
| | 5 001~10 000人 | 25 | 11.26 |
| | 10 001人以上 | 2 | 0.90 |

（2）信度检验

信度代表内部一致性、稳定性和聚集性，即测量量表内题项是否测量同一概念或量表题项的一致性程度。关于信度的分析方法，比较常用的是通过Cronbach's α判断量表信度。Cronbach's α值并非越大越好，但通常至少需要大于0.6。每个题项的测试得分与其所代表的样本数据的相关性用Cronbach's α系数来检验，信度较好的测量量表Cronbach's α系数应该大于0.6（Nunnally，1978）。数据分析结果表明，员工抱怨初始量表的Cronbach's α系数为0.912，其中言语性抱怨维度的Cronbach's α系数为0.908、行动性抱怨维度的Cronbach's α系数为0.882、隐忍性抱怨维度Cronbach's α系数为0.884。并且各维度题项的删除项后的Cronbach's α系数均小于各维度和总量表Cronbach's α系数,说明该量表所包含的题项也有很好的信度。

(3) 效度分析

效度分析是对量表是否测量同一概念,即量表题项测量准确程度的分析。关于效度分析方法,比较常用的是探索性主成分因子分析法(PFA)和验证性因子分析法(CFA)。本研究采用探索性因子分析进行效度分析。学者们常使用巴特利特球形检验和KMO检验来判断量表各个题项是否适合做因子分析。一般来说,KMO在0.7以上适合因子分析。因此,在进行探索性因子分析前本研究先对数据做KMO检验和巴特利特球形检验,结果显示KMO值为0.913,高于经验标准值0.7,表明各变量之间的共同因子较多。巴特利特球形检验的$\chi^2$值为2 644.691,达到显著性水平($p<0.001$),因此适合做因子分析。

在探索性因子分析中最常用的方法是特征值法。本研究根据学者吴明隆的研究结论,采用主成分-最大方差法(正交旋转法)对数据进行因子分析,对量表进行结构检验。在对题项进行筛选时,筛选标准参照选择因子载荷大于0.5的题项且交叉载荷小于0.4作为标准,以此保证题项的单一性,并且筛选出对某个因子具有显著影响但与其因子下的其他题项属于不同概念的特殊题项。通过预调研的探索性因子分析数据结果显示,提取了3个特征值大于1的因子,即19个题项的初始量表被分为3个维度。维度划分与扎根理论划分的结果基本相同。按照各因子下题项表达含义可分为:言语性抱怨、行动性抱怨和隐忍性抱怨3个维度。数据运算前设置不显示小于0.5的因子载荷得分选项,因此数据结果表中小于0.5的因子载荷得分没有显示。所有题项的因子载荷得分为0.51~0.88,其中因子一言语性抱怨的题项中因子载荷得分最小为0.513,最高得分为0.830;因子二行动性抱怨题项中因子载荷得分最小为0.653,最高为0.775;因子三隐忍性抱怨题项中因子载荷得分最小为0.821,最高为0.880。19个题项共解释总体变异的63.882%,三个维度依次解释总变异的27.497%、20.244%、16.141%。数据分析结果表明该量表题项结构较为理想。数据分析结果如表2-10所示。

表2-10 员工抱怨初始量表探索性因子分析结果

| 题项 | 成分 | | |
| --- | --- | --- | --- |
| | 1 | 2 | 3 |
| C7:我在工作上遇到不满时会通过意见箱反映自己的诉求 | 0.830 | | |
| C6:我在工作上遇到不满时会在开会时反映自己的诉求 | 0.826 | | |
| C5:我在工作上遇到不满时会通过人力资源部门反映自己的诉求 | 0.799 | | |
| C8:我在工作上遇到不满时会通过员工社区等企业内部设立的网络平台反映自己的诉求 | 0.784 | | |
| C3:我在工作上遇到不满时会找上级领导进行沟通 | 0.757 | | |
| C4:我在工作上遇到不满时会找企业之外的相关部门解决问题 | 0.726 | | |
| C9:我在工作上与同事之间发生不满时会直接向他表达 | 0.610 | | |

续表

| 题项 | 成分 | | |
|---|---|---|---|
| | 1 | 2 | 3 |
| C2：我在工作上遇到不满时会私下向同事倾诉 | 0.513 | | |
| C1：我在工作上遇到不满时会私下向家人、朋友倾诉 | — | | |
| C14：我在工作上遇到不满时会破坏组织的生产工具 | | 0.775 | |
| C13：我在工作上遇到不满时会与相关人员发生肢体冲突 | | 0.772 | |
| C12：我在工作上遇到不满时会旷工 | | 0.770 | |
| C11：我在工作上遇到不满时会消极怠工 | | 0.747 | |
| C15：我在工作上遇到不满时会选择离职 | | 0.653 | |
| C10：我在工作上遇到不满时会在社交媒体（朋友圈、微博等）上进行发泄 | | — | |
| C17：我在工作中遇到不满时会选择沉默，因为觉得以言语或行动表达出来也不能让自己的心情变得愉悦 | | | 0.880 |
| C16：我在工作中遇到不满时会选择沉默，因为觉得以言语或行动表达出来也得不到有效解决 | | | 0.857 |
| C18：我在工作中遇到不满时会选择沉默，因为觉得以言语或行动表达出来可能会使自己损失更大 | | | 0.850 |
| C19：我在工作中遇到不满时会选择沉默，因为觉得以言语或行动表达出来会伤害同事间的友好关系 | | | 0.821 |
| 特征值 | 5.224 | 3.846 | 3.067 |
| 解释变异量/（%） | 27.497 | 20.244 | 16.141 |
| 解释累积变异量/（%） | 27.497 | 47.741 | 63.882 |

经过对数据结果的分析，对题项做出以下处理：删除因子载荷低于0.5的题项，同时发现19个题项按照预期分布在3个维度；C1、C2、C3、C4、C5、C6、C7、C8、C9表达的是通过言语抱怨的行为，符合初步维度命名，命名为言语性抱怨；而C11、C12、C13、C14、C15表示的是有实际行动的行为，符合初步维度命名，命名为行动性抱怨；C16、C17、C18、C19表示的是将工作中的不满隐忍在心里，符合初步维度命名，命名为隐忍性抱怨。我们将因子载荷得分低的题项进行处理，将C1和C2题项合并为"我在工作上遇到不满时会私下向他人倾诉"，删除C10题项。

此次分析是对得到的19个题项进行的预调研，在删除因子载荷过低的题项后，共有17个题项得以保留。这17个题项将在下面的研究中被用来进行正式的探索性因子分析和验证性因子分析。

### 2.6.2 探索性因子分析

本次调研使用预调研后的17个题项的量表。通过再次探索性因子分析对量表进行题项筛选和结构的检验。在这次探索性因子分析中，员工抱怨包含的17个题项分布在3个因子上。因此保留17个题项量表，最终形成了员工抱怨量表的正式问卷。

（1）数据收集

通过研究团队合作企业及校友的帮助收集到有效样本数据，样本员工分别在不同地区不同企业担任人力资源部主管等职位。在调查时选取了服务业、交通运输业、批发零售业及房地产业等行业的11家不同的企业。在调查前与相关企业负责人进行了沟通，以保证样本员工具有代表性，并确保参与调查的员工在年龄、学历等方面的差异。其中，电子问卷收集了260份，纸质问卷收集了30份。电子问卷主要通过专业的网络调研平台问卷星及直接联系在企业工作的朋友，邀请他们填写问卷。为了保证数据的真实性，每个被访者的网络IP地址只允许填写1份问卷。经分析后剔除填写不完整、随意填写等7份问卷，有效问卷为283份，其中电子问卷253份、纸质问卷30份，有效回收率为97.59%。本研究开发的量表有17个题项，样本量为283份，题项与样本的比例大于1∶10，因此数据分析结果会具有较高的稳定性。样本描述性分析如表2-11所示。

表2-11 样本描述性分析

| 统计内容 | 内容描述 | 频数 | 百分比/（%） |
|---|---|---|---|
| 性别 | 男 | 145 | 51.24 |
|  | 女 | 138 | 48.76 |
| 年龄 | 20岁以下 | 1 | 0.35 |
|  | 20～29岁 | 145 | 51.24 |
|  | 30～39岁 | 123 | 43.46 |
|  | 40～49岁 | 11 | 3.89 |
|  | 50岁及以上 | 3 | 1.06 |
| 婚姻状况 | 未婚 | 96 | 33.92 |
|  | 已婚 | 180 | 63.60 |
|  | 离异 | 7 | 2.47 |
|  | 丧偶 | 0 | 0.00 |
| 月工资 | 2 000元以下 | 3 | 1.06 |
|  | 2 000～4 999元 | 79 | 27.92 |
|  | 5 000～9 999元 | 171 | 60.42 |
|  | 10 000元及以上 | 30 | 10.60 |
| 岗位 | 高层管理者 | 6 | 2.12 |
|  | 中层管理者 | 108 | 38.16 |
|  | 基层管理者 | 91 | 32.16 |
|  | 技术类员工 | 49 | 17.31 |
|  | 其他一般员工 | 29 | 10.25 |

续表

| 统计内容 | 内容描述 | 频数 | 百分比/（%） |
|---|---|---|---|
| 工作时间 | 3年及以下 | 39 | 13.78 |
| | 3~5（含5年） | 109 | 38.52 |
| | 5~10（含10年） | 111 | 39.22 |
| | 10年以上 | 24 | 8.48 |
| 换工作的次数 | 0次 | 42 | 14.84 |
| | 1~2次 | 192 | 67.84 |
| | 3~4次 | 45 | 15.90 |
| | 5次及以上 | 4 | 1.41 |
| 在目前企业工作的时间 | 1年及以下 | 10 | 3.53 |
| | 1~3年（含3年） | 105 | 37.10 |
| | 3~5年（含5年） | 103 | 36.40 |
| | 5~10年（含10年） | 48 | 16.96 |
| | 10年以上 | 17 | 6.01 |
| 学历 | 初中及以下 | 2 | 0.71 |
| | 高中/中专 | 24 | 8.48 |
| | 大专 | 42 | 14.84 |
| | 本科 | 198 | 69.96 |
| | 硕士及以上 | 17 | 6.01 |
| 目前所在企业类型 | 国有（控股）企业 | 70 | 24.73 |
| | 民营企业 | 159 | 56.18 |
| | 外资企业 | 33 | 11.66 |
| | 中外合资企业 | 19 | 6.71 |
| | 其他 | 2 | 0.71 |
| 所在企业员工总人数 | 100人及以下 | 46 | 16.25 |
| | 101~500人 | 108 | 38.16 |
| | 501~1 000人 | 101 | 35.69 |
| | 5 001~10 000人 | 25 | 8.83 |
| | 10 001人以上 | 3 | 1.06 |

（2）信度分析

本研究采取Cronbach's α系数进行信度分析。研究对由17个题项组成的新量表进行内部一致性分析，结果显示总量表Cronbach's α系数为0.872，三个维度的Cronbach's α系数分别为0.930、0.951和0.888。这说明量表稳定性较好。

（3）探索性因子分析

正式调研样本数据分析结果显示，KMO值为0.944，近似卡方值为3 877.693，其显著性为0.000（$p<0.001$），依据标准经验值进行判断，该样本数据适合做因子分析。

再次因子分析结果显示，每个因素的载荷均在0.536~0.870，可以解释总体变异的75.227%，17个题项分布在3个因子上。以上数据说明量表结构较为理想，结果如表2-12所示。

表2-12 员工抱怨量表探索性因子分析结果

| 题项 | 成分 | | |
|---|---|---|---|
| | 1 | 2 | 3 |
| C9：我在工作上遇到不满时会消极怠工 | 0.870 | | |
| C12：我在工作上遇到不满时会破坏组织的生产工具 | 0.843 | | |
| C10：我在工作上遇到不满时会旷工 | 0.837 | | |
| C13：我在工作上遇到不满时会选择离职 | 0.807 | | |
| C11：我在工作上遇到不满时会与相关人员发生肢体冲突 | 0.801 | | |
| C2：我在工作上遇到不满时会找上级领导进行沟通 | | 0.787 | |
| C7：我在工作上遇到不满时会通过员工社区等企业内部设立的网络平台反映自己的诉求 | | 0.773 | |
| C4：我在工作上遇到不满时会通过人力资源部门反映自己的诉求 | | 0.732 | |
| C6：我在工作上遇到不满时会通过意见箱反映自己的诉求 | | 0.729 | |
| C5：我在工作上遇到不满时会在开会时反映自己的诉求 | | 0.721 | |
| C3：我在工作上遇到不满时会找企业之外的相关部门解决问题 | | 0.670 | |
| C8：我在工作上与同事之间发生不满时会直接向他表达 | | 0.652 | |
| C1：我在工作上遇到不满时会私下向他人倾诉 | | 0.536 | |
| C15：我在工作中遇到不满时会选择沉默，因为觉以言语或行动表达出来也不能让自己的心情变得愉悦 | | | 0.855 |
| C17：我在工作中遇到不满时会选择沉默，因为觉以言语或行动表达出来会伤害同事间的友好关系 | | | 0.828 |
| C16：我在工作中遇到不满时会选择沉默，因为觉以言语或行动表达出来可能会使自己损失更大 | | | 0.818 |
| C14：我在工作中遇到不满时会选择沉默，因为觉以言语或行动表达出来也得不到有效解决 | | | 0.797 |
| 特征值 | 4.863 | 4.549 | 3.377 |
| 解释变异量/（%） | 28.61 | 26.76 | 19.86 |
| 解释累积变异量/（%） | 28.607 | 55.364 | 75.227 |

至此，通过多次探索因子分析，将不符合标准的题项处理后，得到了结构较为理想的正式量表。其中C1～C8题项为言语性抱怨，C9～C13题项为行动性抱怨，C14～C17为隐忍性抱怨。

运用SPSS 26.0软件对预调研初始量表数据先进行了分析，探索性因子分析后，合并了2个题项、删除了1个题项。再通过正式的探索性因子分析和信度分析，最终确定了含17个题项的量表。研究通过探索性因子分析得到员工抱怨的各个维度，各维度与质性研究时得到的3个维度一致。

## 2.7 正式量表检验

### 2.7.1 数据收集

验证性因子分析与探索性因子分析必须采用不同的样本数据，才能更有效地验证量表的有效性和适切性。验证性因子分析采用的样本数据来自另外一批样本员工调查数据。通过问卷平台发放电子问卷和现场发放纸质问卷完成数据调查。其中收集电子问卷265份，纸质问卷25份。在删除填写不完整等无效问卷后，有效问卷为285份，有效回收率为98.28%，其中电子问卷260份、纸质问卷25份。样本描述性分析如表2-13所示。

表2-13 样本描述性分析

| 统计内容 | 内容描述 | 频数 | 百分比/（%） |
| --- | --- | --- | --- |
| 性别 | 男 | 152 | 53.33 |
|  | 女 | 133 | 46.67 |
| 年龄 | 20岁以下 | 0 | 0.00 |
|  | 20~29岁 | 141 | 49.47 |
|  | 30~39岁 | 123 | 43.16 |
|  | 40~49岁 | 18 | 6.32 |
|  | 50岁及以上 | 3 | 1.05 |
| 婚姻状况 | 未婚 | 101 | 35.44 |
|  | 已婚 | 181 | 63.51 |
|  | 离异 | 3 | 1.05 |
|  | 丧偶 | 0 | 0.00 |
| 月工资 | 2 000元以下 | 3 | 1.05 |
|  | 2 000~4 999元 | 76 | 26.67 |
|  | 5 000~9 999元 | 174 | 61.05 |
|  | 10 000元及以上 | 32 | 11.23 |
| 岗位 | 高层管理者 | 4 | 1.40 |
|  | 中层管理者 | 105 | 36.84 |
|  | 基层管理者 | 93 | 32.63 |
|  | 技术类员工 | 42 | 14.74 |
|  | 其他一般员工 | 41 | 14.39 |
| 工作时间 | 3年及以下 | 37 | 12.98 |
|  | 3~5（含5年） | 99 | 34.74 |
|  | 5~10（含10年） | 125 | 43.86 |
|  | 10年以上 | 24 | 8.42 |

续表

| 统计内容 | 内容描述 | 频数 | 百分比/（%） |
|---|---|---|---|
| 换工作的次数 | 0次 | 42 | 14.74 |
| | 1～2次 | 189 | 66.32 |
| | 3～4次 | 49 | 17.19 |
| | 5次及以上 | 5 | 1.75 |
| 在目前企业工作的时间 | 1年及以下 | 17 | 5.96 |
| | 1～3年（含3年） | 113 | 39.65 |
| | 3～5年（含5年） | 108 | 37.89 |
| | 5～10年（含10年） | 39 | 13.68 |
| | 10年以上 | 8 | 2.81 |
| 学历 | 初中及以下 | 0 | 0.00 |
| | 高中/中专 | 16 | 5.61 |
| | 大专 | 39 | 13.68 |
| | 本科 | 203 | 71.23 |
| | 硕士及以上 | 27 | 9.47 |
| 目前所在企业类型 | 国有（控股）企业 | 28 | 9.82 |
| | 民营企业 | 179 | 62.81 |
| | 外资企业 | 24 | 8.42 |
| | 中外合资企业 | 38 | 13.33 |
| | 其他 | 16 | 5.61 |
| 所在企业员工总人数 | 100人及以下 | 41 | 14.39 |
| | 101～500人 | 121 | 42.46 |
| | 501～1 000人 | 88 | 30.88 |
| | 5 001～10 000人 | 35 | 12.28 |
| | 10 001人以上 | 0 | 0.00 |

### 2.7.2 验证性因子分析

通过上述质性研究及探索性因子分析，构建了一个包含17个题项的员工抱怨三因子（言语性抱怨、行动性抱怨和隐忍性抱怨）构念模型。参考Law等（1998）多维构念性质的确定，员工抱怨构念的三个维度之间相对独立，各个维度是员工抱怨构念的不同组成部分，理论上属于合并型多维构念，不是多维潜变量，适宜采用一阶因子模型分析。本研究采用竞争模型比较策略，进一步检验了员工抱怨构念模型的因子结构，对保留了17个题项的正式量表，将维度进行两两组合，设定5个竞争模型，采用MPLUS 8.0软件对这些竞争模型进行检验分析，以比较各个模型的拟合指标。验证性因子分析之后，各个模型的拟合结果如表2-14所示。

表2-14 员工抱怨因子结构的竞争模型比较（$N=285$）

| 模型 | $\chi^2$ | df | $\chi^2$/df | RMSEA | SRMR | CFI | TLI |
|---|---|---|---|---|---|---|---|
| 三因子模型<br>（$y_1, y_2, y_3$） | 214.893 | 116 | 1.853 | 0.058 | 0.049 | 0.966 | 0.961 |
| 双因子模型1<br>（$y_1, y_2+y_3$） | 607.103 | 118 | 5.145 | 0.128 | 0.107 | 0.834 | 0.809 |
| 双因子模型2<br>（$y_1+y_2, y_3$） | 608.439 | 118 | 5.156 | 0.128 | 0.089 | 0.833 | 0.808 |
| 双因子模型3<br>（$y_1+y_3, y_2$） | 532.610 | 116 | 4.591 | 0.119 | 0.084 | 0.859 | 0.834 |
| 单因子模型<br>（$y_1+y_2+y_3$） | 958.752 | 119 | 8.057 | 0.167 | 0.116 | 0.715 | 0.674 |

注：$y_1$—言语性抱怨，$y_2$—隐忍性抱怨，$y_3$—行动性抱怨。

通过比较$\chi^2$/df、RMSEA、SRMR、CFI 4个受样本容量影响较小的拟合指标发现，与单因子和双因子模型相比，三因子模型拟合最优，其$\chi^2$/df值、RMSEA、CFI和TLI值全部达到了理想拟合水平。员工抱怨的三因子结构模型得到了验证，具有稳定性和合理性。

### 2.7.3 员工抱怨量表信度、效度的评价

（1）信度分析

信度是指检验对象的可靠性。具体而言，可靠性是指当使用相同的方法重复测量同一现象时，这些测量结果可以保持一致的程度。可靠性越高，测量结果的一致性就越高，当然也就越稳定和可靠。在评价量表稳定性和可靠性时，信度分析有很多不同的方法。本研究采用Cronbach's α系数检验员工抱怨量表的信度。数据分析显示，量表的3个维度的Cronbach's α系数分别为0.898、0.943和0.868，都达到了0.86以上，总量表的信度为0.835。因此根据标准经验值判断，本研究开发的测量量表信度较好。

（2）效度分析

本研究参考French和B.Michael的效度分类法，从内容效度、结构效度、效标效度三个方面对效度进行检验。其中效标效度的检验安排在下一节。

内容效度指选取的测量内容是否适合测量题项，这种效度判断的方法基于对题项的内容进行语句、内容及逻辑是否合理的评价。本研究在题项收集和确定阶段都对量表进行了内容效度的评价，邀请四位专家对量表的内容进行评审。根据专家意见进行修改后形成初始量表。基于这些校验方法，本研究开发的量表应该具有较好的内容效度。

本研究的结构效度通过收敛效度和区分效度两个方法来检验。科学完整的测量工具必须达到良好效度要求，收敛效度反映了量表与其他相同构念的量表之间的相关程度，区分效度则是指不同构念的测量区分的程度。对于收敛效度，本研究采用平均变异数抽

取量（AVE）值大于0.5的判断标准，数据分析结果显示收敛效度良好。对于区分效度的检验，本研究采用比较各因子本身的AVE值的算术平方根是否大于其与其他因子的相关系数为判断标准，数据分析结果显示区分效度良好。

## 2.8 效标效度检验

基于文献资料研究和扎根理论的编码分析结果，发现领导因素是影响员工抱怨的重要因素之一。在企业内，领导不仅是员工的管理者，和员工也具有合作关系，是员工工作中最重要的人际关系之一。领导的一言一行对员工的情绪及工作积极性都有着重要影响。对于员工抱怨的影响而言，最直接的影响是对员工个人的工作效率的影响。因为情绪上的波动及心中积攒的抱怨会直接影响员工的工作积极性和主动性，从而间接影响整个组织的效率。基于相关文献的梳理，选取领导风格和工作投入作为研究变量，分析领导风格对员工抱怨的预测效应，探究员工抱怨对工作投入的预测效应，建立逻辑关系网，验证员工抱怨的效标效度。

### 2.8.1 检验假设的提出

（1）领导风格与员工抱怨

领导风格是领导者或管理者的行为模式的重要体现，也是领导行为的习惯性特征。由于每个领导者的个人成长经历和个性特征都不同，因此就会形成与其他领导者不同的风格。在众多领导风格的研究中，服务型领导是许多积极领导方式中的一种新型领导方式，近年来成为众多研究者的研究热点。本研究从质性研究中对员工抱怨的抱怨源编码及文献资料研究发现，领导风格是员工抱怨重要的影响因素。因此，选取辱虐型领导和服务型领导两种截然不同的领导风格作为变量，以此来研究这两种不同的领导风格对员工抱怨的影响。

服务型领导又称为仆人型领导或公仆型领导等，是组织行为研究领域中的一种新兴的领导理论，并逐渐成为领导学和管理学的研究热点（方慧等，2018）。基于领导者的行为表现和行为动机，服务型领导理论认为领导者必须首先为他们的追随者服务，即领导者应该优先考虑下属的需求而不是自己的需求。Liden等（2014）研究认为服务型领导能够为员工提供鼓励和支持，通过优先满足下属需求的管理方式，使员工的潜能得到激发、员工的工作绩效得到提升等。

Tepper（2000）指出，辱虐型领导是领导者对组织下属的情感和心理敌意对待的领导行为。Duffy等（2002）研究了辱虐型领导，他指出作为一种负面领导行为它对员工和组织而言从根本上是破坏性的。实证研究表明，当单个员工被组织中的管理者虐待时，会产生团队中地位低下和价值低落的感觉，从而产生负面情绪，进而引起一些过激的行为。也有学者研究认为辱虐型领导可看作一种负面的人际交往的形式。受虐待的员工通常不积极工作，在受到刺激后，他们会表现出有害的行为。从文献梳理中可以得出，辱虐型领导在组织中对员工的影响较大。只有具有较强社会适应能力的员工才能使用自己的资源开展积极的活动，从而应对辱虐型领导的压力。

员工会受到不同领导风格的影响，而领导者的辱虐行为会使员工感觉到不安、自卑和产生不公平的感觉，极大影响员工的工作状态。基于领导-成员交换理论，领导者对员工的辱虐行为，极大降低了员工对领导者的信任，也降低员工对组织的信任。员工在不被信任的环境下特别容易变得焦虑不安。领导者的严厉苛刻，可能导致员工有不满也不敢说出来，从而选择隐忍。而当不满情绪达到一定程度时，员工会通过一些消极行为将情绪发泄出来，甚至上升到行动性抱怨。而服务型领导与之相反，服务型领导关心下属的利益和需求超过对自己利益和需求的关心，这样能够提升下属的心理安全感和对工作环境及领导的信任。因此，当员工对工作有不满时，会采取积极的沟通方法进行解决，而不会将不满藏在心里。由于对组织和领导的信任，他们相信自己提出的问题会得到很好的解决。由此也会大大降低抱怨激化上升为行动性抱怨的可能性。基于以上推论，本研究认为领导风格会显著影响员工抱怨，并提出以下假设：

假设1：服务型领导对员工抱怨产生显著影响。

  假设1a：服务型领导对言语性抱怨产生显著正向影响。

  假设1b：服务型领导对行动性抱怨产生显著负向影响。

  假设1c：服务型领导对隐忍性抱怨产生显著负向影响。

假设2：辱虐型领导对员工抱怨产生显著影响。

  假设2a：辱虐型领导对言语性抱怨产生显著负向影响。

  假设2b：辱虐型领导对行动性抱怨产生显著正向影响。

  假设2c：辱虐型领导对隐忍性抱怨产生显著正向影响。

（2）员工抱怨与工作投入

工作投入是一种员工的工作状态，这种状态会受各种因素影响而表现出状态的好坏。该领域的相关研究发展时间较长。Kahn（1990）研究认为工作投入表明组织员工与其工作紧密联系，而员工可以在工作场所中充分表达自己的意见。他还通过深入研究进一步发现，员工的工作投入在生理、心理和情感方面都表现出不同的状态。他的研究为后续学者的研究奠定了基础。Schaufeli（2002）研究认为工作投入是一种表现为精力充沛、无私和认真专心的积极状态。这种状态是员工在工作中表现出来的。Cole（2012）研究认为，员工个体的工作身份认同和工作热情表现就是工作投入，这其中包括工作对员工个人的重要性，当工作对员工来说十分重要时，他会展现出对工作的热情，加大工作投入。

国内学者基于不同视角也对工作投入展开了相关研究。有学者认为工作投入是一种积极情绪的认知状态，前提是该状态是与工作相关的，行为表现有持续性和扩散性的特征（李锐等，2007）。总而言之，国内外大部分学者的研究共同点都表明工作投入是一种工作状态，并且是积极向上的。受这种状态的影响，员工能快速地融入组织，有助于创建和谐的劳动关系氛围。而且积极主动的工作态度有利于员工绩效的提升，长远看来有利于组织绩效及竞争力的提高（彭坚等，2016）。

资源保存理论认为当员工感知到组织给予的资源较少或不公平时会很难得到或补充新的资源，因此就会出现不满的情绪从而导致个体资源的投入降低，最终造成组织的资源损失。对于员工来说，如果在组织内很难获取自己预期的资源，长此以往员工会对组织失望。而员工无法保持乐观情绪，满意感会降低，进而表现出消极的工作状态。当员工通过言语倾诉来发泄情绪或通过沟通来解决不满的问题时，抱怨的情绪会得到一定的缓解，从而有利于员工调整好心态积极；而当员工将不满意的情绪一直隐忍在心里时，消极负面的情绪经过长期积攒会消磨员工的工作信心，使员工表现出消极对抗的工作状态；当员工的抱怨没有得到很好的解决且个体与组织的矛盾激化上升为行动性抱怨时，会彻底影响员工的工作状态和积极性。因此，本研究认为员工抱怨会显著影响员工工作投入，并提出以下假设：

假设3：员工抱怨对工作投入产生显著影响。

假设3a：言语性抱怨对工作投入产生显著正向影响。

假设3b：行动性抱怨对工作投入产生显著负向影响。

假设3c：隐忍性抱怨对工作投入产生显著负向影响。

### 2.8.2 变量测量与数据采集

（1）测量工具

员工抱怨采用的是本研究通过规范流程开发的员工抱怨量表。研究结果表明，员工抱怨量表共17个题项，其结构分为3个维度。并进行了量表结构及信效度检验，量表具有稳定性并且信效度均良好。

领导风格中服务型领导的测量采用Liden等（2014）开发的7个题项量表，量表题项包括"我的上司非常重视我的职业发展"等，其Cronbach's α系数为0.91。辱虐型领导的测量采用Mitchell（2007）在Tepper（2000）开发的辱虐型领导测量量表基础上改编的简洁版量表，共5个题项。

工作投入的测量使用Schaufeli、Bakker和Salanova（2006）开发的9个题项的简版量表。该量表是在工作投入的相关研究中最常用的量表，并具有良好的信度和效度。量表题项如"我非常热衷自己的工作"等。题项测量均采用李科特五级计分。

（2）数据收集

本部分数据与验证性因子分析时收集的样本数据一致。在验证性因子分析阶段发放问卷中增加了领导风格和工作投入两部分内容。共收集285份有效问卷。样本员工结构具体情况如表2-13所示。

### 2.8.3 数据分析过程与结果

（1）共同方法偏差检验

在进行数据分析之前，先对样本数据进行共同方法偏差检验，目的是保证数据分析结果不会受到共同方法偏差的影响。本研究采用Harman单因子方法对数据检验,在对样本数据进行探索性因素分析之后,研究发现样本数据中没有单一因素出现,并且第一个因素只解释了总方差的26.291%。基于此,结果证明数据分析不会受到共同方法偏差的影响。

(2)信度分析

除员工抱怨量表以外,本研究所选用的效标变量问卷均来自成熟量表。对各量表进行了信度检验。检验结果表明,总体内部一致性信度系数如下:员工抱怨为0.835,服务型领导为0.922,辱虐型领导为0.934,工作投入为0.929。信度分析结果显示所有问卷信度良好。

(3)效度分析

使用MPLUS 8.0软件对样本数据进行了一组嵌套的验证性因子分析,以此分析本研究中各变量之间的区分效度。数据分析结果显示,基准模型拟合均优于其他所有模型的拟合,基准模型卡方自由度比值为1.92,RMSEA值为0.052,CFI值为0.948,TLI值为0.926,所有指标均高出标准经验值,拟合水平较好,具有良好的区分效度。

(4)描述性分析

本研究分别对员工抱怨、辱虐型领导、服务型领导和工作投入求取均值,然后对其进行相关分析。数据分析结果显示,言语性抱怨、行动性抱怨、隐忍性抱怨与辱虐型领导、服务型领导和工作投入之间具有显著相关关系。其中,言语性抱怨与辱虐型领导呈显著负相关($r=-0.136$, $p<0.01$),行动性抱怨与辱虐型领导呈显著正相关($r=0.219$, $p<0.01$),隐忍性抱怨与辱虐型领导呈显著正相关($r=0.403$, $p<0.01$),言语性抱怨与服务型领导呈显著正相关($r=0.316$, $p<0.01$),行动性抱怨与服务型领导呈显著负相关($r=-0.137$, $p<0.01$),隐忍性抱怨与服务型领导呈显著负相关($r=-0.526$, $p<0.01$),言语性抱怨与工作投入呈显著正相关($r=0.131$, $p<0.01$),行动性抱怨与工作投入呈显著负相关($r=-0.290$, $p<0.01$),隐忍性抱怨与工作投入呈显著负相关($r=-0.228$, $p<0.01$)。数据分析结果如表2-15所示。

表2-15 变量的均值、标准差和相关系数矩阵($N=285$)

| 变量 | 均值 | 标准差 | 1 | 2 | 3 | 4 | 5 | 6 |
| --- | --- | --- | --- | --- | --- | --- | --- | --- |
| 言语性抱怨 | 3.42 | 0.85 | 1 | | | | | |
| 行动性抱怨 | 2.41 | 1.29 | 0.564** | 1 | | | | |
| 隐忍性抱怨 | 2.55 | 1.02 | −0.512** | −.298** | 1 | | | |
| 辱虐型领导 | 1.94 | 0.67 | −0.136** | 0.219** | 0.403** | 1 | | |
| 服务型领导 | 3.71 | 0.64 | 0.316** | −0.137* | −0.526** | −0.277** | 1 | |
| 工作投入 | 4.17 | 0.57 | 0.131* | −0.290** | −0.228** | −0.618** | 0.451** | 1 |

注:*表示$p<0.05$,**表示$p<0.01$。

（5）回归分析

将性别、年龄、婚姻状况、收入等作为控制变量，以服务型领导风格和辱虐型领导风格作为自变量，员工抱怨作为因变量，分别加入模型进行分析。由表2-16可以看出，在控制变量情况下辱虐型领导对员工抱怨具有显著影响，其中辱虐型领导对言语性抱怨（$r=-0.257$，$p<0.001$）具有显著负向影响，辱虐型领导对行动性抱怨（$r=0.245$，$p<0.001$）具有显著正向影响及辱虐型领导对隐忍性抱怨（$r=0.354$，$p<0.001$）具有显著正向影响。在企业实践中，如果领导总是严苛要求员工，对员工恶语相向，嘲讽辱骂员工，那么员工会因为惧怕领导而选择隐忍，但长期的压力会使员工产生激烈的行为，进而选择进一步行动，通过旷工或者辞职来表达自己不满的情绪。

服务型领导对员工抱怨具有显著影响，其中服务型领导对言语性抱怨（$r=0.392$，$p<0.001$）具有显著正向影响，服务型领导对行动性抱怨（$r=-0.2$，$p<0.05$）具有显著负向影响，服务型领导对隐忍性抱怨（$r=-0.47$，$p<0.001$）具有显著负向影响。在企业实践中，如果一个领导对待员工像对待家人一样，了解他们的需求，解决他们的困难，并且将员工的利益放在自己的利益之前，那么会大大减少员工的抱怨。当员工在工作中遇到不满时，因为领导的宽容亲和，员工会选择通过言语的沟通来解决问题，而不会通过行动或者隐忍来表达自己的不满。

表2-16 回归分析结果

| 变量 | 言语性抱怨 | | | 行动性抱怨 | | | 隐忍性抱怨 | | |
| --- | --- | --- | --- | --- | --- | --- | --- | --- | --- |
| | 模型1标准系数 | 模型2标准系数 | 模型3标准系数 | 模型1标准系数 | 模型2标准系数 | 模型3标准系数 | 模型1标准系数 | 模型2标准系数 | 模型3标准系数 |
| 性别 | -0.163 | -0.175** | -0.024 | 0.154** | 0.165** | 0.083 | 0.193** | 0.209** | 0.027 |
| 年龄 | -0.036 | -0.038 | -0.082 | 0.047 | 0.049 | 0.07 | 0.223** | 0.227** | 0.279** |
| 婚姻状况 | 0.209** | 0.218** | 0.34** | 0.248** | 0.24** | 0.181 | 0.053 | 0.041 | -0.104 |
| 收入 | 0.024 | -0.008 | -0.031 | -0.034** | -0.004 | -0.006** | 0.02 | 0.064 | 0.086 |
| 岗位性质 | 0.144 | 0.16** | 0.147** | 0.222 | 0.207** | 0.22 | 0.009 | -0.013 | 0.005** |
| 工作时间 | -0.003 | -0.028 | -0.012 | -0.048 | -0.024 | -0.049 | -0.173 | -0.139 | -0.177 |
| 学历 | 0.057 | 0.074 | 0.093 | 0.033 | 0.017 | 0.015 | 0.07 | 0.046 | 0.026 |
| 辱虐型领导 | | -0.257*** | | | 0.245*** | | | 0.354*** | |
| 服务型领导 | | | 0.392*** | | | -0.2** | | | -0.47*** |
| $R^2$ | 0.05 | 0.114 | 0.16 | 0.19 | 0.248 | 0.218 | 0.099 | 0.219 | 0.256 |
| 调整后$R^2$ | 0.018 | 0.079 | 0.127 | 0.162 | 0.218 | 0.188 | 0.068 | 0.189 | 0.226 |
| F值 | 1.545 | 3.278** | 4.843*** | 6.862*** | 8.388*** | 7.124*** | 3.207** | 7.162*** | 8.755*** |

注：**表示$p<0.05$，***表示$p<0.001$。

再将性别、年龄、婚姻状况等作为控制变量，把员工抱怨作为自变量，以工作投入作为因变量，依次加入模型进行回归分析，数据分析结果如表2-17所示。

表2-17 回归分析结果

| 变量 | 工作投入 | | | |
| --- | --- | --- | --- | --- |
| | 模型1<br>标准系数 | 模型2<br>标准系数 | 模型3<br>标准系数 | 模型4<br>标准系数 |
| 性别 | −0.234** | −0.208*** | −0.171** | −0.201** |
| 年龄 | 0.107 | 0.113 | 0.127 | 0.146 |
| 婚姻状况 | −0.499*** | −0.533 | −0.397*** | −0.489*** |
| 收入 | 0.13 | 0.126 | 0.115 | 0.133** |
| 岗位性质 | −0.098 | −0.122** | −0.007 | −0.097 |
| 工作时间 | 0.041 | 0.042 | 0.022 | 0.011 |
| 学历 | −0.074 | −0.083 | −0.06 | −0.061 |
| 言语性抱怨 | | 0.162** | | |
| 行动性抱怨 | | | −0.411*** | |
| 隐忍性抱怨 | | | | −0.175** |
| $R^2$ | 0.343 | 0.368 | 0.48 | 0.371 |
| 调整后$R^2$ | 0.321 | 0.343 | 0.46 | 0.346 |
| F值 | 15.292*** | 14.847*** | 23.545*** | 15.021*** |

注：**表示$p<0.05$，***表示$p<0.001$。

由表2-17可以看出，员工抱怨对工作投入具有显著影响，其中言语性抱怨对工作投入（$r=0.162$，$p<0.05$）具有显著正向影响，行动性抱怨对工作投入（$r=-0.411$，$p<0.001$）具有显著负向影响，隐忍性抱怨对工作投入（$r=-0.175$，$p<0.05$）具有显著负向影响。在企业实践中，员工的抱怨情绪会影响对工作的投入程度，当员工通过语言来发泄倾诉抱怨时，情绪会得到一定的缓解，之后会积极投入工作；如果因为强烈的不满产生了消极怠工或旷工的行为，这将大大减少员工对工作的投入；另外，如果员工将工作中的不满隐忍在心里，带着怨气工作也会分散员工工作的注意力，从而减少对工作的投入。

（6）假设验证结果

通过回归分析结果可以看出，假设1、假设2和假设3均都到验证。假设1、假设2和假设3的验证说明了辱虐型领导、服务型领导对员工抱怨具有显著的预测作用，以及员工抱怨对工作投入具有显著的预测作用，验证了本研究开发的员工抱怨量表的有效性。此量表可以应用于未来的相关实证研究中，可以有效验证员工抱怨与其他变量之间的关系。

基于领导-成员交换理论和资源保存理论，文中提出的假设1、假设2和假设3均成立，即辱虐型领导、服务型领导对员工抱怨及员工抱怨对工作投入均有显著的预测作用。员工抱怨与两个前因变量及结果变量之间逻辑关系网络的验证，意味着员工抱怨量表具有较高的效标关联效度，未来可以继续用于验证员工抱怨与其他变量之间的关系。至此，本研究完成了员工抱怨量表开发工作。

## 2.9 本研究小结

### 2.9.1 研究结论

本部分研究主要结论如下：

第一，通过质性研究发现，员工抱怨产生的原因来源于组织内部，包括组织公平、人事制度和领导行为等。基于访谈资料的文本分析结果，结合"抱怨"一词的原意和已有文献关于员工抱怨及顾客抱怨的定义，并考虑企业实践中员工实际的抱怨行为，将员工抱怨定义为，因工作中不满导致的、员工为了获取补偿或发泄情绪而做出的正式或非正式的言语、行为及心理性反应。

第二，在员工抱怨内涵界定的基础上，基于26个访谈样本和文献分析中提取出25个题项，组成员工抱怨初始量表池，并通过专家评审的办法对初始量表进行内容效度的分析，删减和修改了相关题项，得到由19个题项组成的员工抱怨量表。然后，通过预调研对初始量表题项和结构进行筛选和检验分析，最终得到由17个题项组成的员工抱怨正式量表。通过验证性因子分析对员工抱怨量表进行验证，结果表明，员工抱怨是由言语性抱怨、行动性抱怨和隐忍性抱怨三个维度组成的二阶三因子模型，同时该员工抱怨量表具有良好的信度和效度。

第三，实证检验了员工抱怨量表的效标效度。在领导-成员交换理论和资源保存理论基础上，实证分析了领导风格对员工抱怨及员工抱怨对工作投入的影响。结果显示，辱虐型领导和服务型领导对员工抱怨具有显著的预测作用，员工抱怨对工作投入具有显著的预测作用，员工抱怨量表的效标效度得到检验。

### 2.9.2 研究创新

第一，运用扎根理论质性研究方法界定了员工抱怨的构念。在文献研究基础上，通过深度访谈，运用扎根理论的方法对于员工抱怨的定义进行了清晰界定，明确了员工抱怨构念的内涵及边界，丰富了现有员工抱怨的理论内容。

第二，开发了员工抱怨测量量表。本研究在文献研究的基础上得到员工抱怨的初步定义，并运用扎根理论方法明确界定了员工抱怨的内涵。然后，通过定量研究得出员工抱怨是由三个维度构成的二阶三因子模型，在此基础上开发出相应的员工抱怨测量量表。研究过程严格按照量表开发的步骤进行。

## 2.9.3 研究不足与展望

本研究仍存在一定的不足,具体包括以下两点:

第一,问卷设计与问卷收集虽然花费了很多时间和精力,预调研加上两次正式调研最终得到有效样本790份,数据分析结果也表明满足实证研究基本要求,但是由于各种资源的限制,样本数量还是不够多,可能会对数据结果的普遍性造成影响。同时,参与问卷调查的地域也比较有限。在未来的研究中,应该扩大问卷发放的范围,从而减少测量误差,提高数据结果的准确性。

第二,本研究的问卷调查采取员工自我评价的方式。员工在填写调查问卷时会受到个人主观感受或者外界评价的影响,可能使得问卷最终得分的精准度降低,从而影响测量结果。因此在未来的研究中应该综合考虑评价方式的选择,利用数据来源多样性以提高测量数据的可靠性。

未来可从以下三个方面予以补充研究:①选择更多的样本数量,进一步检验员工抱怨的结构及其量表的可靠性。②对比分析和考察员工抱怨与其他的相关员工行为之间的联系和区别。例如检验员工抱怨是否与某些具有相关特征的员工行为有着重叠效应及预测效应等。③相关领域的研究可以进一步探索员工抱怨行为,从而搭建更为完整的理论分析框架。总之,员工抱怨作为一种当下较为普遍的社会现象,相关研究具有重要的实践意义,在明确其内涵与结构,并且开发了员工抱怨量表之后,未来研究空间广阔。

# 第3章 基于不满事件情境的员工抱怨方式选择

本研究从人力资源管理视角出发，基于公平理论、心理抗拒理论及事件系统理论，通过理论分析、实验研究和实证检验，探讨了十种不满事件情境下员工抱怨方式选择的差异性。主要研究方法有文献分析法、问卷调查法、情境模拟法及定量分析方法等。首先，在回顾和梳理已有文献有关员工抱怨研究成果的基础上，将员工抱怨区分为言语性、行动性和隐忍性抱怨三类；采用文献分析并结合问卷调查方法，确定了企业人力资源管理实践中最容易引发员工抱怨的五种不满事件类型，即薪酬水平、领导风格、工作时间、人际关系、职业发展等。然后，将每种不满事件界定为高、低两种不同的严重程度，构成十种不满事件情境，以编写通俗易懂的管理实践故事模拟不满事件情境，在此基础上设计实验调查问卷。最后，通过问卷调查的方法回收有效样本数据498份，使用SPSS分析工具，实证检验了员工抱怨方式选择在具体不满事件情境及个体特征与人口统计学变量上的差异。

## 3.1 理论基础

### 3.1.1 公平理论

公平理论又称社会比较理论，在组织行为学和人力资源管理研究中被广泛采用，主要用来阐释和预测当企业或者组织内部发生冲突的时候，个体是如何对此进行分析和看待的（彭军锋，2004）。该理论重点在于解释薪酬分配对员工生产绩效的影响程度，当薪酬分配出现不合理或者不公平的情形时，员工的生产积极性会受打击。该理论表明，员工的激励程度受到自我公平感知的主观意识比较的影响。

公平理论指出，员工在组织中的公平感是保证组织良好运行的基础，也是保障个体工作满意度的关键要素。员工对组织公平感知的合法性影响组织的有效运行。融洽的组织公平氛围给团队建立带来正面影响，相应地，员工在组织不公平氛围中易于消沉、积极性受挫，员工和组织的关系可能进一步恶化，导致员工采取相应报复措施，使组织受到损失。

正向的分配公平对员工在组织中的积极性有着激励作用。而员工的公平感知并不能简单地通过客观条件进行比较，更多地强调一种主观心理感知。该理论的核心观点是，组织中的成员不仅会横向和其他成员进行比较，还会纵向和历史所得进行对比（Jeffrey等，1993）。从横向上看，员工往往将工作中得到的物质报酬包括薪水、福利与精神上的丰厚奖励如职位升迁等与同等作业情况下的其他同事进行对比。员工会根据周围人的报酬来衡量自身的付出并给出一个自认为合理的预期回报值，当实际所得少于预期回报值时，员工认为自身付出的成本如精力、时间等被浪费，从而在组织中的工作积极性也会随之下降。从纵向上看，员工还会不自觉地进行历史比较，即员工在衡量自身条件如工作经验、受教育程度、技术资格之后，将当下的收支比与自己过去某一时间段的收支比进行比较。当员工认为现阶段的收支比高于历史收支比时，便感觉受到了被公平对待，心情舒畅，工作勤奋；当员工认为现阶段的收支比不如从前时，不公平感便油然而生，进而生出怨恨情绪，这对个体的工作激情和组织效率均形成负面影响。当实际报酬与期望报酬相去甚远时，个体极易产生巨大的不满情绪，且这种落差越大，个体的不满情绪越强烈（Leventhal等，1980）。此时员工往往会产生挫折、愤怒、仇恨心理，甚至形成了破坏心态。当然在少数情况下，个体也会因较高的收支比产生才不配位的不安感。

当员工产生不公平感时，可能会进行自我解释以减少心理失衡，努力修复自我心境，借此获得主观上的平等感受。员工可能会采取一系列的行动，包括要求减少其他人的劳动报酬以提高自身的收入，或降低自己的劳务投入，做出与实际所得相符的劳动，以寻求心理平衡。员工也会发牢骚、讲怪话、磨洋工，甚至离职等。

### 3.1.2 心理抗拒理论

美国心理学家布林在其著作《心理感应抗拒理论》中首次提出心理抗拒理论。该理论表明，当人的自由受到威胁的时候，往往会采取一系列的对抗行为来保护自己的自由。人对自由的期望越高，心理反抗压力就越大。自由对人的重要性越高，当自由被剥夺时的心理抗拒力量也越大。

出于对自身安全的考量，心理抗拒是个体在受限状态下的应激反应机制。个体自由受限或被消除以后，个体的心理会保持高度抗拒的状态。心理抗拒是激励个体重新获得自由的自然反应。多数情形下，个体会降低对受限制行为的吸引力，降低对于受限资源的评估，更加坚决地做出最终决定（Brehm等，1981）。尤其是当个体发现这种权利受限情形并不针对所有人而仅针对包括他以内的少数人时，这种抗拒心理更加严重，由此引发的负面情绪很可能导致个体重新进行选择。

心理抗拒感包括特质抗拒和状态抗拒两方面(Brehm等，1981)。特质抗拒缘于个体内在的、稳定的人格特质，状态抗拒指在某些特定情境下，个体被唤起内在动机的表现。该理论认为，心理抗拒感的发生需要经历自由、自由威胁、反抗与重获自由这四个步骤，其中前因是自由和自由威胁，对态度和行为的抵触是其具体的表现过程，而终极目的是重获自由。

员工在组织中因工作时间过长或职业发展受阻时，很容易产生心理抗拒感，从而引发一系列的消极对抗行为，如言语抱怨、迟到早退、消极怠工等。员工会通过各种途径来表达抗议。所受的不公平待遇程度越深，与自己的期望值相差越远，则心理抗拒的力量越大，抱怨也越强烈。

### 3.1.3 事件系统理论

组织科学从微观及宏观视角对事件开展了诸多研究。Morgeson等（2015）认为，事件包括多个实体之间的相互作用，因为事件中存在其他实体，并且对于事件中的任何实体，事件都具有外部性质，可以被视为其外部环境或情况的一部分。且事件具有时间性和空间性，对不同主体间的交互作用均有涉及。而组织作为一个具有多层次结构的动态实体，当典型事件在不同的组织层面中涌现出来时，对于怎样赋予事件含义、时间和空间，以及怎样利用事件来影响整个组织却鲜有具体的论述，据此提出了事件系统理论。总体来说，事件包括三个维度：①事件强度，即事件的新颖度、中断度与重要度。新颖度强调的是当前事件与历史事件间的差异性，是否为新的或未预期的现象；中断度反映事件对组织能力的破坏，工作中断，或者改变惯常应对方式、工作方法的程度；重要度反映事件对组织及当事方的重要程度。事件强度越高越需要受到关注，因为这种事件可能会引发变革或创造新的行为、特征和事件。每次有"新"的事件发生时，实体或组织在此前并不一定在规则和流程等方面能做好准备或制定了有效应对方案，因此组织或实体必须进行变革或创造新的行为、特征或事件以应对新事件。发生的事件越重要，受到组织或实体的关注度越高，其行为、特征更可能涌现；事件越不重要，得到的关注就越少，甚至不加关注。②事件空间，即事件的起源地及其如何在组织中传播。③事件时间，指事件何时发生，影响又会持续多久，以及事件强度的演进。事件系统理论注重从系统性的角度关注其强度、时间和空间属性，以及在这些属性的作用下，组织中不同个体、团队和组织自身会产生的不同影响。

员工在组织中遭遇的不满事件的程度越深，持续时间越长，会加剧员工的消极反应，伴随而来的员工抱怨的反应程度也会加深。因此，甄别出最容易引发员工抱怨的关键事件对于组织的良性发展有着非常重要的意义。

## 3.2 不满事件情境及抱怨方式分类

初始不满事件的发生会引起员工在组织中产生消极的应对反应。Daley（2007）利用美国联邦政府2000年绩效原则调查的数据测试员工对不良事件（公平对待和被误导）的看法，进而检验员工不满对组织效能特征的影响。结果表明，无论最初令员工不满的事件是通过公平处理还是误导来衡量的，组织有效性特征（绩效考核态度指数、工作满意度和效能）的下降并没有呈现出明显的区别。即初始不良行为本身会诱发员工的退出，员工处于对具体的事件（缺乏公平待遇或被误导）的抱怨而不是正式的申诉会导致组织效率低下。

因此有必要对那些易引起员工抱怨的不满事件进行深入的研究。另外，基于员工遭遇的各种不满事件，员工抱怨方式差异化研究的起点是员工个体的差异性，应该从不满事件发生的情境和员工个体特征展开。本部分研究主要包括两个方面：一方面，通过问卷调研和文献整理，提取员工抱怨行为最常发生的情境，并对其进行归纳总结，分析不同抱怨方式的差异；另一方面，通过文献整理得出员工抱怨的方式种类，并对其进行归纳总结。

### 3.2.1 不满事件的选取

员工在职场可能会遭受到不公平对待或被误导，引起内心较为强烈的不满感知，继而引发员工的抱怨。我们将这些使员工遭受不公平对待并引发员工抱怨的事件称为不满事件。

通过对涉及抱怨源相关文献的梳理与对问卷调查的数据结果的分析，最终确定出最易引起员工抱怨的不满事件发生场景。首先对国内外涉及员工抱怨内容的相关文献进行梳理和整合，归纳出易引起员工抱怨的抱怨内容即不满事件的种类，依据各类不满事件在文献中出现的频次高低选出对员工抱怨影响较深的几种不满事件；然后针对文献分析得出的结论，编制关于不满事件选取的调查问卷，并进行问卷调查，根据回收的数据，结合第一部分的不满事件筛选结果，最终确定出最易引起员工抱怨的不满事件。

（1）文献分析

本研究主要通过中英文数据库如中国知网（CNKI）——中国期刊网、万方、Google学术等，以"员工抱怨"、"职场抱怨"、"员工申诉"、employee complaint、voice、grievance、grievants、nongrivants等为主题检索到130篇相关文献，其中，英文文献110篇，中文文献20篇。其中重点涉及员工抱怨影响因素、抱怨源等不满事件内容的有22篇文献，如表3-1所示。

表3-1 不满事件类型及频次的文献统计

| | 薪酬福利 | 人际关系 | 领导风格 | 管理水平 | 工作内容 | 工作环境 | 工作时间 | 职业发展 | 企业文化 |
|---|---|---|---|---|---|---|---|---|---|
| 曾小丹（2010） | √ | √ | | √ | | | √ | √ | |
| 李勇泉（2010） | √ | √ | √ | | √ | | √ | | |
| 栗宏业（2019） | √ | √ | √ | √ | | | | √ | |
| 高英等（2015） | √ | √ | | | √ | | √ | | |
| Cooke等（2016） | √ | | | √ | | √ | √ | √ | √ |
| 段惠敏（2016） | √ | | | | √ | | √ | √ | |
| 段伟玲（2019） | √ | √ | √ | √ | | | √ | √ | |
| 吴玉（2007） | √ | √ | | √ | | | | √ | √ |
| 余璇（2018） | | | | | √ | | √ | | |
| Moyer（1984） | √ | √ | √ | | | √ | | | |

续表

|  | 薪酬福利 | 人际关系 | 领导风格 | 管理水平 | 工作内容 | 工作环境 | 工作时间 | 职业发展 | 企业文化 |
|---|---|---|---|---|---|---|---|---|---|
| Fornell（1992） | √ |  |  | √ |  |  | √ |  |  |
| Kolodinsky（1993） | √ |  | √ |  |  |  |  |  |  |
| Keng（1995） | √ | √ |  |  | √ |  |  | √ | √ |
| Han（1980） | √ |  | √ |  |  | √ |  | √ |  |
| Day（1979） | √ |  | √ | √ |  |  |  | √ |  |
| Wirtz（1977） | √ | √ | √ |  |  |  | √ |  | √ |
| Lewin等（1988） |  |  |  |  |  | √ | √ |  |  |
| Luchak（2003） | √ | √ | √ |  |  |  | √ |  |  |
| Cooke（2013） | √ | √ | √ |  |  |  | √ |  |  |
| Elfstrom（2013） | √ |  |  |  |  |  |  | √ | √ |
| Li XJ（2014） | √ |  |  |  |  |  | √ |  |  |
| Liu（2001） | √ |  | √ |  |  |  |  | √ |  |
| 频次 | 22 | 15 | 13 | 9 | 7 | 8 | 14 | 14 | 7 |

引起员工抱怨的因素远不止这9个。Hannigan（1980）的研究表明，工作条件也会对员工抱怨产生较大影响。工作条件分为工作环境和工作时间。当今社会，随着国家和行业标准的提高，对于环保重视程度的增加，员工工作环境较以往已有明显改善，基本满足大部分员工的需求，所以并未将此作为主要考量依据，而仅仅选取了工作时间作为抱怨内容的重要因素之一。Luchak（2003）认为，良好的组织氛围和高超的领导力水平会减少员工的正式申诉。而个体所感受到的组织氛围和人际关系息息相关。领导力水平可以解释为领导的管理水平。另外，员工很容易受到领导思维和行为的影响，不同领导风格下的员工的表现方式往往也呈现出不一样的状态。因此，本研究选用人际关系和领导风格作为主要的分类依据。

从表3-1可知，依据不满事件出现频次高低进行排序，排在前5位的分别是薪酬福利、人际关系、工作时间、职业发展、领导风格，且这些因素出现的频率均超过50%。可以认为，这些是最容易引发员工抱怨的因素。

（2）问卷调查

1）问卷编制。通过对不满事件的文献分析，可以将员工在组织中经常遇到的不满事件划分为以下9种：薪酬福利、人际关系、领导风格、管理水平、工作内容、工作环境、工作时间、职业发展、企业文化，以此为据设计出本研究的问卷。问卷共分两个部分：第一部分，填写个人基本信息；第二部分，填写一个多选题和一个开放题。多选题题目为："员工在工作中，会遇到很多让自己感到不满的事件，从而引发抱怨。你认为，在下述9种类型的事件中，薪酬福利、人际关系、领导风格、管理水平、工作内容、工作环境、工作时间、职业发展、企业文化，哪些最容易让你产生不满的感觉？请你选出最容易引起你不满的5种事件。"开放题为："除了上述这些因素，你认为还有哪些因素非常容易引起员工的不满？请在横线处补充完整并加以说明，没有补充可不填。"

2）数据采集。研究数据是通过问卷调查采集的，问卷的发放方式有两种，分别为纸质问卷和电子问卷（一对一发放），通过向MBA学员、研究团队亲朋好友所在公司的同事发放问卷，总计110份问卷，去掉重复率过高及明显不合格的问卷，最终收回105份有效问卷，其中纸质问卷和电子问卷分别为78和27份。男性占55.2%，年龄在19～28岁的占40.0%，月收入在3 001～5 000元、5 001～10 000元的分别占40.0%和33.3%，学历以本科为主，企业主要以私营为主。具体情况如表3-2所示。

表3-2 样本描述性分析

| 统计量 | 统计内容 | 频数 | 百分比 |
| --- | --- | --- | --- |
| 性别 | 男 | 58 | 55.20% |
| | 女 | 47 | 44.80% |
| 年龄 | 19～28岁 | 42 | 40.00% |
| | 29～38岁 | 35 | 33.30% |
| | 39岁及以上 | 28 | 26.70% |
| 最高学历 | 高中及以下 | 6 | 5.70% |
| | 大专 | 27 | 25.70% |
| | 大学本科 | 46 | 43.80% |
| | 研究生及以上 | 26 | 24.80% |
| 婚姻 | 未婚 | 37 | 35.20% |
| | 已婚 | 68 | 64.80% |
| 所在岗位 | 基层管理者 | 32 | 30.50% |
| | 中层管理者 | 18 | 17.10% |
| | 技术类员工 | 23 | 21.90% |
| | 其他一般员工 | 29 | 27.60% |
| | 高层管理者 | 3 | 2.90% |
| 所在公司年限 | 1年以下 | 26 | 24.80% |
| | 1～3年 | 55 | 52.40% |
| | 3年及以上 | 24 | 22.90% |
| 月收入 | 3 000元及以下 | 8 | 7.60% |
| | 3 001～5 000元 | 42 | 40.00% |
| | 5 001～10 000元 | 35 | 33.30% |
| | 10 000元及以上 | 20 | 19.00% |
| 所在公司性质 | 国有独资 | 19 | 18.10% |
| | 私营 | 66 | 62.85% |
| | 其他公司 | 20 | 19.05% |

3）数据汇总分析。首先对数据进行汇总，得出各种不满事件发生的频次，计算出相应的响应率和个案百分比，然后对响应率指标从高到低进行排序，如表3-3所示。个案百分比超过50%的从大到小依次排序为职业发展、薪酬福利、工作时间、人际关系、领导风格。

表3-3 不满事件发生频率排序表

| 不满事件 | 响应 | | 个案百分比 | 次序 |
|---|---|---|---|---|
| | N | 响应率 | | |
| 薪酬福利 | 77 | 14.67% | 73.33% | 2 |
| 人际关系 | 70 | 13.33% | 66.67% | 4 |
| 工作内容 | 50 | 9.52% | 47.62% | 6 |
| 管理水平 | 35 | 6.67% | 33.33% | 8 |
| 领导风格 | 68 | 12.95% | 64.76% | 5 |
| 工作环境 | 32 | 6.10% | 30.48% | 9 |
| 工作时间 | 75 | 14.29% | 71.43% | 3 |
| 职业发展 | 78 | 14.86% | 74.29% | 1 |
| 企业文化 | 40 | 7.62% | 38.10% | 7 |
| 总计 | 525 | 100% | 500% | |

（3）不满事件确定

进一步将文献分析和问卷调查分析中选出的最容易引起员工抱怨的不满事件进行比对，结果保持一致，均为职业发展、薪酬福利、工作时间、人际关系、领导风格。其中，薪酬福利包括薪酬水平和福利待遇两个方面。研究表明，薪酬福利确是一线员工和管理者最为关注的因素。而对大部分员工来说，福利更多地作为薪酬的补充，给员工带来的是心理安慰的作用。本研究限于篇幅，对福利方面不做过多的研究，仅将薪酬水平作为主要考量依据。由此得到不满事件主要涉及职业发展、薪酬福利、工作时间、人际关系、领导风格等五个方面。

### 3.2.2 不满事件情境设计

现有文献主要通过回忆法研究员工抱怨的主要内容。回忆法要求受访者根据印象中自己之前所经历的不满事件说出当时自己的想法和原因，受访者在回忆过程中可能会因刻意美化自己的形象而做出与实际情况不太相符的判断，使真实经历和预期之间存在差异。模拟情境也称为角色扮演和准实验设计，是社会科学研究经常使用的一种方法，要求被访者阅读一个假设的情境描述，根据所获得的信息对所测量的变量做出反应。这种方法具有高度真实性，常常用来测试被访者对给定的情境做出的主观反应。通过这种方法，学者可以控制其他无法预测的变量，原本困难的控制也便于操作，所需要的研究时间大大缩短。这种方法也有弊端，被访者很可能会出现迎合效应，使得情境中的行为与现实可能发生的行为存在一定的差距（宋宗军，2010）。

模拟情境法要求情境对于所选样本可行而且适合，这样就具有高度真实性。通过对员工抱怨文献的梳理，本研究选取常见的引起员工产生不满的场景，以在职或刚离职的员工为受访对象，确保被访者对模拟情境非常熟悉，努力使被访者做出同现实情境下相同的反应。

实际生活中不满事件的发生情境极其复杂。基于事件系统理论，事件发生时的强度越大，造成的后果越严重。员工遭遇的不满事件的严重程度加深时，会引起员工负面情绪的加深，从而引起员工抱怨方式的变化。员工的抱怨方式在不同严重程度的不满情境中是不一致的，因此，有必要从高严重程度和低严重程度分别对不同类型的不满事件进行划分。

综上，本研究从抱怨内容和严重程度两个维度对员工抱怨的场景进行分类。在模拟情境中，将员工遭遇的薪酬水平类事件结果严重性不同假设为工资收入减少300元和3 000元。将不同类型的领导风格作为划分领导风格类不满事件的标准，假定为定规型和关怀型领导风格。将加班的频次作为划分工作时间类事件不满程度的标准，假定为偶尔加班和经常加班。将员工工作中出现困难时仅少数人帮忙和无人帮忙作为划分人际关系类事件的标准。将员工遇到的职业发展类结果严重性不同分别假设员工培训等待期为3个月和2年。具体情境设计如表3-4所示。

表3-4 不满事件情境设计

| | 低严重程度 | 高严重程度 |
| --- | --- | --- |
| 薪酬水平 | 我在公司项目部工作，一直勤勤恳恳，任劳任怨。我们工资包括两部分：岗位工资和项目提成，项目提成由各人绩效分决定。领导会每月对每个人的绩效进行打分。这个月月末结算时，我的绩效分较低，只得到3 000元的项目提成。之后了解到，同部门同岗位的另一位同事得到3 300元的项目提成。可是我们的工作量和完成度相差无几 | 我在公司项目部工作，一直勤勤恳恳，任劳任怨。我们工资分包括两部分：岗位工资和项目提成，项目提成由各人绩效分决定。领导每月对每个人的绩效进行打分。这个月月末结算时，我绩效分较低，只得到3000元的项目提成。之后了解到，同部门同岗位的另一位同事得到6 000元的项目提成。可是我们的工作量和完成度相差无几 |
| 领导风格 | 我在公司上班已有一段时间，平时公交转地铁，可以直接到达公司门口，耗时1小时左右。可最近因为家门口修路，公交车绕行，我需要多走很长一段路才能到达地铁口。虽然我提前很早就出发了，还是连续三天上班迟到了。按公司规定，要扣除我半天的工资。这天，领导私下找到我，问我缘由。我感到很难为情，随即向他说出实情。他表示理解，并主动帮我和人事部协调，免除这三天的迟到处罚，并嘱咐我今后要想办法克服困难，不要再迟到了 | 我在公司上班已有一段时间，平时公交转地铁，可以直接到达公司门口，耗时1小时左右。可最近因为家门口修路，公交车绕行，我需要多走很长一段路才能到达地铁口。虽然我提前很早就出发了，还是连续三天上班迟到了。按公司规定，要扣除我半天的工资。这天，我找到领导，希望他多加通融。可他却毫不留情地说："这是公司规定，迟到就是迟到了，不存在什么理由。"遂按照公司的规定扣除了我半天的工资 |

续表

|  | 低严重程度 | 高严重程度 |
| --- | --- | --- |
| 工作时间 | 我在公司上班，已有一段时间。平常朝九晚五且双休，生活和工作时间比较规律。可在这周周五下午，领导为了自己下周可以休假，临时要求我把一项计划下周内完成的工作提前做完，我只能利用周末加紧完成。这样一来，和家人约好的周末郊游只能改期 | 我在公司上班，已有一段时间。签订的合同里写明工作时间朝九晚五双休，但由于事多人少，经常到了下班时间工作也干不完。少则加班1小时，多则加班3小时，即使这样，周末也不能幸免。我本来办了一张健身卡，计划每天下班后去锻炼身体，结果现在到家吃完饭就感觉很累，很难挤出时间去健身或者进行其他的娱乐活动 |
| 人际关系 | 我加入项目部以来，工作勤勤恳恳，任劳任怨。部门共10名成员，各司其职。最近我接手了一个新的项目，由于缺乏这类项目的相关经验，很多专业内容无法完成，我虚心地向同事们求教，只有一人愿意帮助我。他给了我一些相关资料，让我自行查阅。我还想问他一些方法和技巧，他推说项目不同，方法不同，让我自行领会。最后，我下了很大的工夫，才完成初步的项目计划书 | 我加入项目部以来，工作勤勤恳恳，任劳任怨。部门共10名成员，各司其职。最近我接手了一个新的项目，由于缺乏这类项目的相关经验，很多专业内容无法完成，我虚心地向同事们求教，但是没有一人愿意帮助我。他们好像商量好了一样，说一些含糊不清的话，比如"随便弄弄就行了"之类的。最后，我提交的项目计划书未达到领导的要求，遭到了批评 |
| 职业发展 | 我经过面试，得到了一份项目部的工作。面试时，公司承诺会安排我参与重大项目。然而6个月过去了，我却一直在做一些打杂的工作，比如整理资料、安排会议、回访登记一类。我去找过领导，表示自己想早日参与重大项目，做些更具有专业性的工作。领导却让我耐心等待。我从部门其他同事处了解到，在我之前这个岗位的同事，有些人熬了三年，有些人三五个月就被安排了重要工作，这和公司的发展有重大的关系 | 我经过面试，得到了一份项目部的工作。面试时，公司承诺会安排我参与重大项目。然而两年过去了，我却一直在做一些打杂的工作，比如整理资料、安排会议、回访登记一类。我去找过领导，表示自己想早日参与重大项目，做些更具有专业性的工作。领导却让我耐心等待。我从部门其他同事处了解到，在我之前这个岗位的同事，有些人熬了三年，有些人三五个月就被安排了重要工作，这和公司的发展有重大的关系 |

### 3.2.3 抱怨方式划分

孙永生和郭媛媛（2022）基于扎根理论，通过对26名员工进行深度访谈，归纳了员工抱怨行为表现的不同类型，将其划分为言语性抱怨、隐忍性抱怨和行动性抱怨。企业实践中，言语性抱怨包括私下抱怨、向社交媒体抱怨、直接向责任方或管理者进行抱怨、正式抱怨和向第三方抱怨等，其中私下抱怨包括向亲人、朋友、同事抱怨，正式抱怨包括通过工会和通过人力资源意见反映机制进行申诉。行动性抱怨包括消极怠工、旷工、破坏性行为和离职等。隐忍性抱怨指员工将不满隐藏在心里，而没有通过言语或者行动的方式表达出来。

本研究采用孙永生和郭媛媛（2022）的抱怨划分方式，即言语性抱怨、行动性抱怨和隐忍性抱怨。

## 3.3 研究假设的提出

### 3.3.1 员工抱怨方式选择在具体不满事件上的差异

从上述文献整理和问卷分析中可知，薪酬水平、领导风格、工作时间、人际关系、职业发展是员工在工作中抱怨率居高的五个因素。

（1）薪酬水平

根据马斯洛需求层次理论，人的需求由低到高被分成了生理需求、安全需求、社交需求、尊重需求、自我实现需求等五个方面。员工进入企业首先应被满足的是薪酬，用于维系日常生活等低层次的需求。如果薪酬得不到满足，那么员工对工作也会失去基本的期待，从而产生较强烈的不满。根据资源保存理论，个体拥有的资源是有限的，员工付出了大量的劳动却得不到期望的薪资时，员工为了维护身心健康，更大程度地保存自身有限的资源，会选择消极怠工、离职退出等行为，即以减少自身资源付出的方法来维护内心的平等感受，从而使得付出与获得相匹配，以避免自身资源的进一步流失(肖欢欢，2010)。

以往学者的研究也表明了薪酬对于员工的重要性。吴玉（2016）通过对成年人的访谈，得出成年人在工作中抱怨最多的就是工资及福利待遇；同样地，对于薪酬福利的不满，也是员工申诉的主要内容之一。段慧敏(2018)通过半结构化访谈得出，工资收入是广大基层员工最为关注的事情，在她的访谈中，75%的受访员工对薪酬福利提出过抱怨。员工在薪酬方面遇到问题，等于触及员工工作的底线。

事件系统理论可用于解释组织中关键事件对于实体的影响程度。该理论表明，事件发生的时间、空间及事件强度三方面因素一定会对事件的结果产生影响（Rollinson等，1996）。员工因薪酬问题，产生不满情绪，达到一定阈值以后，会产生抱怨。而因薪酬水平感到不满的严重程度越高，对于事件的结果影响越大，即员工抱怨情绪越重，员工越有可能采取一系列消极的言语及行动性抱怨方式进行应对。由此提出如下假设：

H1：薪酬水平的不满会影响员工抱怨方式的选择。当不满程度较低时，更倾向于选择言语性抱怨；当不满程度较高时，更倾向于选择行动性抱怨。

（2）领导风格

中国人爱面子，重情义，更讲究"人情"，而且在当今物质生活丰富的年代，人们对于工作的要求不再局限于过去的"养家糊口"这一单一功能，人们希望在工作单位，领导能给予自己更多精神上的关怀。关怀型领导注重对员工情绪的关照，愿增进与下属的沟通，提高员工对组织的信任感和安全感。基于互惠原则，员工也会给予积极反馈。当员工和领导之间存在高质量的信息交换关系时，员工将领导更多地看作朋友来相处（吴士健等，2020）。因此，当员工在组织中感受到不满时，往往会采取非正式抱怨来解决问题。员工基于对组织的忠诚或不愿意影响自己在组织中的和谐性，更愿意将这种不满情绪默默消化。此类员工往往忠诚度较高，即使发生不满事件后，通常也不会直接

- 69 -

进行申诉或转化为行动性抱怨。

而定规型领导更注重工作目标的完成，将员工的岗位职责和负责区域进行明确划分。张永军（2012）的研究成果指出，员工在定规行为风格的领导下滋生的不满情绪更容易被忽略，员工感受不到认可与关注，从而加剧抱怨的产生。员工会通过较显性的表达方式表达不满。由于领导和员工之间缺乏沟通交流的氛围和机会，员工往往会更大胆地选择在正式场合提出抱怨，借以达到自己的目的，比如向人力资源部门进行反映等，或员工会将自己心中累积的不满向亲朋好友倾诉。由此，提出如下假设：

H2：领导风格会对员工抱怨方式选择产生影响。关怀型领导风格下，员工更倾向于选择隐忍性抱怨；定规型领导风格下，员工更倾向于选择言语性抱怨。

（3）工作时间

根据成本收益理论，抱怨是否发生取决于员工抱怨的成本和收益之间的比较，当员工抱怨的成本小于抱怨的收益时，员工不会直接进行抱怨。企业面临着激烈的生存竞争，员工作为组织中的一份子，完成工作任务是员工角色内行为的正常表现。员工偶尔面临工作时间延长的情况，为了避免背上"偷懒者"的标签，往往采取息事宁人的态度默默完成工作任务，以便取得在管理者心中的良好员工形象。即使心有不满，员工也大多私下向他人进行抱怨以获得情绪发泄，通常采取较为温和的抱怨方式。

心理感应抗拒理论强调人们对自己活动的控制力，当人们越来越缺乏这种对自我掌控的权力时，越容易采取激烈的对抗方式，以维护自身的权利。员工拥有的时间资源是固定的，当员工工作时间过长，员工的认知及情感资源被过度消耗，员工容易产生压迫感。他们认为自己的行为自由受到一定程度的限制，会产生无奈、沮丧、愤懑等一系列负面情绪，从而引发抱怨，尤其是对于资源相对匮乏的员工，强制被要求投入额外的时间和精力，他们的负面情绪会进一步加重（张莉等，2016）。由此，提出如下假设：

H3：因工作时间产生的不满会影响员工抱怨方式的选择。当不满程度较低时，员工更倾向于选择隐忍性抱怨；当不满程度较高时，员工更倾向于选择言语性抱怨。

（4）人际关系

在中国，"以和为贵""中庸"的处世之道深入人心。当员工面临较低程度人际关系的问题时，往往不愿意与之撕破脸皮，加之受到"面子"文化的影响，更愿意维护表面的和平，即采取隐忍性抱怨的方式。员工也可能抱团对某位员工进行吐槽以获得小团体的安全感和优越感，即采取言语性抱怨方式。

员工在工作中会追求工作幸福感，人际关系是其中一环。员工希望得到他人和组织的支持。当人际关系问题较为严重时，一方面会影响员工的工作幸福感；另一方面会影响员工之间的合作，降低工作效率，给员工的工作带来不必要的麻烦（谭春平等，2018）。根据事件系统理论，员工因人际关系产生不满时，程度越深，选择的抱怨方式也会相应增强。由此，提出如下假设：

H4：因人际关系产生的不满会影响员工抱怨方式的选择。当不满程度较低时，更倾向于选择隐忍性抱怨；当不满程度较高时，更倾向于选择言语性抱怨。

（5）职业发展

国内知名人力资源网站针对全国员工离职情况展开调查的报告表明，薪酬和职业发展已成为员工离职的两大影响因素。我国学者刘智强、廖建桥和李震（2006）研究发现，在影响国有企业员工离职倾向的各种因素中，员工的晋升制度而非薪酬福利已成为首要考量的范畴。职业发展机遇，尤其是升职机遇与自身发展机遇和离职意向显著负相关（肖惠文，2021）。

员工处于职业上升期和稳定期时，更加注重培养自身的专业知识和技能水平，有限的发展空间会让员工产生不满，从而产生离职的想法。员工在进入职业衰退期后，他们对工作往往处于一种"玩世不恭""得过且过"的状态，不再加大自身对工作的投入，特别是当员工没有上升的途径时，一方面，会对员工的地位、薪水等有着直接的影响；另一方面，员工认为这样的工作没有意义。基于自我决定理论，员工难以产生对心理成长和自我实现的满足感，导致内在工作动机不足、忠诚度降低，进而造成员工产生消极的工作态度和应对行为，如迟到旷工等退缩性行为（Mobley，1977；张振铎等，2015）。根据事件系统理论，职业发展问题越严重，员工越不满，抱怨情绪越严重，也越容易产生激烈的抱怨方式。由此，提出如下假设：

H5：因职业发展产生的不满会影响员工抱怨方式的选择。当不满程度较低时，更倾向于选择言语性抱怨；当不满程度较高时，更倾向于选择行动性抱怨。

### 3.3.2 员工抱怨方式选择在个体特征上的差异

Mumurry（1944）首次对抱怨者的心理状态做了详细的描述。研究发现，部分员工会因为自身精神状态不佳而选择抱怨。生气、压抑、紧张等敌对心理会促使抱怨者多次抱怨企业的管理，直到他们绷紧的神经得到舒缓。从个人视角来看，不同的人格特质会对个体面对组织及情境时的思考模式、心灵模式和行为方式产生很大的影响。

研究表明，大五人格特质可以预测员工的工作态度和行为。本研究采用大五人格模型对个体特征进行研究，经过其他众多学者的检验分析和实际论证，最终McCrae和Costa（1997）确定了大五人格的五个特质：外向性、宜人性、责任感、神经质和开放性。

1）外向性。拥有外向性格的人在人际交往中较轻松自如，他们对于人际交往更加细致敏感，即使他们有着较高的不满情绪，但考虑到抱怨对人际关系或社会关系的消极影响，往往不会直接表达出抱怨。当抱怨作为工具性表达时，外向性格的个体往往有着更强的表现力，他们会直接表达出心中的不满，借以达到心中的目的。

2）宜人性。谭春平（2018）指出随和的人比不随和的人更不容易抱怨。不随和的人更容易产生失望感，认为事情的发展没有达到他们的期望值。随和的人抱怨的阈值比较高，他们害怕面对因发生抱怨而带来的人际关系的困扰，所以较少抱怨。

3）责任感。高责任感的个体具备较高的组织团体性和团队忠诚度，容易产生成就感，做事认真有耐力、不轻言放弃，令人感到信赖。这样的个体易于对外界事物表现得较为满意，不会轻易把责任推卸到他人身上。这类群体也不会发生那么多的抱怨行为。

4）神经质。高神经质的人对日常生活中的挫折和失败更为敏感，更容易产生痛苦、失望或内疚的负面情绪。Watson和Clark（1984）在报告中指出，高神经质的人更愿意与他人就应对挫折和失败的主观感受进行分析探讨，个体更倾向于以抱怨的形式将这些不满表达出来。

5）开放性。高开放性的个体也往往愿意探索，富有创造性，对知识和真理的求知欲较强，拥有灵活的思想和行为。当组织中出现不公或不满的状况时，高开放性的个体包容心更强，愿意为这种不公行为寻求一定的解释。相应地，个体的抱怨行为也更少且抱怨方式更温和一些。

基于上述分析，本研究提出如下假设：

H6：个体特征影响员工抱怨方式的选择。员工的外向性、开放性、宜人性、责任感越强，员工的言语性和行动性抱怨越少；神经质越高，言语性和行动性抱怨越多。

### 3.3.3 员工抱怨方式选择在人口统计学变量上的差异

年龄和抱怨行为之间存在着一定的关系，年轻者或者年老者抱怨的意向更高，而处于中间年龄段的人则抱怨相对较少(Robert，1985)。通过对男女成员抱怨的记录分析，发现女性比男性抱怨的评分更高、频率更高。男性与女性的抱怨方式也存在差异。男性往往为了达到某一目的而发生抱怨，表达也更为直接。而女性的抱怨多为间接表达，女性认为直接表达不满可能会危及她们与另一个人的关系，抱怨的阈值较高。男性认为是抱怨的事，女性可能认为是倾诉。已婚的、资历较久的员工更可能提出申诉，他们往往更加自信，对组织内部的问题也了然于心，采用正式抱怨的方式可更加直接地达到自己的目的(Robert，1985)。

Sulkin（1967）的研究表明，年龄小、学历高、资历低、工资水平低的员工更容易产生抱怨。Ronan（1963）和Price（1976）的报告显示，抱怨者往往有更高的收入。员工的工作满意度较低，更容易产生薪酬不公平感，他们认为员工应该更多地参与决策，因为抱怨者会更积极地加入工会，并表达自身对于组织的不满。

员工个体差异对员工提出正式申诉的进程有影响。然而Dalton和Todor（1979）认为，员工是否提出正式申诉更依赖于工会管理人员的干预程度，而不仅仅是员工个体差异。Robert（1985）将工作满意度加入模型来研究抱怨者的特征，结果表明，人口统计变量对抱怨者并无显著影响。先前研究报告的人口统计变量如教育、服务年限、抱怨者与抱怨者之间的差异等可能受到已确定特定研究环境所特有的差异的影响。比如年龄大的人工作满意度更高，工作满意度与抱怨更相关，所以抱怨并非受年龄因素的影响(谭春平等，2018)。由此，提出如下假设：

H7：人口统计变量会对员工抱怨方式的选择产生影响。女性比男性更倾向于言语性抱怨，年轻人、未婚人士、受教育程度较低的人群、低收入者、基层管理者、工作年限较短的人群、非国有企业的员工更倾向于言语性抱怨。

## 3.4 数据采集与统计

### 3.4.1 变量的定义和测量

问卷中主要变量的测量采用李科特五级量表来进行评估，每个项目分别给予1～5的量化分数（完全不符合、不太符合、不确定、比较符合、完全符合）。

（1）个体特征测量

本研究对个体特征的测定，采用的是基于大五问卷（Big Five Inventory，BFI-44）改编的BFI-10问卷。原始的大五问卷有44道题，且问题较长，在实验时间有限的情况下，并不太适用。因此，Rammstedt 和 John（2007）将其改编为 10 道题，并证明了它具有较高的一致性和有效性。与BFI-44一样，BFI-10同样把人的基本特性分成了五类：外向性、宜人性、责任感、神经质和开放性。他们的研究还证实了BFI-10的跨文化有效性，即针对不同文化背景的人，BFI-10能有效测出人的这五种性格。

（2）员工抱怨测量

员工抱怨测量采用孙永生和郭媛媛（2021）基于中国情境开发的量表，该量表包含3个维度，分别是言语性抱怨、行动性抱怨和隐忍性抱怨，共计16个题项。

### 3.4.2 问卷设计与数据采集

首先，通过文献阅读并结合实际情况，确定员工抱怨经常发生的原因和采用的抱怨方式，编制符合实际的不满事件发生场景；其次，对现有各变量测量结果的量表加以总结和研究，选择适用于本研究领域的数据量表，编制形成初始问卷，经研究团队成员多次讨论修改后，确定最终问卷的结构与内容。最终问卷主要包含四个部分：第一部分是不满事件情境模拟。受访者先阅读一段问卷中所描述的故事场景，然后代入其中，开始问卷作答。每份问卷根据阅读材料的不同设计出2个干扰题项。例如，"在上述一段材料中，我比其他员工少发了多少元？"未通过测试题目的不计入有效问卷，借此确保问卷数据的真实性和有效性。第二部分是员工抱怨行为问卷。第三部分是被试者的大五人格调查问卷。第四部分是被试者的基本信息，包括被试者的年龄、性别、学历等。

本研究采取方便抽样，以职场人员作为主要调查对象，结合电子问卷和纸质问卷的方式进行问卷的发放。纸质问卷发放前，将打印出的10种不同问卷错序排放。纸质问卷发放一是请亲朋好友帮忙，到其所在企业进行问卷的现场发放填答，或者由研究团队成员去合作企业实地发放填答；二是邀请MBA学员在其同学或同事群体中帮忙转发填答。电子问卷则是通过专业的网络调研平台问卷星和其他的社交软件，向在企业工作的研究团队成员的同学和朋友发送邀请填答，并邀请他们帮忙转发填答。为了保证数据的真实性，每个被访者的网络IP地址只允许填写1份问卷。另外，问卷第二部分针对故事情境设置了2个简单的测试问题，答案不对者被认作胡乱作答，不能算作有效问卷。

### 3.4.3 样本数据描述性统计

总共发放550份，回收问卷时，剔除填答时间过短、题目一致性过高以及未通过问卷第二部分测试问题的问卷52份，最终回收得到的有效问卷共498份，其中纸质问卷147份、电子问卷351份。样本数据如表3-5所示，受访者女性占54.0%，已婚的占57.2%，年龄在19～28岁的占44.2%，月收入在3 001～5 000元、5 001～10 000元的均占38.0%，最高学历以大专和本科为主，企业性质以国企和私营企业为主，多种岗位性质均有涉及。

表3-5 样本数据描述性分析

| 统计量 | 统计内容 | 频数 | 百分比 |
| --- | --- | --- | --- |
| 性别 | 男 | 229 | 46.0% |
|  | 女 | 269 | 54.0% |
| 年龄 | 19～28岁 | 220 | 44.2% |
|  | 29～38岁 | 177 | 35.5% |
|  | 39岁及以上 | 101 | 20.3% |
| 最高学历 | 高中及以下 | 108 | 21.7% |
|  | 大专 | 152 | 30.5% |
|  | 大学本科 | 196 | 39.4% |
|  | 研究生及以上 | 42 | 8.4% |
| 婚姻 | 未婚 | 213 | 42.8% |
|  | 已婚 | 285 | 57.2% |
| 所在岗位 | 基层管理者 | 125 | 25.1% |
|  | 中层管理者 | 86 | 17.3% |
|  | 技术类员工 | 113 | 22.7% |
|  | 其他一般员工 | 151 | 30.3% |
|  | 高层管理者 | 23 | 4.6% |
| 所在公司年限 | 1年以下 | 105 | 21.1% |
|  | 1～3年 | 184 | 36.9% |
|  | 3年及以上 | 209 | 42.0% |
| 公司性质 | 国有企业 | 152 | 30.5% |
|  | 私有企业 | 279 | 56.0% |
|  | 其他企业 | 67 | 13.5% |
| 月收入 | 3 000元及以下 | 60 | 12.0% |
|  | 3 001～5 000元 | 189 | 38.0% |
|  | 5 001～10 000元 | 189 | 38.0% |
|  | 10 000元及以上 | 60 | 12.0% |

### 3.4.4 信效度检验

（1）信度检验

信度是反映测量结果一致性或稳定性的指标。通常情况下，Cronbach's α 系数高于 0.7，表示量表信度较高。如表3-6所示，本研究采用 SPSS 20.0软件对所有涉及的变量进行测量，其中大五人格和抱怨方式的Cronbach's α 系数分别为 0.896、0.880、0.869、0.853、0.884、0.800、0.815、0.822，均大于0.7。由此可以看出，所有变量测量题项均有较好的信度。

表3-6 各变量的 Cronbach's α系数

| 变量 | 题项数 | Cronbach's α系数 |
| --- | --- | --- |
| 外向性 | 2 | 0.896 |
| 宜人性 | 2 | 0.880 |
| 责任感 | 2 | 0.869 |
| 神经质 | 2 | 0.853 |
| 开放性 | 2 | 0.884 |
| 言语性抱怨 | 7 | 0.800 |
| 行动性抱怨 | 5 | 0.815 |
| 隐忍性抱怨 | 4 | 0.822 |

（2）效度检验

因子分析法常用于量表的效度检验。根据研究经验，KMO值大于0.5，意味着变量适合做因子分析，否则不适合。由表3-7可以看出，大五人格、言语性抱怨、行动性抱怨、隐忍性抱怨的 KMO 值分别为0.734、0.807、0.812、0.805。这表明该量表适合进行因子分析。

表3-7 变量的KMO值

| 变量 | KMO值 |
| --- | --- |
| 大五人格 | 0.734 |
| 言语性抱怨 | 0.807 |
| 行动性抱怨 | 0.812 |
| 隐忍性抱怨 | 0.805 |

## 3.5 员工抱怨方式选择的实证分析

### 3.5.1 不满事件对员工抱怨方式选择的影响

首先对员工各种抱怨方式在具体不满事件情境上的差异性做出显著性分析。只有当各种不满事件下的抱怨方式存在差异的时候，才有进一步研究的必要性。表3-8为各类不满事件在不同员工抱怨方式上的显著性分析。先将薪酬水平类事件作为参考项，和其他不满事件进行对比,即将薪酬水平类不满事件设置为哑变量,对其他类不满事件进行转化,分别在三种抱怨方式上进行差异性分析。

表3-8 各类不满事件在不同员工抱怨方式上的显著性分析

| 参考<br>不满事件 | 其他<br>不满事件 | 言语性抱怨 | | 行动性抱怨 | | 隐忍性抱怨 | |
|---|---|---|---|---|---|---|---|
| | | t值 | 显著性 | t值 | 显著性 | t值 | 显著性 |
| 薪酬水平 | 领导风格 | −4.751*** | 0.000 | −4.883*** | 0.000 | −2.512* | 0.012 |
| | 工作时间 | −3.267** | 0.001 | −0.528 | 0.597 | 3.003** | 0.003 |
| | 人际关系 | −4.295*** | 0.000 | −0.692 | 0.490 | 0.189 | 0.850 |
| | 职业发展 | 0.977 | 0.329 | 4.59*** | 0.000 | −0.631 | 0.529 |
| 领导风格 | 工作时间 | 1.549 | 0.122 | 4.384*** | 0.000 | 3.822*** | 0.000 |
| | 人际关系 | 0.451 | 0.652 | 4.139*** | 0.000 | 1.100 | 0.272 |
| | 职业发展 | 5.727*** | 0.000 | 9.425*** | 0.000 | 0.325 | 0.745 |
| 工作时间 | 人际关系 | −1.091 | 0.276 | −0.173 | 0.863 | −2.703** | 0.007 |
| | 职业发展 | 4.257*** | 0.000 | 5.142*** | 0.000 | −3.55*** | 0.000 |
| 人际关系 | 职业发展 | 5.27*** | 0.000 | 5.224*** | 0.000 | −0.791 | 0.429 |

注:*表示$p<0.05$,**表示$p<0.01$;***表示$p<0.001$。

从表中数据看出,员工在薪酬水平不满事件和领导风格、工作时间、人际关系类不满事件上的言语性抱怨存在显著差异;在薪酬水平不满事件和领导风格、职业发展类不满事件上的行动性抱怨有显著差异;在薪酬水平不满事件和工作时间类不满事件上的隐忍性抱怨有显著差异。再将领导风格类不满事件设置为哑变量,其他过程与上述一致。

总体可以得出,5种类型不满事件对员工抱怨方式有显著影响。因此有必要对各种不满事件如何影响员工抱怨方式选择展开进一步分析。

### 3.5.2 员工抱怨方式在具体不满事件情境上的差异分析

本部分着重考察具体不满事件情境下三种抱怨方式的差异比较。所采用的方法是均值比较中的均值和独立样本 t 检验,并利用One-way ANOVA方法进行方差分析,具体统计结果及分析如下。

(1)薪酬水平不满事件情境下三种抱怨方式的差异比较

表3-9为薪酬水平不满事件情境下员工抱怨方式的显著性分析结果:薪酬水平总体及两种严重程度下的三种抱怨方式存在显著差异。

表3-9 薪酬水平不满情境下员工抱怨方式的显著性分析

| | 均值 | | | 方差齐性检验 | | 显著性检验 | |
|---|---|---|---|---|---|---|---|
| | 言语性 | 行动性 | 隐忍性 | 莱文统计 | Sig.值 | F值 | Sig.值 |
| 总体 | 2.781 | 2.113 | 2.137 | 10.051 | 0.000 | 11.394 | 0.000 |
| 严重程度低 | 2.679 | 1.551 | 2.309 | 4.910 | 0.000 | 49.101 | 0.000 |
| 严重程度高 | 2.883 | 2.734 | 1.964 | 0.971 | 0.381 | 48.608 | 0.000 |

为了更详细地了解各种不满事件情境下，具体的抱怨方式所呈现的差异，需要进一步对组间差异显著的不满事件进行事后分析，分析结果如表3-10所示。从薪酬水平总体来看，言语性抱怨方式的选择优于行动性和隐忍性抱怨，行动性与隐忍性抱怨无明显差异。薪酬水平不满严重程度较低时，言语性抱怨的选择优于隐忍性，隐忍性优于行动性抱怨。薪酬水平不满严重程度较高时，言语性和行动性选择无明显差异，均优于隐忍性抱怨。

表3-10 薪酬水平不满情境下具体的抱怨方式组间均值差异比较

|  | （I）抱怨方式 | （J）抱怨方式 | 均值差异（I-J） | Sig.值 |
|---|---|---|---|---|
| 总体 | 言语性抱怨 | 行动性抱怨 | 0.668*** | 0.000 |
|  | 言语性抱怨 | 隐忍性抱怨 | 0.645*** | 0.000 |
|  | 行动性抱怨 | 隐忍性抱怨 | −0.024 | 0.108 |
| 严重程度低 | 言语性抱怨 | 行动性抱怨 | 1.128*** | 0.000 |
|  | 言语性抱怨 | 隐忍性抱怨 | 0.369** | 0.006 |
|  | 行动性抱怨 | 隐忍性抱怨 | −0.758*** | 0.000 |
| 严重程度高 | 言语性抱怨 | 行动性抱怨 | 0.149 | 0.140 |
|  | 言语性抱怨 | 隐忍性抱怨 | 0.919*** | 0.000 |
|  | 行动性抱怨 | 隐忍性抱怨 | 0.771*** | 0.000 |

注：*表示$p<0.05$，**表示$p<0.01$；***表示$p<0.001$。

表3-11显示了抱怨方式在两种不同程度的薪酬水平不满情境间的差异性。相比于低严重程度的不满事件，高严重程度的不满事件下，言语性和行动性抱怨得分显著升高，隐忍性抱怨得分显著降低。这说明不满事件严重程度越高，员工选择言语性和行动性抱怨的倾向越强，选择隐忍性抱怨的倾向越弱。

表3-11 薪酬水平不满情境高低严重程度间各种抱怨方式的独立样本T检验

|  | 方差齐性检验 | | 均值方程t检验 | | | | |
|---|---|---|---|---|---|---|---|
|  | F值 | Sig.值 | t值 | df | Sig.值（双尾） | 平均差 | 标准误差值 |
| 言语性抱怨 | 3.125 | 0.080 | −6.252 | 99 | 0.000 | −0.568 | 0.091 |
| 行动性抱怨 | 0.245 | 0.622 | −8.199 | 99 | 0.000 | −0.902 | 0.110 |
| 隐忍性抱怨 | 7.656 | 0.007 | 5.982 | 86.681 | 0.000 | 0.720 | 0.120 |

（2）领导风格不满事件情境下三种抱怨方式的差异比较

领导风格不满事件情境下员工抱怨方式的显著性分析结果显示（限于篇幅，以下分析未报告具体数据），领导风格总体及两种严重程度下的三种抱怨方式存在显著差异。

进一步通过事后分析发现，从领导风格总体来看，言语性和行动性抱怨、行动性和隐忍性抱怨存在显著性差异，言语性和隐忍性抱怨没有差异。这表明言语性抱怨和隐忍性是最优选择。严重程度较低时，三种抱怨方式两两显著。选择优先次序为隐忍性抱怨、言语性抱怨、行动性抱怨。严重程度较高时，言语性和行动性、隐忍性选择有显著差异，行动性和隐忍性无显著差异，这表明言语性抱怨是最优选择。抱怨方式在两种不同程度的领导风格不满情境间的差异性显示，相较于低严重程度的不满事件，高严重程度的不满事件下，言语性和行动性抱怨得分显著变高，隐忍性抱怨得分显著降低。这说明不满事件严重程度越高，员工选择言语性和行动性抱怨的倾向越强，选择隐忍性抱怨的倾向越低。

（3）工作时间不满事件情境下三种抱怨方式的差异比较

工作时间不满事件情境下员工抱怨方式的显著性分析结果显示，工作时间总体及两种严重程度下的三种抱怨方式存在显著差异。进一步通过事后分析发现，总体上三种抱怨方式两两显著。抱怨方式选择次序依次为隐忍性抱怨、言语性抱怨和行动性抱怨。严重程度较低时，选择优先次序为隐忍性抱怨、言语性抱怨、行动性抱怨。严重程度较高时，选择优先次序为言语性抱怨、行动性抱怨、隐忍性抱怨。从分析结果可以看出，员工遇到工作时间相关的不满事件时，严重程度越高，员工选择言语性和行动性抱怨的倾向越强，选择隐忍性抱怨的倾向越弱。

（4）人际关系不满事件情境下三种抱怨方式的差异比较

人际关系不满事件情境下员工抱怨方式的显著性分析结果显示，人际关系总体及两种严重程度下的三种抱怨方式存在显著差异。进一步进行事后分析发现，总体上行动性和言语性抱怨、行动性和隐忍性抱怨方式存在显著差异。员工会优先选择言语性或隐忍性抱怨方式。严重程度较低时，最优选择为隐忍性抱怨。严重程度较高时，最优选择为言语性抱怨。由此可以看出，员工遇到人际关系相关的不满事件时，严重程度越高，员工选择言语性抱怨倾向越强，选择隐忍性抱怨的倾向越弱，行动性抱怨的倾向无差别。

（5）职业发展不满事件情境下三种抱怨方式的差异比较

职业发展不满事件情境下员工抱怨方式的显著性分析结果显示，职业发展总体及高严重程度下的三种抱怨方式存在显著差异，低严重程度下的三种抱怨方式无显著差异。对总体情况及高严重程度的情况进行事后分析，员工对于言语性抱怨的选择优于行动性和隐忍性抱怨。高严重程度的情况下，优先选择次序为言语性抱怨、行动性抱怨、隐忍性抱怨。可以看出，员工遇到职业发展相关的不满事件时，严重程度越高，员工选择言语性抱怨的倾向越强，选择隐忍性抱怨的倾向越弱，选择行动性抱怨的倾向无差别。

### 3.5.3　员工抱怨方式选择在个体特征变量上的差异分析

相关系数显示了相关性的强度及方向。统计学中，Pearson相关系数用来衡量两个定距变量间的线性关系。相关系数越接近于1或–1，表明变量间的相关程度越高，反之相关程度越低。

为了研究大五人格与员工抱怨方式之间的关系,将员工的言语性抱怨、行动性抱怨、隐忍性抱怨方式与大五人格进行相关性分析。相关性分析如表3-12所示。具体来说,言语性抱怨和大五人格不存在相关关系。行动性抱怨和大五人格中的外向性、宜人性、开放性呈负相关关系,和神经质呈正相关关系,隐忍性抱怨和责任感、开放性呈负相关关系。

表3-12 相关系数分析结果

|  | 均值 | 标准差 | 1 | 2 | 3 | 4 | 5 | 6 | 7 | 8 |
|---|---|---|---|---|---|---|---|---|---|---|
| 1外向性 | 3.228 | 0.946 | 1 |  |  |  |  |  |  |  |
| 2宜人性 | 3.578 | 0.846 | −0.099* | 1 |  |  |  |  |  |  |
| 3责任感 | 3.421 | 0.812 | 0.186** | −0.139** | 1 |  |  |  |  |  |
| 4神经质 | 2.753 | 0.740 | −0.104* | 0.528** | −0.052* | 1 |  |  |  |  |
| 5开放性 | 3.190 | 0.818 | −0.026 | −0.077 | 0.191** | −0.145** | 1 |  |  |  |
| 6言语性抱怨 | 2.418 | 0.554 | −0.036 | −0.078 | 0.052 | 0.043 | 0.016 | 1 |  |  |
| 7行动性抱怨 | 1.949 | 0.702 | −0.091* | −0.134** | 0.006 | 0.130* | −0.124* | 0.486** | 1 |  |
| 8隐忍性抱怨 | 2.378 | 0.789 | 0.012 | 0.075 | −0.140** | 0.078 | −0.139** | −0.264** | −0.170** | 1 |

注:*表示$p<0.05$,**表示$p<0.01$。

以大五人格为自变量,以员工抱怨方式为因变量,探讨相互之间的关系。由于言语性抱怨和大五人格并不相关,所以下一步仅对行动性抱怨及隐忍性抱怨与大五人格作线性回归分析(见表3-13)。

表3-13 大五人格的回归分析

| 因变量 | 自变量 | 未标准化系数 | | 标准系数 Beta | t值 | 显著性 | 容差 | VIF |
|---|---|---|---|---|---|---|---|---|
|  |  | B | 标准错误 |  |  |  |  |  |
| 行动性抱怨 | 常数项 | 2.625 | 0.208 |  | 12.592 | 0.000 |  |  |
|  | 外向性 | −0.037 | 0.016 | −0.107* | −2.381 | 0.018 | 0.950 | 1.052 |
|  | 宜人性 | −0.085 | 0.019 | −0.227** | −4.384 | 0.000 | 0.708 | 1.413 |
|  | 责任感 | 0.009 | 0.016 | 0.026 | 0.570 | 0.569 | 0.912 | 1.096 |
|  | 神经质 | 0.049 | 0.018 | 0.145* | 2.782 | 0.006 | 0.704 | 1.420 |
|  | 开放性 | −0.043 | 0.015 | −0.128* | −2.847 | 0.005 | 0.939 | 1.065 |
|  | F=6.716 | $p$=0.000 | R=0.253 | $R^2$=0.064 | 调整后$R^2$=0.054 | DW=1.544 | | |
| 隐忍性抱怨 | 常数项 | 2.391 | 0.235 |  | 10.172 | 0.000 |  |  |
|  | 外向性 | 0.027 | 0.018 | 0.070 | 1.534 | 0.126 | 0.950 | 1.052 |
|  | 宜人性 | 0.035 | 0.022 | 0.083 | 1.578 | 0.115 | 0.708 | 1.413 |
|  | 责任感 | −0.045 | 0.018 | −0.120** | −2.578 | 0.010 | 0.912 | 1.096 |
|  | 神经质 | −0.002 | 0.020 | −0.006 | −0.105 | 0.917 | 0.704 | 1.420 |
|  | 开放性 | −0.020 | 0.017 | −0.053 | −1.153 | 0.249 | 0.939 | 1.065 |
|  | F=3.882 | $p$=0.002 | R=0.195 | $R^2$=0.038 | 调整后$R^2$=0.028 | DW=1.620 | | |

由表3-13可知，VIF在1附近，DW处在1.5～2.0，因此不用考虑变量自相关的问题。外向性、宜人性、神经质和开放性对行动性抱怨的回归系数分别为-0.107、-0.227、0.145和-0.128，在0.05水平上显著，即外向性、宜人性和开放性与行动性抱怨呈负相关关系，神经质和行动性抱怨呈正相关关系。外向性、宜人性、开放性得分越低或神经质得分越高，选择行动性抱怨方式的倾向性越强。

责任感对隐忍性抱怨的回归系数为-0.120，在0.05水平上显著，即个体越有责任感，隐忍性抱怨倾向越弱。

### 3.5.4 员工抱怨方式选择在人口统计变量上的差异分析

本节将使用独立样本t检验或单因素方差分析对各个不同背景变量下的员工抱怨方式进行差异分析。

（1）不同性别群体的差异分析

采用独立样本t检验探讨性别对各变量的影响，结果如表3-14所示。性别在言语性和隐忍性抱怨上的相伴概率分别为0.008和0.006，小于0.05，所以性别在言语性和隐忍性抱怨上存在显著影响，而对行动性抱怨的影响不显著。分析结果显示，与男性相比，女性选择言语性抱怨的倾向更强，而男性比女性更倾向于选择隐忍性抱怨。

表3-14 性别对各变量的影响分析

| 变量名称 | 均值 | | 组均值检验 | |
| --- | --- | --- | --- | --- |
| | 女性 | 男性 | t值 | Sig.值 |
| 言语性抱怨 | 2.473 | 2.353 | 2.411** | 0.008 |
| 行动性抱怨 | 1.984 | 1.907 | 1.208 | 0.114 |
| 隐忍性抱怨 | 2.265 | 2.440 | 2.515** | 0.006 |

注：*表示$p<0.05$，**表示$p<0.01$；***表示$p<0.001$。

（2）不同年龄群体的差异分析

单因素方差检验结果显示（限于篇幅，以下类似分析未报告具体数据），言语性抱怨在不同年龄的员工之间存在显著差异，行动性和隐忍性抱怨在不同年龄的员工之间不存在显著差异。进一步对言语性抱怨进行事后分析发现，年龄处于19～28岁和29岁及以上的员工在言语性抱怨上存在显著差异。这说明处于19～28岁年龄段的员工选择言语性抱怨的倾向性最强。

（3）不同收入群体的差异分析

分析发现，收入在行动性抱怨方式上无显著差异，在言语性和隐忍性抱怨方式上存在显著差异。进一步通过事后比较分析，发现月收入3 000元及以下的群体分别和月收入为5 000元以上的群体在言语性抱怨上有显著差异，和月收入3 000元以上的群体在隐忍性抱怨上有显著性差异。月收入3 000元及以下的员工比月收入5 000元以上的员工选择言语性抱怨的倾向更强，比月收入3 000元以上的群体选择隐忍性抱怨倾向更弱。

（4）不同公司性质群体的差异分析

分析发现，不同公司性质的员工在言语性和隐忍性抱怨方式上存在显著差异。进一步通过事后比较分析，发现私营企业的员工比非私营企业的员工选择言语性抱怨的倾向更强。国有企业的员工选择隐忍性抱怨的倾向更强，其次是私营企业，最后是其他性质的企业。

（5）不同公司年限群体的差异分析

分析发现，员工所在公司年限在言语性抱怨方式上存在显著差异。进一步通过事后比较分析可得，司龄在1年以下的员工比司龄在3年以上的员工更倾向于选择言语性抱怨。另外研究发现，婚姻、学历及员工所在岗位，在言语性抱怨、行动性抱怨、隐忍性抱怨等抱怨方式选择上无显著差异。

## 3.6 本研究小结

### 3.6.1 研究结论

本研究从人力资源管理视角出发，以情境实验的方法检验企业中各种不满事件情境下员工不同的抱怨反应。一是考察由高低两种严重程度和五种类型组成的十种不满事件情境下，员工抱怨方式的选择行为是否具有差异性。二是考察人口统计变量和大五人格对员工抱怨方式选择的影响，并通过单因素方差分析、独立样本 t 检验、回归分析等数据分析方法进行了验证。研究的主要结论如下：

（1）具体不满事件情境下员工抱怨方式的选择具有差异性

结合各种情境下员工三种抱怨方式的均值和差异，得出每一种情境下员工对抱怨方式选择倾向的优先顺序。序号1、2、3分别代表第一选择、第二选择、第三选择，具体如表3-15所示。

表3-15 具体不满事件情境下员工抱怨方式选择排序表

| 不满事件情境 | | 1 | 2 | 3 |
|---|---|---|---|---|
| 薪酬水平 | 程度低 | 言语性抱怨 | 隐忍性抱怨 | 行动性抱怨 |
| | 程度高 | 言语性、行动性抱怨无差别 | | 隐忍性抱怨 |
| 领导风格 | 关怀型 | 隐忍性抱怨 | 言语性抱怨 | 行动性抱怨 |
| | 定规型 | 言语性抱怨 | 行动性、隐忍性抱怨无差别 | |
| 工作时间 | 程度低 | 隐忍性抱怨 | 言语性抱怨 | 行动性抱怨 |
| | 程度高 | 言语性抱怨 | 行动性抱怨 | 隐忍性抱怨 |
| 人际关系 | 程度低 | 隐忍性抱怨 | 言语性、行动性抱怨无差别 | |
| | 程度高 | 言语性抱怨 | 行动性、隐忍性抱怨无差别 | |
| 职业发展 | 程度低 | 隐忍性、言语性、行动性抱怨无差别 | | |
| | 程度高 | 言语性抱怨 | 行动性抱怨 | 隐忍性抱怨 |

从表3-15可以看出：

因薪酬水平产生的不满会影响员工抱怨方式的选择。当不满程度较低时，更倾向于选择言语性抱怨。当不满程度较高时，更倾向于选择言语性或行动性抱怨。假设H1得到验证。

领导风格对员工抱怨方式选择产生影响，关怀型领导风格下，员工更倾向于选择隐忍性抱怨。定规型领导风格下，员工更倾向于选择言语性抱怨。假设H2得到验证。

因工作时间产生的不满会影响员工抱怨方式的选择。当不满程度较低时，更倾向于选择隐忍性抱怨。当不满程度较高时，更倾向于选择言语性抱怨。假设H3得到验证。

因人际关系产生的不满会影响员工抱怨方式的选择。当不满程度较低时，更倾向于选择隐忍性抱怨。当不满程度较高时，更倾向于选择言语性抱怨。假设H4得到验证。

因职业发展产生的不满会影响员工抱怨方式的选择。当不满程度较低时，抱怨方式选择无差异。当不满程度较高时，更倾向于选择言语性抱怨。假设H5未得到验证。

近年来，由于受到全球疫情的影响，产业链稳定性下降，我国制造业和服务业受到了比较大的影响，不少私人企业减工减产。职业发展对于个体来说是一个中长期规划，在外部市场经济状况不佳的情况下，很多员工抱有硬着头皮撑过眼前再说的心态，即使遇到职业发展方面的不满事件，也不会轻易做出实际性的行动，比如提出离职等，他们担心难以找到更好的工作。

另外可以看出，员工因薪酬水平不满引起的抱怨表达方式比因其他不满事件引起的抱怨方式更为强烈，危害性更大。而且当不满事件严重程度升级的时候，员工抱怨的方式也会相应变得更为激烈，从而引发更大的隐患。

（2）个体特征对员工抱怨方式的选择会产生影响

员工的外向性、宜人性或开放性越明显，行动性抱怨越少；员工的神经质越明显，行动性抱怨越多；员工的责任感越强，隐忍性抱怨越少。假设H6部分得到验证。

然而员工的个性特征和言语性抱怨并无相关性，说明各种性格特质的员工均可能选择言语性抱怨。员工在遭遇不满事件后，或倾诉以发泄情绪，或沟通以解决问题，这对部分员工都比较适用，所以性格特质对其并无显著影响。另外，高神经质的人对周围环境更为敏感，比较容易产生不满情绪，需要发泄出来，行动性抱怨倾向更为明显。企业管理者可以对新入职员工做心理测试，将员工的个体特征记录在案。再结合本研究的分析结果，对企业内向性、低开放性、低宜人性和高神经质的员工进行重点关注。

（3）人口统计变量对员工抱怨方式的选择会产生影响

女性、19~28岁、月收入3 000元以下、私企员工、新员工选择言语性抱怨的倾向更明显；月收入3 000元以上的国企员工选择隐忍性抱怨的倾向更明显。而婚姻、学历、岗位状况对员工的抱怨方式选择则没有影响。假设H7部分得到验证。私营企业管理者可以加强对女性、19~28岁、低收入者、新员工这类群体的关注，与他们多交流多沟通，降低这类人群的抱怨率。

### 3.6.2 研究创新

本研究的创新点体现在以下两个方面：

第一，实证揭示了具体不满事件情境下员工抱怨方式选择的差异性。学者从不同的角度对员工抱怨进行细分，但是关于抱怨方式的研究还比较零散，并且鲜有文献将引起抱怨的因素与抱怨的具体方式结合分析。本研究致力于重点考察不同情境下，员工对抱怨方式选择的差异性。通过对具体不满事件情境下员工抱怨方式选择的比较分析，为企业管理者可以有针对性地解决员工抱怨问题提供了理论指导。

第二，研究方法创新，采用模拟情境实验方法探讨员工抱怨方式选择问题。已有关于员工抱怨的文献，多从理论分析或实证分析的角度展开。本研究采用的是模拟情境实验方法，这样更容易让受访者有代入感，从而获得真实有效的数据。

### 3.6.3 研究局限与未来展望

（1）研究局限

在整个研究过程中，虽力图遵循科学的研究范式，但由于各方面资源的限制，本研究仍存在不足。首先，研究样本的局限性。尽管调查样本涉及各个层面和不同类型，但被试在各群体的数量分布并不均匀，一定程度上造成了样本代表性有所不足。其次，研究内容的局限性。本研究只探讨了5类不满事件中抱怨方式的差异性，还有很多其他因素也可能引起员工的抱怨，并且在抱怨方式上存在差异。对各类不满事件的严重程度，只做了高、低两种严重程度的划分，难以包含全部实际情形。

（2）未来展望

这主要体现在以下方面：①引起员工抱怨的原因复杂，本研究是从五个方面的抱怨内容出发，未来的研究可以将员工抱怨的范围进一步扩大，也可以对不满事件的严重程度进行更细致的划分；②对于三种抱怨方式，还可以更加精准地研究，对每一种抱怨方式下的具体表现方式加以研究，探讨员工在不满事件发生后，最可能选择什么样的应对方式，比如选择言语性抱怨时，是采取何种言语性抱怨的方式；③对员工的群体特性进行划分，如比较新生代和老一代员工的抱怨方式。

# 第4章 高绩效人力资源实践对员工抱怨的影响机制

本研究基于心理契约理论、自我概念理论和自我控制理论，主要探讨高绩效人力资源实践对员工抱怨的影响，并从员工个体的角度出发分析自我威胁感的中介作用。借鉴已有文献成果，高绩效人力资源实践包括多样化培训、内部招聘、薪酬管理、绩效评估、员工参与等五个维度，自我威胁感包括私下自我威胁与公开自我威胁两个维度。首先参考相关文献，构建高绩效人力资源实践、自我威胁感和员工抱怨三个变量的理论模型与假设；其次，以问卷调查的方式获取样本数据，借助SPSS 20.0软件对获得的425份有效问卷进行信效度检验与实证分析；最后，得出结论：高绩效人力资源实践对员工抱怨存在显著负向影响，私下自我威胁和公开自我威胁在高绩效人力资源实践影响员工抱怨的关系中均存在部分中介效应。

## 4.1 相关理论

### 4.1.1 理论基础

（1）心理契约理论

心理契约是一种内在的、未书面化的契约，是员工和组织之间的一种隐性的非正式的理解关系。Argyris（1976）首先将心理契约这一概念用于管理领域。他指出，在组织中员工与组织之间除了双方之间正式的合同规定的关系外，还会存在非正式的隐性相互期望，这些都是决定员工态度与员工行为的重要因素。在组织管理中，员工心理契约的来源主要在以下三个方面：一是员工自己和相关人员的沟通，最初为招聘阶段，在招聘的过程中，应聘者会根据招聘人员或面试人员而得到相关承诺，这些承诺有的较为清晰，有的比较模糊。在员工进入组织初期，周围同事及相关上级会对员工的权利与义务进行介绍，此时也会形成员工心理契约。二是在员工进入组织后，通过对同事及上级的一些行为和自己所受到的待遇来明晰自己的义务。三是组织提供的，如公司的付酬体系、福利待遇、绩效评估的方式、工作职责等相关结构化信息（王文等，2011）。心理契约产生和维持的四个阶段：招聘前阶段，劳动者与管理者谈判从而对工作有一个基本的了解；招聘阶段，双方通过自己的感知订立一个合理的期望；早期社会化阶段，在开始工作之后，员工会对自己的工作及企业产生比较清晰的理解和认识，双方建立了更好的互信机制；后期调整阶段，即员工自我心理契约动态平衡的保持。在这四个阶段中，招聘前与招聘阶段是心理契约的建立期，招聘阶段与早期社会化阶段为心理契约的稳定期，早期社会化阶段与后期调整阶段为心理契约背离期，调整阶段之后为决裂期。

人力资源管理是一个文本契约与心理契约相结合的管理方式，不论是招聘、培训、薪酬绩效，还是员工的职业规划等都是基于心理契约的管理过程。心理契约是企业对人才进行"选""育""用""留"的一个隐形工具，同时，它不是一成不变的，随着时间和环境等主观因素的改变也会发生变化。

组织与员工想要达到互相融合，心理层面的同频是很重要的，通过心理层面的感知进一步表现在行为上的结果。实践中心理契约应与管理相结合，实现劳动关系双方以信任为基础的心理交往。企业的管理模式应当以人为本，对员工的管理应当以"心"为基础建立二者之间的隐性关系即心理契约（沈梅，2007）。

（2）自我概念理论

最早对自我概念进行系统全面概述的学者是哈佛大学的心理学大师威廉·詹姆斯，在他的著作《心理学原理》中，自我概念开始引入心理学领域。詹姆斯认为自我概念是一种包括了意识和心理的过程，是个体对自己的状态、个体特征和存在的观察与认知。他在《心理学原理》中提出，自我概念的作用包括个体维持内在的同一性、对期待值产生影响和基于经验的解释方式。

自我概念是个体对自己的生理特征、个性、行为态度、具体的社会角色以及过去各个方面的经验等的认知的一种主观知觉与自我判断。它是一系列的认知结构，包括态度、自我信念和个体价值标准等（乐国安等，1996）。

自我概念的形成途径主要有五种：①社会比较，即个体从与他人的比较中获取自我的一种认知，在比较的过程中很重要的一部分是对比较对象的选择，应考虑与自己相似或者有同质性的人进行比较，如相同的群体、类似的工作领域等，此时得出的信息才会相对可靠；②客观标准，通过与客观事物的对比可以帮助个体简单地进行自我概念的确定；③反射性评价，是指个体借鉴其他人的看法、对自己的评价，以此作为衡量自我概念的一个标准，其中影响的接受与否受到评价者与个体的熟悉程度的影响，但二者之间有时也会不一致；④自我知觉，也就是自我意识，是行为个体进行实践活动后的反应；⑤内省，即个体通过对自己以往的自我观察和分析而得出的一种自我评价，目前被看作一种较为可靠的自我认知方式（徐乐，2013）。

自我概念形成的基础是具体行为，即个体根据自己的实际行为、在行动中的相关反映及评价形成自我概念（刘凤娥等，2001）。自我概念的根本效用是进行自我调节，为个体提供自我认同，进一步认识自己（刘岸英，2004）。自我概念以个体自身独特的经验体系为基础来告诉人们从哪里来、要到哪里去，即行为动机。在自我概念理论下，我们可以更好地诠释人类更为复杂的行为动机，抱怨作为一种复杂行为也为其解释提供了动机。自我概念理论认为,员工自我概念是在与组织内重要他人进行互动的过程中形成的,是内化的重要他人对个人的评价。

(3)自我控制理论

Browne等(1997)认为,个体维持自我存在的基础是维持自我概念体系的平衡。为此,当出现自我概念遭受破坏的情况时,个体将会采取某种或某些行为手段进行维护。自我控制是个体为了使自己的个人价值匹配社会期望而进行自主调节的行为。其主要目的是个体进行社会适应。自我控制是个体进行自我调节并且会为之努力的一个过程。如果该个体具有高特质的自我控制,那么他在进行自我调节的过程中会更加熟练地管理行为和情绪等。自我控制作为一项技能使得该个体可以更加集中精神于某一件事情,同时对存在的可能选项进行全面思考,明确当前选择带来的最可能的结果;此外,拥有这种技能的个体对自己的行为能做到更有效的监控,为突发状况做出相应的行为,实现既定目的。

行为层面上的自我控制是指个体为了实现自己的行为与既定目标及社会期望相匹配而进行的自主调节行为。这些调节行为不仅有心理上的也有行为上的,比如自我思想的调节、自我情感的调整、行为的改变等。在整个过程中,行为个体首先确定自己的个人需求,明确客观条件及外部的环境状况,从而选定目标;接着制订计划,通过自己坚强的意志力来面对可能遇到的困难与诱惑以完成计划;最后实现行为的自我控制(满晶等,2013)。由于每个人的人格特质各不相同,在自我控制过程中的表现也不相同,与拥有低特质自我控制的个体相比较,拥有高特质自我控制的个体在努力完成自己既定目标的过程中会更富有责任心,对于自己的冲动行为也能更好地控制。除此以外,当出现预想外的状况时,拥有高特质自我控制的个体能够更积极地进行自我心理调适,因此,很少出现郁闷、敌对等情况。拥有高特质自我控制的个体比拥有低特质自我控制的个体能更好地克制冲动和抵制诱惑(董蕊等,2017)。

### 4.1.2 高绩效人力资源实践

人力资源实践是指组织制定并实施的在组织内影响员工的态度、行为,进而影响员工工作绩效的各种政策、手段和制度的总称(Fomell等,1992)。目前针对人力资源实践研究的文献比较多,不同学者对人力资源实践的内涵及研究维度都有自己的理解。

(1)高绩效人力资源实践的内涵

Pfeffer(1994)提出,高绩效人力资源实践指的是一系列以逐项可加的方式帮助企业经营绩效提高的人力资源管理措施。张泽跃等(2002)认为高绩效人力资源实践包括人力资源管理实务、工作结构、灵活性的工作流程。Datta等(2005)认为,高绩效人力资源实践的目的是员工技能的提升,它是一组独立又相互联系的实践体系。高绩效人力资源实践是包括招聘、培训、激励、就业安全、职业生涯等方面的组合系统,是相关实践的优化协调,使得它们相辅相成,从而实现企业的高绩效(刘善仕等,2009)。Takeuchi等(2009)认为,高绩效人力资源实践不是指某种单一实践,而是人力资源实践活动的综合。孙永生（2014）认为，高绩效人力资源实践包含一整套具体的人力资源管理活动，是一个综合性的体系，一般包括员工的选拔与招聘、激励性薪酬、绩效管理以及员工投入和培训等。

（2）高绩效人力资源实践的维度

目前，学者们对高绩效人力资源实践维度的划分各不相同，Delery和Doty（1996）提出，高绩效人力资源实践包含7项措施，具体有内部招聘、员工培训、以结果为导向的绩效考核、员工参与、利润分享、工作定义、工作安全等。Pfeffer（1998）提出了16项管理实践，在随后的研究中Pfeffer（2005）将16项实践缩减为13项，并对部分实践项目进行了解释。李燚（2011）在对现有的高绩效人力资源实践研究成果进行总结后，提出自己对高绩效人力资源实践维度的划分，涉及素质型甄选、广泛培训、内部流动、激励性薪酬、结果导向考核等五个方面。

研究表明，中国文化背景下的高绩效人力资源实践受到本土价值观、产业结构、组织管理模式及国内劳动力供求状况等方面的影响，而使得中国情境下的高绩效人力资源实践，不仅包括西方学者讨论的以结果为导向的考核、严格的招聘流程等具体实践在内的控制型人力资源实践，还包括信息分享、员工参与等具体实践在内的承诺型人力资源实践（苏中兴，2010）。国内不同学者研究得出了高绩效人力资源实践的不同内涵及维度（见表4-1）。

表4-1 高绩效人力资源实践汇总

| 研究者 | 时间 | 高绩效人力资源实践的维度 |
| --- | --- | --- |
| 蒋春燕 赵曙明 | 2004 | 系统培训、内部劳动力市场、以绩效为基础的薪酬、正式的招聘程序、人力资源计划 |
| 张一驰 黄涛 李琦 | 2004 | 基础管理、员工参与、程序公平、管理重点、人际沟通、资历作用、人才来源和录用标准 |
| 张燕 王辉 樊景立 | 2008 | 工作保障、工作环境改善、员工薪酬、员工福利、员工关怀计划、员工培训、职业发展 |
| Gong | 2009 | 选择性雇佣、参与决策、绩效性薪酬、延伸性培训、职业规划、绩效评价 |
| 苏中兴 | 2010 | 严格招聘、广泛培训、信息分享、薪酬管理、员工竞争流动和纪律管理、内部劳动力市场、基于结果的考核、员工参与管理 |
| 李燚 | 2011 | 素质型甄选、内部流动、广泛培训、结果导向考核与激励性薪酬 |
| 张传庆 | 2013 | 严格规范的招聘、系统培训、结果和行为双导向的绩效考核、员工激励、人力资源流动、人力资源规划、沟通交流、团队合作 |
| 刘宗华 李燕萍 | 2015 | 招聘与甄选、工作设计、参与决策、培训与开发、内部晋升、激励性薪酬 |
| 苏娟 | 2017 | 注重个人品格和潜力的招聘制度；广泛的培训和个人的社会化过程培养；关注公平与发展的绩效评估体系；内部选拔晋升；加强内外部薪酬体系的公平公正性，提高薪酬竞争力；确立有保障性的长期雇佣制度；设计弹性工作、鼓励员工参与；创造多元化沟通环境 |

为了更好地探究高绩效人力资源实践，刘善仕等（2008）对国外学者提出的投资型人力资源实践与利诱型人力资源实践进行了归纳整合，分析了投资型人力资源实践的长期贡献原理，即组织对待员工坚持长期培育，期望员工对组织能够忠诚，二者之间建立长期雇佣关系，产生长期贡献的观点。根据相关学者的研究，投资型人力资源实践的典型特征包括培训（提升员工能力，注意员工技能的培训开发）、招聘（企业严格招聘员工）、绩效（激励员工的绩效）、员工参与（组织结构及工作设计方面的改善、团队、沟通、信息共享等）和薪酬与职业发展等方面，从前面对高绩效人力资源实践维度的文献梳理可以发现，这些层面是高绩效人力资源实践的主要特征。因此，本研究对高绩效人力资源实践的分析借鉴刘善仕等（2008）的研究成果，主要分为五个维度，包括多样化的培训、内部招聘、基于绩效的薪酬、基于员工发展的绩效评估和员工参与。

（3）高绩效人力资源实践的测量

目前，有关高绩效人力资源实践的测量方法比较丰富，有的是根据自己的研究进行量表的开发，有的是选择与自己研究相匹配的相关成熟量表，也有的研究者直接选取国外学者的测量量表，以下是经过整理得到的一些对高绩效人力资源实践的测量。

侯宇等（2019）选取的是Sun（2007）开发的量表，为保证使用中的信度与效度，对英文量表进行翻译时采用了回译的方式。该量表以李科特五点计分，包括员工招聘、全面培训等8个维度27个题项，如"公司在选择员工上付出了很大的努力。"经过信度检验及验证性因子分析表明问卷具有良好的信度和效度。

胡斌等（2017）在探讨高绩效人力资源实践对工作幸福感的影响中，采用苏中兴（2010）提出的包含控制型和承诺型两种类型的高绩效人力资源实践量表，共28个题项，分为控制型和承诺型两个方面：控制型人力资源实践主要有竞争性流动与纪律管理、严格的招聘流程、以结果为导向的考核3个维度，共计题项13个；承诺型人力资源实践主要分为薪酬激励、信息分享、员工参与、广泛培训、内部劳动力市场5个维度，共计题项15个。两个方面量表的Cronbach's α系数分别达到0.911和0.939。

考虑不同国家文化背景的差异，张徽燕等（2013）通过对现有研究的梳理总结，采用访谈、开放式调查的方式并经过两次大样本预测试，开发了中国情境下的高绩效工作系统测量量表。借鉴国外学者有关高绩效工作系统量表设计，通过对现有成熟量表测量题项的整合，补充了针对中国企业相关管理者（3位企业人力资源经理深度访谈、250位主管的开放式问卷）访谈所得到的高绩效人力资源实践题项，开发得到包括培训体系、绩效管理、招聘与甄选、信息分享、工作设计、福利保障、员工激励等7个维度32个题项的测量量表。

本研究选取刘善仕等（2008）开发的测量量表对高绩效人力资源实践进行测量，在问卷设计部分将对其进行详细介绍。

（4）高绩效人力资源实践的作用机制

通过对高绩效人力资源实践相关研究整理发现，有关高绩效人力资源实践作用机制的探讨中，结果变量包括个体创造力、员工绩效、员工幸福感、员工建言、企业创新绩效、员工流失等；中介变量主要有要求—能力匹配和需要—供给匹配、价值观一致、人力资源柔性、心理授权等；调节变量主要有个人与组织的匹配和个人与工作的匹配、程序公平等。显然，一个有效且适用的人力资源管理系统能够改变员工的态度和行为。

侯宇等（2019）采用调查问卷的方法收集了466名企业员工的数据，分析高绩效人力资源实践对个体创造力的影响，以及要求—能力匹配和需要—供给匹配在其影响中的中介作用。实证结果表明，高绩效人力资源实践对个体创造力存在提升作用，要求—能力匹配和需要—供给匹配二者在其影响中存在并行中介作用，同时个体特征的不同使得高绩效人力资源实践对员工个体创造力的影响出现不同，具体表现为，容忍性高的个体会促进二者之间的影响，容忍性低的个体对二者之间的影响则十分有限。

陈明淑等（2018）基于动态能力理论，以问卷调查的形式对612家企业做了调查，对高绩效人力资源实践与企业创新绩效之间的关系进行分析，并讨论了人力资源柔性的中介作用。结果发现，高绩效人力资源实践对企业创新绩效有正向作用，人力资源柔性的3个维度（员工技能柔性、员工行为柔性、人力资源实践柔性）在这一关系中存在并行中介作用。

苏方国（2017）以资源保存理论中的增值螺旋和丧失螺旋为基础，探讨高绩效人力资源实践对情感承诺的影响。结果显示，高绩效人力资源实践与情感承诺之间存在倒U形关系，个人价值观与组织匹配、个人能力与工作匹配在两者关系中均存在调节作用。

彭娟等（2016）以人力资源实践捆绑下的协同和互补效应为关注点，选用模糊集定性比较分析方法探讨高绩效人力资源实践下的员工流失率。结论是，以下措施可以降低员工流失率：投入能力发展，但需要将动机激发结合实施；薪酬激励与绩效挂钩；组织实施参与、机会实施能力发展和动机激发要素相结合。这证明了高绩效人力资源实践所带来的积极效应。

颜爱民和陈丽（2016）在中国情境下首次以心理授权作为中介变量，探讨组织内高绩效工作系统与员工相关行为之间的关系。从内在动机的视角通过实证研究得出，组织实行高绩效人力资源实践会显著正向影响员工的角色内行为及组织公民行为，即实行高绩效人力资源实践对于增强员工的个体感知有积极作用，高绩效人力资源实践会显著正向影响员工的心理授权，心理授权在高绩效人力资源实践与员工的角色内行为之间有部分中介作用，在高绩效人力资源实践与组织公民行为之间也有部分中介作用。高绩效人力资源实践会通过员工的心理感知进一步影响员工的行为、态度等。

苗仁涛等（2013）研究发现，高绩效工作实践活动能够提高员工的能力，提供激励和参与决策的机会，对员工完善自己的职业生涯规划有积极作用。在开放的工作环境中，员工与组织之间更易形成互惠的交换模式，双方之间的信任感上升，心理契约破裂的概率下降，能够激发员工角色内行为促进组织公民行为。

### 4.1.3 自我威胁

为什么人会有抱怨的想法呢？心理学家Levine（1994）对此解释到，人类出现抱怨主要有两个方面的原因：第一个是在外界条件下出现了冲突或问题，第二个是相关主体在冲突或问题出现时由于缺乏该方面的成功经验，无法处理这些情况。当意外情况的出现超出个体成功经验的范畴时，便很有可能造成认知混乱。在这种混乱下，会伴随着不舒适或者心理压力，这时个体会选择某种社交来进行缓解，比如抱怨、倾诉等，以达到自我平衡。可以发现，从问题的出现到发生抱怨行为之间存在着心理上的认知过程，心理认知也决定着类似于抱怨等特定行为的出现。

如果某一件或某一些事件未能达到初期的计划目标，那么个体的自我计划就会受挫，此时，个体现有的认知会被破坏，出现秩序扰乱，进一步影响与自我计划相关层面的自我概念，即自我概念遭到破坏或自我概念遗失，个体存在匮乏。为了弥补这种自我概念破坏或自我概念遗失，个体便产生了自我控制需求，并采取相应的自我控制行为。个体在自我控制的驱动下，将会聚焦于反省那些使自我计划受挫、自我概念被破坏的刺激点，这种在自我概念被破坏时出现的认知在心理学上被称为自我威胁，自我威胁是一种认知状态。最早提出自我威胁的学者是Kowalki（1996）。他的观点是，在相关主体的冲突或问题出现时，个体内在化的自我概念将被挑战、破坏，心理学家称这些被破坏了的自我概念为自我威胁。

Baumeister等（1996）认为自我威胁是一种心理反应，这种反应是在个体的自我形象被质疑、自我存在被挑战时伴随出现的，包括个体积极的自我形象或自尊受到威胁，个体自我威胁的出现与其人际互动过程有关，社会排斥、社会拒绝等都会对个体心理活动产生影响。VanDellen等（2011）认为，自我威胁是对自我意识的威胁或对积极自我的质疑和抨击。关于自我的负面反馈会使人们当前的自我感受和理想的自我感受之间产生差异（刘善仕等，2008）。

自我威胁是指个体实际感知到的自身的当前状态与最终状态之间的差异，是一种令人不适和厌恶的心理状态，这种心理威胁与Higgin的自我差异理论相吻合。Buss的自我概念观认为，自我概念是一个通过学习、交往沟通等方式来维持自我内外平衡的体系。他的研究将自我概念划分为私下自我概念和公开自我概念两个维度。私下自我概念指难以被他人知道的个体自我认同方面，像个人情绪、内部情感、深层动机等，主要是以情绪波动来体现，通过内心情感的兴奋、失落、愤怒等来描述。公开自我概念指容易被他人知道的个体社会认同方面，像待遇的公平、面子、他人的评价等，主要体现为是否被他人尊重、自我形象管理、外在展示等（Gong等，2009）。Buss等人依据自我概念分类将自我威胁也分为两个维度：私下自我威胁和公开自我威胁。私下自我威胁是指个体在面对自己不满意或难以接受的情况时，自我情感的破坏或挫败程度；公开自我威胁是指个体在面对自己不满意或难以接受的情况时，他人尊重受到挑战及社会形象遭到损害的程度（Rnon等，2014；Mcclean等，2011）。

彭军锋等（2007）通过对自我威胁在顾客抱怨方面的研究，借用自我威胁的概念来预测顾客产生抱怨的原因及抱怨行为的意向。顾客之所以选择特定抱怨意向，是因为顾客自我威胁认知的不同，然后由具体的自我威胁认知状态来决定产生什么样的抱怨行为。同样，我们将自我威胁应用到企业管理领域，员工之所以会产生抱怨，是因为某些冲突或问题的出现使得员工感知到自己的某些方面超出自我认知，这些超出的感知制造出一种不舒服或是不满足，具体的自我威胁认知状态决定了员工是否选择抱怨，选择什么样的抱怨方式。

4.1.4 高绩效人力资源实践、自我威胁感与员工抱怨的关系

人力资源实践通过影响员工感知来对员工的态度和行为产生作用，进而影响员工的其他行为。颜爱民等（2017）基于员工感知的视角，通过对来自企业的256个有效样本进行实证研究得出，员工感知的高绩效工作系统与离职倾向显著负相关。

目前高绩效人力资源实践方面的研究主要关注其对员工积极态度和行为的影响，如杜旌等（2014）研究了高绩效工作系统通过提升员工的自我效能感来提升员工的幸福感。高绩效工作系统不仅可以提升员工的胜任感，而且系统中的培训、薪酬、绩效等各类实践也可以提升员工的自我效能。系统中授权、参与和信息类的实践，增强了组织内员工感知的自主性。高绩效工作系统同样满足员工对于人际交往的需求。系统中的晋升等实践是员工与组织之间尊重与关怀的传递，增强了员工的归属感（石冠峰等，2016）。高绩效人力资源实践对员工的工作满意度、员工组织承诺也存在积极影响，员工满意度的提升则意味着抱怨的减少（孙健敏等，2018）。

陈笃升（2014）将高绩效工作系统分为内容范式和过程范式，对不同范式下的高绩效工作系统作用机制的研究进展进行了回顾。而基于过程范式的理解有两个方面：狭义上指高绩效工作系统在实施过程中形成的相应气氛和强度；广义上是指除了考虑到狭义上的气氛和强度外，更要注意影响高绩效人力资源实践实施与实施质量的因素。企业通过招聘的方式选择个性独特的员工加入组织，因此，对其管理并不是一概而论的，个性的不同导致对企业实践的感知不同、体验不同，实施高绩效人力资源实践的质量如何就变得很重要。高绩效工作系统的过程范式研究者Bowen（2004）认为，即使企业管理者设计出了非常完善的高绩效工作系统，但如果高绩效工作系统不能得到有效实施，就会导致组织成员对高绩效工作系统产生不一致的感知，降低作用效果。Ehrnrooth和Bjorkman（2012）认为，高绩效工作系统的实施过程是一种信号效应，有助于员工理解组织对自己的期望。如果员工对高绩效人力资源实践的感知与自己相关性较高，信号作用就会变强，强信号作用下对员工态度与员工行为影响更大；组织精心设计的高绩效人力资源实践更能传递给员工清晰的组织期望，并且鼓励员工保持较高的士气，建立对组织的高度认同，员工将个人自信与工作绩效及组织相联系，努力实现目标。Bowen和Ostroff（2004）根据归因理论和社会影响理论，提出高绩效人力资源实践具有独特性、一致性和共识性三个特征，组织氛围、员工心理都将影响员工感知，并且通过实践来帮助员工理解所处工作环境，指导自己的工作行为。若员工对这种信号越信任，则会产生越强的心理氛围，也助于员工个人目标和组织目标协调一致。员工对高绩效人力资源实践的有效感知有助于提高员工的工作满意度，提升个体工作活力，降低离职倾向。

对相关文献进行梳理发现，高绩效人力资源实践对员工的行为和态度存在一定的影

响，它与员工的工作绩效、工作满意度、工作幸福感等都存在相关性，同时也发现高绩效人力资源实践对员工的行为不仅存在积极的影响，也存在组织报复行为等消极影响。目前高绩效人力资源实践在对员工积极行为的影响方面的研究已经非常成熟，但对员工消极行为的研究却较少。员工抱怨是企业劳动关系管理的"预警器"，对企业和谐劳动关系的构建非常重要，因此探讨高绩效人力资源实践对员工抱怨的影响很有必要。

通过文献梳理也发现，由于存在个体特征的差异，员工对组织实施的人力资源实践会产生不同的感知，从而影响其在组织中的行为。从自我概念视角出发，员工产生不同的感知是由于自身经验、知识等的不同，不同的自我认知下员工的自我威胁感不同。如果员工个体与自身的状态对比下出现了不满情绪，或是在集体的状态下出现了令自己不满意的事件，即出现了私下自我威胁与公开自我威胁，这会刺激抱怨行为的发生。本研究的目的是实证检验高绩效人力资源实践对员工抱怨的影响，并探讨私下自我威胁与公开自我威胁在高绩效人力资源实践影响员工抱怨中的中介效应。

## 4.2 研究假设的提出

### 4.2.1 高绩效人力资源实践对员工抱怨的影响

心理契约理论认为，由于组织中心理契约的破坏频繁出现，组织内员工对企业应当履行的义务而未履行的意识越来越强烈，从而会产生相应的认知与情感反应，如果没有达到预期效果，心理契约便被破坏，进一步对员工的态度及行为产生影响。反之，如果组织中的员工认为他们在企业中受到了重视，组织关心他们的成长，重视他们的职业发展，工作安全有保证，薪酬福利具有激励性，那么员工对组织就具有信任感和依赖性，在心理上会愿意用自己的行动回报组织。具体表现有主动维护企业形象、工作认真积极等。与之相反的是，如果员工感觉到自己不被组织尊重、重视，在工作条件上不能满足需求、缺乏相关的福利和发展机会时，心理上就会产生减少自己付出的想法。高绩效人力资源实践是各种单一实践的综合，它通过员工工作热情的激发、员工技能的提升、员工参与决策等各个方面来提高员工工作满意度，实现员工对组织的认同。在高绩效人力资源实践下，员工的各方面感知得到满足，员工与企业之间便会建立一种心理上的默契。在这一心理契约下，主体双方更能相互理解，员工的组织公民行为增加，愿意回报组织。以上分析说明高绩效人力资源实践对员工抱怨是存在影响的。

通过对文献进行梳理发现，高绩效人力资源实践对员工绩效、企业绩效的影响存在正向和负向两种效应，高绩效人力资源实践对员工个体感知的影响也存在不同的观点。研究发现，高绩效人力资源实践的核心功能是通过影响员工的态度和行为来提升员工及企业绩效（苗仁涛等，2013），即可以改善员工的态度和行为，提高员工的工作绩效，降低员工的离职率，从而实现员工满意度的提升。随着员工满意度的提升，员工愿意为组织目标投入更多精力。

心理契约的违背在高绩效工作系统与反生产行为之间起中介作用，高绩效工作系统通过减少员工心理契约的违背来减少员工的反生产行为（王娟等，2018）。高绩效人力资源实践对员工的主动性行为有显著正向影响。在具体的企业管理中，管理者可以借助一系列的人力资源实践如培训、薪酬管理、工作设计等来促进员工的主动性行为。在组织实施的高绩效工作系统中，组织支持、选拔招聘和保险福利这三个方面对员工行为有正向的促进作用，同时对组织报复行为的发生会产生有效的抑制作用；工作设计会激发员工的组织公民行为；绩效薪酬对员工行为不存在显著影响。可以看出，人力资源实践活动对员工态度与员工行为有着很重要的作用，而员工抱怨作为员工态度的一种行为表现也是会被影响的（金星彤，2012）。

基于自我控制理论，在个体的自我概念遭到破坏时，为了平衡那些被破坏了的自我概念，他们将会采取某种或某些特定的行为手段。高绩效人力资源实践是目前企业应用最广泛的人力资源实践，对员工也更具有包容性，可以使员工的工作生活更加轻松、愉快。企业实施的高绩效人力资源实践程度越高，员工的满意程度就会越高，员工抱怨就会越少。据此提出如下假设：

H1：高绩效人力资源实践显著负向影响员工抱怨。

H1a：多样化培训显著负向影响员工抱怨。

H1b：内部招聘显著负向影响员工抱怨。

H1c：薪酬制度显著负向影响员工抱怨。

H1d：绩效评估显著负向影响员工抱怨。

H1e：员工参与显著负向影响员工抱怨。

### 4.2.2 自我威胁感的中介效应分析

自我概念理论表示个体会因为个人知识、经验、对事物的理解程度不同而出现不同的认知。在组织实施的高绩效人力资源实践的背景下，员工由于教育背景、家庭背景、行业背景及岗位等的不同，产生不同的自我认知，在组织中与他人进行互动交往的过程形成了员工的自我概念，因此自我概念理论为我们提供了一个探讨员工抱怨动机的机会。

在组织实践中，从招聘开始，员工对自己与组织之间的义务产生一系列的信念。程垦等（2017）认为，从员工的角度看，组织应履行的义务有安全工作环境的提供、公平的报酬、为员工提供培训机会、对员工个人问题提供支持等，这表明组织中的培训薪酬绩效等制度及实践会让员工在个人感知上出现差异。员工会对组织实施的高绩效人力资源实践进行自我解读，从而产生自我概念。研究发现，企业管理者与员工感知到的高绩效人力资源实践存在较大差异，管理者感知到的差异较小，而员工却认为差异较大（Shamir等，1993）。因此，组织实施的高绩效人力资源实践会对员工的自我概念产生影响。

自我威胁感是自我概念受到破坏时员工的一个心理过程，早期有关高绩效人力资源实践的研究更多为内容范式，普遍采用的是"管理者的视角"，其假设：企业的管理者如何看待组织实施的高绩效人力资源实践，员工也就如何感知组织当前实施的高绩效人力资源实践。近期发现"预期"与"实施"二者之间存在很大的差异，需要正视"员工的视角"。Liao等（2009）调查发现，不同的员工对高绩效工作系统的评价存在差异。Nishii等（2008）选取一家大型连锁超市不同分店的员工进行了调查研究，得到同样的结论，即不同员工对组织实施的人力资源实践的感知存在明显的差异。有的员工认为，组织实施的人力资源实践有助于员工个人的发展，但也有员工认为人力资源实践实施的目的是利用员工。不同的看法导致了员工工作态度的差异。

员工在工作中会对那些破坏个体自我概念的实践或信息进行自我聚焦和自我内省。由于员工各自对自我概念的归因模式、内省模式不一样，所以在出现不满时，员工感知到的自我概念破坏程度也会不同，即不同的员工在高绩效人力资源实践下出现不满时，会进行不同的自我概念聚焦，内省出不同的自我概念。员工出现不满后首先会进行自我内省或自我聚焦的心理认知过程，通过这个过程判断自我概念是否被破坏及破坏程度，然后根据破坏情况选择是否抱怨。受到高绩效工作实践的独特性、一致性、共识性特点的影响，以及人格、需要、价值观、人口统计学等个体因素与组织领导、身边同事、工作团队等环境因素方面的差异，使员工感知到的高绩效人力资源实践存在或多或少的差异。以上分析表明自我威胁感在高绩效人力资源实践对员工抱怨的影响中会产生一定的作用。

高绩效人力资源实践有效性的发挥依赖员工对实践这一外部信息的具体感知，高绩效人力资源实践可以提升员工的自我决定感。孙健敏等（2018）基于自我决定理论来研究高绩效人力资源实践与员工幸福感的关系，并且在研究中引入了个体特质，考察核心自我评价的调节作用。研究结果显示，高绩效人力资源实践与员工幸福感之间呈现正相关关系，员工的核心自我评价在其中起到负向调节作用。基于权变理论，高绩效人力资源实践在发挥有效性的过程中会受到多种情境和条件的制约。

张军伟等（2017）采用问卷调查的方法，从自我概念的视角，探讨了员工基于组织自尊在高绩效人力资源实践与员工工作绩效之间所起的中介作用，并考察了高绩效人力资源实践的调节效应。统计分析结果表明：高绩效人力资源实践对员工工作绩效有积极的影响；员工基于组织自尊在高绩效人力资源实践与员工工作绩效之间起中介作用；高绩效人力资源实践差异对高绩效人力资源实践与员工基于组织自尊之间的关系具有调节作用，这个差异越大，两者之间的正相关关系越小；高绩效人力资源实践差异调节了员工基于组织自尊在高绩效人力资源实践与员工工作绩效之间所起的中介效应，差异越大，该中介效应越小。颜爱民等（2016）经过实证分析发现，高绩效人力资源实践与员工行为之间存在显著正向影响，心理授权在二者之间存在部分中介作用。

在企业实践中，由于受到组织因素如职场物理环境、工作条件、工作强度及个人特征、管理者的管理风格等因素影响，员工产生了不公平感知，进而影响员工的抱怨行为。抱怨是个体自我概念的一种感知反应，当达到了抱怨阈值或产生效用评估的差异时就会产生自我威胁感，进而表现出抱怨行为。自我威胁是因为人们感知到的当前的自我感受和理想的自我感受之间出现了差异。当出现自我威胁感时，个体会考虑寻求某些特定的行为来维持那些遭到质疑、受到挑战或已经被破坏了的自我概念，如通过抱怨行为来平复情绪，维持自我。具体如何去抱怨，是言语的还是行为上的，则受到员工个体自我威胁认知的影响，认知状态决定了员工会产生什么样的抱怨反应。

在高绩效人力资源实践下，每个员工都是不同的个体，对企业的培训、薪酬、绩效等会产生不同的感受，有的员工对组织目前的相关实践比较满意，有的员工认为相关制度是不公平的。不论是哪一方面出现问题，这种不公平、不满意感出现时便随之产生自我威胁感，通过衡量私下自我与公开自我的破坏程度并考虑自身利弊，员工便会做出是否抱怨的选择。已有文献中，基于自我概念理论的变量如自尊、心理授权等在高绩效人力资源实践与员工行为关系中均存在中介作用。高绩效人力资源实践在很大程度上影响着员工的工作感知与行为，不同员工对企业的人力资源实践感知不同。如果员工对企业高绩效人力资源实践的感知达到抱怨阈值，或是意识到高绩效人力资源实践的效用出现差异，便会加强或减弱抱怨行为的发生，因此提出如下假设：

H2：自我威胁感在高绩效人力资源实践影响员工抱怨的关系中存在中介作用。

H2a：私下自我威胁在高绩效人力资源实践影响员工抱怨的关系中存在中介作用。

H2b：公开自我威胁在高绩效人力资源实践影响员工抱怨的关系中存在中介作用。

## 4.3 数据采集与整理

### 4.3.1 调查问卷的设计

（1）调查问卷的结构

基于本研究目的，遵循目的性、可接受性及顺序性原则对问卷的题项进行设计。问卷的主要内容包括两部分：一是被调查者的基本信息，包括性别、年龄、学历、工资收入、所在岗位、岗位性质、工作年限、公司性质及公司规模；二是对研究内容（高绩效人力资源实践、自我威胁感及员工抱怨）的调查。调查问卷具体的结构如表4-2所示。

（2）变量测量

本研究问卷调研所使用的量表全部来自现有文献的成熟量表，这些量表的信度和效度在文献中已经得到了很好的验证。问卷的所有条目都采用李科特五级量表的形式，其中1表示"完全不符合"、5表示"完全符合"。

表4-2 调查问卷的结构

| 问卷结构 | 测量变量 | 测量维度及题目范围 | 题项数量 |
|---|---|---|---|
| 第一部分 | 基本信息 | 个人基础信息 | 11 |
| 第二部分 | 高绩效人力资源实践 | 多样化培训（1~4）<br>内部招聘（5~8）<br>薪酬制度（9~12）<br>绩效评估（13~15）<br>员工参与（16~18） | 15 |
| | 自我威胁感 | 私下自我威胁（19~22）<br>公开自我威胁（23~27） | 9 |
| | 员工抱怨 | 28~37 | 10 |

高绩效人力资源实践的测量采用刘善仕等（2008）参考相关文献、基于中国情景开发的量表，包括多样化培训、内部招聘、薪酬制度、绩效评估、员工参与等5个维度共计18个题项。

自我威胁感的测量借鉴的是Baumeister等（1999）的测量量表，考虑到本研究的主题、研究背景及国内外文化的差异，在题目的语言表达上进行了适当调整。量表共有9条测量题项，具体是私下自我威胁4条、公开自我威胁5条。

员工抱怨的测量参照应璐（2016）等的设计思路，将员工抱怨的表现形式作为测量题项，在此基础上结合员工抱怨的相关文献，并通过与团队成员之间的讨论，最后形成了10个测量题项。

### 4.3.2 问卷预测试与修改

为保证本研究调查的科学性，在进行正式调研之前先进行一次小样本的预测试，以此来确保调查工具的适用性。通过对预调研得到的数据进行分析，根据所得结果进行题项的保留与删减，最终形成正式调查量表。本次预调研采用随机抽样的方式，借助网络调研平台问卷星进行问卷发放与数据收集，共发放问卷100份，以答题时间不超过200秒、连续答案全选相同选项、问卷作答不完整等作为判定为无效答卷的依据，最后收回有效问卷95份。

（1）预调研量表的信度检验

对预调研问卷的信度检验采用两种方式，一是选用量表的Cronbach's α系数，如果量表的Cronbach's α系数小于0.6，则认为该量表的信度较低；二是通过CITC分析，CITC是指分项对总项的相关系数，如果有题项的CITC系数小于0.3，则删除该题项。

借助SPSS数据分析软件对预调研问卷中高绩效人力资源实践测量量表进行信度分析。结果显示：高绩效人力资源实践各维度所包含题项的CITC值均大于0.3，各维度的Cronbach's α系数均大于0.826，删除各题项后的Cronbach's α系数均变小。因此，保留全部5个维度的18个题项。自我威胁感中的公开自我威胁与私下自我威胁两个维度中9个题项的CITC值均大于0.3，Cronbach's α系数分别为0.863、0.887，删除各题项后的Cronbach's α系数变小，因此，保留两个维度9个题项。员工抱怨维度的10个题项中，除了题项7的CITC值小于0.3外，其他题项CITC值均大于0.3，并且初始Cronbach's α系数为0.773，删除题项7后Cronbach's α系数达到0.792，高于原始Cronbach's α系数，因此删除题项7，保留其他题项。

（2）预调研量表的效度检验

对本次预调研问卷的数据进行KMO检验和Bartlett球形检验。用主成分分析的方法对高绩效人力资源实践量表进行探索性因子分析，得到的KMO值为0.881，表明适合进行因子分析。然后对高绩效人力资源实践量表进行探索性因子分析，提取因子数目的标准为特征值大于1，并且运用方差最大化正交旋转，得到特征值大于1的5个主因子，方差解释贡献率达到65.433%，各题项因子载荷均高于0.5，因此保留题项。这说明因子分析所得到的结果较为理想，问卷的结构效度良好。自我威胁感量表的KMO值为0.853，表明适合进行因子分析。对自我威胁感量表进行探索性因子分析，提取因子数目的标准为特征值大于1，并且运用方差最大化正交旋转，得到特征值大于1的2个主因子，方差解释贡献率达到64.656%，各题项因子载荷均高于0.5，因此保留题项。这说明因子分析所得到的结果较为理想，问卷的结构效度良好。员工抱怨量表KMO值为0.812，表明适合进行因子分析。对员工抱怨量表进行因子分析，运用方差最大化正交旋转，方差解释贡献率达到61.887%。除题项7外，各题项因子载荷均高于0.5，因此删除题项7，得到最终9个题项的员工抱怨测量量表。

### 4.3.3 数据收集

（1）问卷的发放与回收

本研究的调查方式主要分为线上与线下两种：线上是借助问卷星问卷调查工具通过微信、QQ等社交平台进行调查，设置每个IP地址只能填写一份问卷，收回后删除填写时间太短、填写不完整及答案太过单一的问卷，共发放电子问卷200份，收回有效问卷186份；线下是通过熟人介绍及由研究团队成员去合作企业进行面对面调查，线下问卷共发放260份，删除填写不完整、答案过于单一等不合格问卷之后，收回有效问卷239份。两种方式最终共发放问卷460份，回收有效问卷425份，有效回收率92.4%。涉及的城市包括西安、成都、北京、上海、深圳、重庆、兰州等。

（2）样本的描述性统计

从表4-3中可以看出，样本的性别比例比较均衡，各年龄段也都有涉及，其中19～28岁、29～38岁年龄段的被调查者居多，与现阶段公司员工主要为"80后""90后"的现状相符合。学历中本科学历占很大部分，与当前我国教育背景下员工普遍学历较高的现状相符合。本研究的调查对象包括不同行业、不同岗位性质的人员，调查样本具有较好的代表性。

表4-3 有效问卷样本个体特征统计（$N$=425）

| 项目 | 类别 | 频数 | 百分比/（%） |
| --- | --- | --- | --- |
| 性别 | 男性 | 219 | 51.5 |
| | 女性 | 206 | 48.5 |
| 年龄 | 19～28岁 | 225 | 52.9 |
| | 29～38岁 | 171 | 40.2 |
| | 38及以上 | 29 | 6.9 |
| 婚姻 | 已婚 | 165 | 38.8 |
| | 未婚 | 257 | 60.5 |
| | 其它 | 3 | 0.7 |

续表

| 项目 | 类别 | 频数 | 百分比/（%） |
|---|---|---|---|
| 学历 | 初中及以下 | 5 | 1.2 |
| | 高中/中专 | 50 | 11.8 |
| | 大专 | 65 | 15.3 |
| | 本科 | 275 | 64.7 |
| | 硕士及以上 | 30 | 7 |
| 月收入 | 2 000元及以下 | 21 | 4.9 |
| | 2 001~3 000元 | 23 | 5.4 |
| | 3 001~4 000元 | 77 | 18.1 |
| | 4 001~5 000元 | 199 | 46.8 |
| | 5 001~10 000元 | 96 | 22.6 |
| | 10 000元以上 | 9 | 2.2 |
| 岗位 | 高层管理者 | 8 | 1.9 |
| | 中层管理者 | 16 | 3.8 |
| | 基层管理者 | 90 | 21.2 |
| | 技术类员工 | 110 | 25.9 |
| | 其他一般员工 | 201 | 47.2 |
| 岗位性质 | 人事 | 85 | 20.0 |
| | 销售 | 83 | 19.5 |
| | 财务 | 8 | 1.9 |
| | 生产 | 135 | 31.8 |
| | 研发 | 22 | 5.2 |
| | 行政 | 30 | 7.1 |
| | 其他 | 62 | 14.5 |
| 工作时间 | 1年以下 | 34 | 8.0 |
| | 1~3年 | 189 | 44.5 |
| | 3~8年 | 178 | 41.9 |
| | 9年以上 | 24 | 5.6 |
| 公司性质 | 国有独资 | 55 | 12.9 |
| | 私营企业 | 165 | 38.8 |
| | 股份制 | 185 | 43.5 |
| | 中外合资 | 9 | 2.1 |
| | 外商独资 | 8 | 1.9 |
| | 中外合作 | 3 | 0.8 |

续表

| 项目 | 类别 | 频数 | 百分比/（%） |
|---|---|---|---|
| 所属行业 | 农林牧渔业 | 13 | 3.1 |
| | 制造业 | 95 | 22.4 |
| | 住宿餐饮业 | 56 | 13.2 |
| | 房地产业 | 27 | 6.4 |
| | 建筑业 | 57 | 13.4 |
| | 信息软件业 | 36 | 8.5 |
| | 批发零售业 | 52 | 12.2 |
| | 其他行业 | 89 | 20.8 |
| 公司规模 | 100人及以下 | 70 | 16.5 |
| | 101～500人 | 103 | 24.2 |
| | 501～1 000人 | 88 | 20.7 |
| | 1 001～5 000人 | 98 | 23.1 |
| | 5 001～10 000人 | 32 | 7.5 |
| | 10 000人以上 | 34 | 8.0 |

### 4.3.4 信效度检验

（1）信度分析

本研究采用SPSS数据分析软件对高绩效人力资源实践、自我威胁感、员工抱怨，以及三个变量的不同维度进行可靠性分析，得到结果如表4-4所示。可以看出，高绩效人力资源实践量表共18个题项，Cronbach's α系数为0.858；自我威胁感量表共9个题项，Cronbach's α系数为0.749；员工抱怨共9个题项，Cronbach's α系数为0.781，三个变量的信度系数均大于0.7，说明本研究问卷具有较好的内部一致性。

表4-4 信度检验结果（N=425）

| 量表 | 变量名称 | 题项数目 | Cronbach's α系数 | |
|---|---|---|---|---|
| 高绩效人力资源实践 | 多样化培训 | 4 | 0.785 | 0.858 |
| | 内部招聘 | 4 | 0.881 | |
| | 薪酬制度 | 4 | 0.866 | |
| | 绩效评估 | 3 | 0.864 | |
| | 员工参与 | 3 | 0.767 | |
| 自我威胁感 | 私下自我威胁 | 4 | 0.753 | 0.749 |
| | 公开自我威胁 | 5 | 0.729 | |
| 员工抱怨 | | 9 | 0.781 | |

（2）效度分析

首先，本研究的问卷设计及变量测量题项的选取，是基于国内外相关文献成果并考虑了中国情境，如高绩效人力资源实践的测量是该领域知名学者基于中国情境开发的，并且在问卷设计完成的过程中与团队成员及专家进行多次充分沟通，因此量表的内容效度是符合的。

其次，借助SPSS软件对问卷的整体以及各变量进行KMO值检验，结果如表4-5所示，从表中可以看出各变量的KMO值均大于0.6，表明研究量表适合进一步做因子分析。

表4-5 各变量测量量表KMO值汇总表（$N$=425）

| 量表 | 变量名称 | KMO值 | |
|---|---|---|---|
| 高绩效人力资源实践 | 多样化培训 | 0.768 | 0.839 |
| | 内部招聘 | 0.856 | |
| | 薪酬制度 | 0.707 | |
| | 绩效评估 | 0.788 | |
| | 员工参与 | 0.891 | |
| 自我威胁感 | 私下自我威胁 | 0.713 | 0.772 |
| | 公开自我威胁 | 0.771 | |
| 员工抱怨 | | 0.760 | |

本研究分析了量表的结构效度。模型的验证性因子拟合指标中，$\chi^2/df$的值如果小于5表示可接受，介于1～3之间表示良好，NFI、IFI、TLI、CFI等相对拟合指数均接近于0.9，表示较好，RMSEA小于0.05为优秀、小于0.08为良好（吴明隆，2013）。从表4-6可以看出，高绩效人力资源实践的验证性因子分析拟合指标中，模型的$\chi^2/df$值为1.508，在1～3之间，TLI、CFI、IFI、GFI等相对拟合指数分别为0.902、0.906、0.906、0.871，均高于或接近于0.9，RMSEA为0.057，表示模型的各项拟合指数均在良好的范围内，说明高绩效人力资源实践的二阶因子模型具有良好的结构效度。自我威胁感的验证性因子分析拟合指标中，模型的$\chi^2/df$值为1.316，在1～3之间，TLI、CFI、IFI、GFI等相对拟合指数为0.902、0.927、0.928、0.910均高于0.9，RMSEA为0.052，符合要求，表示模型的各项拟合指数均在良好的范围内，自我威胁感的二阶因子模型具有良好的结构效度。员工抱怨的验证性因子分析拟合指标中，模型的$\chi^2/df$值为2.633，在1～3之间，TLI、CFI、IFI、GFI等相对拟合指数为0.815、0.858、0.834、0.894均接近于0.9，RMSEA为0.056，符合要求，表示模型的各项拟合指数均在良好的范围内，说明该模型的适配度满足要求，员工抱怨的一阶因子模型具有良好的结构效度。

表4-6 验证性因子分析拟合指标（$N$=425）

| 变量 | 模型 | $\chi^2/df$ | TLI | CFI | IFI | GFI | RMSEA |
|---|---|---|---|---|---|---|---|
| 高绩效人力资源实践 | 二阶因子 | 1.508 | 0.902 | 0.906 | 0.906 | 0.871 | 0.057 |
| 自我威胁感 | 二阶因子 | 1.316 | 0.902 | 0.927 | 0.928 | 0.910 | 0.052 |
| 员工抱怨 | 一阶因子 | 2.633 | 0.815 | 0.858 | 0.834 | 0.894 | 0.056 |

本研究还分析了区分效度,通过对研究内容进行验证性因子分析模型的构建,分别对单因子模型、二因子模型、三因子模型进行对比分析,结果如表4-7所示。可以看出,三因子模型的模型适配度指标中$\chi^2/df$值为2.867,RMSEA值为0.055,TLI值为0.875,GFI值为0.879,CFI值为0.846,均接近0.9,符合标准,表明三因子模型的数据适配度可以接受。

表4-7 高绩效人力资源实践、自我威胁感、员工抱怨量表的区分效度分析($N$=425)

| 模型 | $\chi^2/df$ | RMSEA | TLI | GFI | CFI |
| --- | --- | --- | --- | --- | --- |
| 三因子模型 | 2.867 | 0.055 | 0.875 | 0.879 | 0.846 |
| 二因子模型2 | 5.960 | 0.126 | 0.461 | 0.678 | 0.557 |
| 二因子模型1 | 3.124 | 0.137 | 0.680 | 0.644 | 0.571 |
| 单因子模型 | 4.845 | 0.167 | 0.547 | 0.733 | 0.656 |

### 4.3.5 多重共线性检验

多重共线性是指在研究模型中的各解释变量之间由于过高的相关关系而出现失真的情况。多重共线性的检验方法通常有两种:一是根据相关系数,如果变量之间的相关系数高于0.8,则表明存在多重共线性问题,但是如果相关系数比较低并不能说明不存在多重共线性问题;二是通过容忍度与方差扩大因子(VIF),如果容忍度越小,多重共线性越严重,如果出现容忍度小于0.1的情况,则表示存在严重的多重共线性问题,即VIF越大(VIF与容忍度互为倒数),多重共线性问题越严重,当出现VIF大于10时,表明存在严重的多重共线性问题。用SPSS数据分析软件对调查数据进行检验,结果表明本研究的VIF值与容忍度符合标准,本研究的变量之间不存在多重共线性问题。

### 4.3.6 同源误差检验

由于本研究数据的采集选用的是调查问卷的方式,被调查者在填写问卷的过程中会受到个人受教育程度、生活经历、当前背景以及对题项的理解等相关因素的影响,所以研究结果会有出现偏移的可能,即出现同源误差问题。

对同源误差的检验通常采用的是Harman单因素分析法,即对问卷调查获得的所有数据进行探索性因子分析,方法选取主要因素法。如果所得结果的第一个因子方差贡献率小于40%,表示不存在同源误差问题。基于此,通过对本研究所收集到的数据进行探索性因子分析,最终的因子累积解释方差为63.551%,第一因子的方差贡献率为13.768%,小于40%。因此,本研究的数据不存在同源误差问题。

## 4.4 实证分析与假设检验

### 4.4.1 相关性分析

相关性分析可判断变量之间的相关密切程度,以及是否存在相互依存关系,是回归分析的基础。本研究借助SPSS数据分析软件，用Pearson相关系数对高绩效人力资源实践、自我威胁感、员工抱怨及各变量下的维度进行相关性分析。分析结果如表4-8所示。

表4-8 主要研究变量相关性分析

| 变量 | A1 | A2 | A3 | A4 | A5 | B1 | B2 | C |
|---|---|---|---|---|---|---|---|---|
| A1多样化培训 | 1 | | | | | | | |
| A2内部招聘 | 0.613** | 1 | | | | | | |
| A3薪酬制度 | 0.545** | 0.413** | 1 | | | | | |
| A4绩效评估 | 0.471** | 0.356** | 0.341** | 1 | | | | |
| A5员工参与 | 0.526** | 0.379** | 0.571** | 0.562** | 1 | | | |
| B1私下自我威胁 | −0.435** | −0.357** | −0.411** | −0.418** | −0.083 | 1 | | |
| B2公开自我威胁 | −0.348** | −0.085 | −0.384** | −0.326** | −0.398** | 0.541** | 1 | |
| C员工抱怨 | −0.198** | −0.273** | −0.225** | −0.266** | −0.384** | 0.235** | 0.427** | 1 |

注：*表示$p<0.05$，**表示$p<0.01$，$N=425$。

由表4-8可知，高绩效人力资源实践下的多样化培训、内部招聘、薪酬制度、绩效评估、员工参与维度与员工抱怨的相关系数分别为−0.198、−0.273、−0.225、−0.266、−0.384，并且它们在0.01的水平上显著，说明多样化培训、内部招聘、薪酬制度、绩效评估、员工参与与员工抱怨存在显著负相关关系，即高绩效人力资源实践与员工抱怨存在显著负相关关系，初步验证H1及其子假设；多样化培训、内部招聘、薪酬制度、绩效评估与私下自我威胁的相关系数分别为−0.435、−0.357、−0.411、−0.418，并且在0.01的水平上显著相关，说明多样化的培训、内部招聘、薪酬制度、绩效评估与私下自我威胁存在显著负相关关系，而员工参与与私下自我威胁关系不显著；多样化培训、薪酬制度、绩效评估、员工参与与公开自我威胁的相关系数分别为−0.348、−0.384、−0.326、−0.398，并且在0.01的水平上显著，说明多样化培训、薪酬制度、绩效评估、员工参与都与公开自我威胁存在显著负相关关系，而内部招聘与公开自我威胁关系不显著；私下自我威胁与员工抱怨的相关系数为0.235，并且在0.01的水平上显著，说明私下自我威胁与员工抱怨存在显著正相关关系；公开自我威胁与员工抱怨的相关系数为0.427，并且在0.01的水平上显著，说明公开自我威胁与员工抱怨存在显著正相关关系。

表4-9为潜变量的相关性分析结果：高绩效人力资源实践与员工抱怨存在显著负相关关系，高绩效人力资源实践与自我威胁感存在显著负相关关系，自我威胁感与员工抱怨存在显著正相关关系。

表4-9 潜变量的相关性分析

| 变量 | A | B | C |
|---|---|---|---|
| A高绩效人力资源实践 | 1 | | |
| B自我威胁感 | −0.413** | 1 | |
| C员工抱怨 | −0.253** | 0.314** | 1 |

注：*表示$p<0.05$，**表示$p<0.01$，$N=425$。

通过相关性分析我们仅了解到各个变量之间的简单的相关关系，要想进一步判断它们之间的因果关系及相互之间的影响机理还需要进行回归分析。在相关分析中，私下自我威胁与高绩效人力资源实践的员工参与、公开自我威胁与高绩效人力资源实践的内部招聘不相关，私下自我威胁与员工参与不相关，公开自我威胁与内部招聘不相关。在研究中，私下自我威胁是指个体在自我概念的私下自我在遇到自己不想要的结果时内心情感的挫败程度，公开自我威胁是指个体在遇到不满意的情况下社会形象或社会尊重受到挑战。内部招聘是公司的一种人才培养模式，组织的内部招聘制度如果合理不仅可以节约招聘成本，还可以鼓舞员工士气，调动员工积极性，对员工个体的内心情感产生影响，在这一方面影响的是员工的私下自我威胁；而员工参与是指企业管理的过程中员工一定程度的参与组织决策过程，如果企业注重员工参与组织决策，那么会让员工觉得自己受到了尊重，会更多地满足员工在组织中的社会形象。因此，内部招聘影响的是员工的私下自我威胁，员工参与影响的是员工的公开自我威胁，与数据分析结果相符合。

### 4.4.2 回归分析

本研究以高绩效人力资源实践作为自变量，员工抱怨作为因变量，验证高绩效人力资源实践各维度对员工抱怨的影响，进一步选用层次回归的方法验证自我威胁感不同维度的中介作用。

（1）高绩效人力资源实践对员工抱怨的回归分析

以高绩效人力资源实践的5个维度为自变量、员工抱怨为因变量进行回归分析，结果如表4-10所示。

表4-10 高绩效人力资源实践与员工抱怨回归分析表（$N$=425）

| 变量 | 员工抱怨 | | | | | | |
|---|---|---|---|---|---|---|---|
| | 模型1 标准系数 | 模型2 标准系数 | 模型3 标准系数 | 模型4 标准系数 | 模型5 标准系数 | 模型6 标准系数 | 模型7 标准系数 |
| 性别 | 0.042 | 0.048 | 0.052 | 0.034 | 0.048 | 0.045 | 0.055 |
| 年龄 | 0.021 | 0.033 | 0.013 | 0.009 | 0.018 | 0.021 | 0.015 |
| 婚姻 | −0.199* | −0.179* | −0.213* | −0.216*** | −0.219*** | −0.159* | −0.231*** |
| 学历 | 0.097 | 0.078 | 0.071 | 0.075 | 0.080 | 0.085 | 0.067 |
| 月收入 | 0.123 | 0.118 | 0.075 | 0.098 | 0.082 | 0.087 | 0.114 |
| 岗位 | −0.049 | −0.012 | −0.028 | −0.022 | −0.016 | −0.048 | −0.009 |
| 工作性质 | −0.123 | −0.126 | −0.117 | −0.078 | −0.099 | −0.122 | −0.103 |
| 工作时间 | 0.077 | 0.081 | 0.082 | 0.074 | 0.079 | 0.081 | −0.021 |
| 公司性质 | 0.088 | 0.077 | 0.087 | 0.076 | 0.112 | 0.081 | 0.075 |
| 行业性质 | 0.122 | 0.124 | 0.117 | 0.116 | 0.115 | 0.117 | 0.099 |
| 公司规模 | −0.052 | −0.154 | −0.129 | −0.098 | −0.072 | −0.064 | −0.111 |
| 多样化培训 | | −0.421*** | | | | | |
| 内部招聘 | | | −0.246*** | | | | |

续表

| 变量 | 员工抱怨 | | | | | | |
|---|---|---|---|---|---|---|---|
| | 模型1<br>标准系数 | 模型2<br>标准系数 | 模型3<br>标准系数 | 模型4<br>标准系数 | 模型5<br>标准系数 | 模型6<br>标准系数 | 模型7<br>标准系数 |
| 薪酬制度 | | | | −0.381*** | | | |
| 绩效评估 | | | | | −0.318*** | | |
| 员工参与 | | | | | | −0.275** | |
| 高绩效人力资源实践 | | | | | | | −0.463*** |
| $R^2$ | 0.028 | 0.512 | 0.433 | 0.391 | 0.413 | 0.387 | 0.352 |
| F值 | 4.132* | 22.581*** | 19.459*** | 20.872*** | 17.139*** | 20.143** | 71.892*** |
| $\rho R^2$ | | 0.484 | 0.405 | 0.363 | 0.385 | 0.362 | 0.324 |

注：*表示$p<0.05$，**表示$p<0.01$，***表示$p<0.001$。

从表4-10可知，在模型1中只加入了性别、年龄、婚姻、学历、月收入、岗位、工作时间、工作性质、行业及公司规模等控制变量，此时的F值为4.132，决定系数$R^2$为0.028；模型2在模型1的基础上加入了多样化培训，此时F值增加为22.581，决定系数$R^2$上升为0.512。这表明高绩效人力资源实践的多样化培训对员工抱怨是存在影响的，并且多样化培训对员工抱怨的回归系数为负（$p<0.001$，$\beta=0.421$），说明高绩效人力资源实践的多样化培训显著负向影响员工抱怨，因此H1a得到验证。

同理，内部招聘显著负向影响员工抱怨，H1b得到验证。薪酬制度显著负向影响员工抱怨，H1c得到验证。绩效评估显著负向影响员工抱怨，H1d得到验证。员工参与显著负向影响员工抱怨，H1e得到验证。

本研究还分析了总变量高绩效人力资源实践对员工抱怨的影响。模型7是在模型1的基础上加入高绩效人力资源实践这一变量为自变量，可以看出，在加入高绩效人力资源实践这一变量后，F值由原来的4.132增加为71.892，决定系数$R^2$由0.028上升为0.152，表明高绩效人力资源实践对员工抱怨存在影响，同时高绩效人力资源实践对员工抱怨的回归系数为负（$p<0.001$，$\beta=0.463$），表明高绩效人力资源实践对员工抱怨存在显著负向影响，H1成立。

（2）自我威胁感的中介作用回归分析

对中介作用的检验，本研究是按照以下步骤进行的，首先对高绩效人力资源实践对员工抱怨进行回归检验，判断其是否存在显著影响；其次，对高绩效人力资源实践与自我威胁感的私下自我威胁与公开自我威胁进行回归检验，判断是否存在显著影响；最后将自我威胁感的两个维度作为控制变量，探究高绩效人力资源实践对员工抱怨的影响。如果高绩效人力资源实践对员工抱怨存在显著影响，高绩效人力资源实践对自我威胁感存在显著影响，在控制了自我威胁感后，如果高绩效人力资源实践对员工抱怨的影响消失，表示自我威胁感在高绩效人力资源实践与员工抱怨关系中是完全中介作用，如果出现高绩效人力资源实践对员工抱怨的影响明显减弱，则表示自我威胁感在高绩效人力资源实践与员工抱怨关系中起部分中介作用。具体分析如下：

1）私下自我威胁的中介作用分析。如表4-11所示，模型2是在模型1的基础上，高绩效人力资源实践对员工抱怨的回归效应分析，结果与上面分析一致，说明高绩效人力资源实践对员工抱怨具有显著的负向影响。

表4-11 私下自我威胁的中介作用分析（$N$=425）

| 变量 | 员工抱怨 | | 私下自我威胁 | | 员工抱怨 |
| --- | --- | --- | --- | --- | --- |
| | 模型1 标准系数 | 模型2 标准系数 | 模型3 标准系数 | 模型4 标准系数 | 模型5 标准系数 |
| 性别 | 0.042 | 0.055 | −0.167* | −0.162* | 0.069 |
| 年龄 | 0.021 | 0.015 | 0.022 | 0.035 | 0.021 |
| 婚姻 | −0.199* | −0.231*** | −0.055 | −0.068 | −0.195* |
| 学历 | 0.097 | 0.067 | −0.021 | −0.054 | 0.068 |
| 月收入 | 0.123 | 0.114 | −0.254*** | −0.298*** | 0.121 |
| 岗位 | −0.049 | −0.009 | −0.092 | −0.028 | −0.011 |
| 工作性质 | −0.123 | −0.103 | −0.109 | −0.103 | −0.077 |
| 工作时间 | 0.077 | −0.021 | 0.169 | 0.158 | 0.062 |
| 公司性质 | 0.088 | 0.075 | −0.018 | −0.038 | 0.073 |
| 行业性质 | 0.122 | 0.099 | 0.273*** | 0.222*** | 0.062 |
| 公司规模 | −0.052 | −0.111 | 0.131 | 0.031 | −0.129 |
| 私下自我威胁 | | | | | 0.231* |
| 高绩效人力资源实践 | | −0.463*** | | −0.415*** | −0.217** |
| $R^2$ | 0.028 | 0.352 | 0.155 | 0.321 | 0.367 |
| F值 | 4.132* | 71.892*** | 4.314* | 65.389*** | 18.201** |
| $\rho R^2$ | | 0.224 | | 0.166 | 0.339 |

注：*表示$p<0.05$，**表示$p<0.01$，***表示$p<0.001$。

模型4是在模型3的基础上，高绩效人力资源实践对私下自我威胁的回归效应分析，F值从4.314增加为65.389，决定系数$R^2$从0.155增加为0.521，同时私下自我威胁的标准化系数为0.415，Sig.值小于0.001（显著），说明高绩效人力资源实践对私下自我威胁具有显著的负向影响。

模型5与模型2对比发现，控制私下自我威胁后，私下自我威胁对员工抱怨的标准化系数为0.217，Sig.值小于0.05，高绩效人力资源实践对员工抱怨的标准化系数变为0.211，Sig.值小于0.01，显著性降低，说明私下自我威胁在高绩效人力资源实践与员工抱怨中起部分中介作用。

2）公开自我威胁的中介作用分析。如表4-12所示，模型7是在模型6的基础上，高绩效人力资源实践对公开自我威胁的回归分析,从结果可以看出,F值从4.358增加为42.759,决定系数$R^2$从0.081增加为0.452,并且高绩效人力资源实践的标准化系数为-0.386,Sig.值小于0.001(显著),说明高绩效人力资源实践对公开自我威胁具有显著的负向影响。

模型8与模型2对比发现,高绩效人力资源实践对员工抱怨的标准化系数由-0.463降低为-0.328,Sig.值由0.001变为0.01;公开自我威胁对员工抱怨的标准化系数为0.215,Sig.值小于0.05,说明公开自我威胁在高绩效人力资源实践与员工抱怨中起部分中介作用。

表4-12 公开自我威胁的中介作用分析(N=425)

| 变量 | 员工抱怨 | | 公开自我威胁 | | 员工抱怨 |
| --- | --- | --- | --- | --- | --- |
| | 模型1 标准系数 | 模型2 标准系数 | 模型6 标准系数 | 模型7 标准系数 | 模型8 标准系数 |
| 性别 | 0.042 | 0.055 | -0.115 | -0.101 | 0.056 |
| 年龄 | 0.021 | 0.015 | -0.062 | -0.061 | 0.023 |
| 婚姻 | -0.199* | -0.231*** | -0.134*** | -0.138*** | -0.267*** |
| 学历 | 0.097 | 0.067 | -0.037 | -0.052 | 0.071 |
| 月收入 | 0.123 | 0.114 | 0.038 | -0.015 | 0.078 |
| 岗位 | -0.049 | -0.009 | 0.077 | 0.133 | -0.012 |
| 工作性质 | -0.123 | -0.103 | -0.069 | -0.091 | -0.113 |
| 工作时间 | 0.077 | -0.021 | 0.147 | 0.157 | 0.091 |
| 公司性质 | 0.088 | 0.075 | 0.203 | 0.163 | 0.088 |
| 行业性质 | 0.122 | 0.099 | 0.178 | 0.144 | 0.112 |
| 公司规模 | -0.052 | -0.111 | -0.099* | -0.103 | -0.134 |
| 公开自我威胁 | | | | | 0.215* |
| 高绩效人力资源实践 | | -0.463*** | | -0.386*** | -0.328** |
| $R^2$ | 0.028 | 0.252 | 0.081 | 0.412 | 0.179 |
| F值 | 4.132* | 71.892*** | 4.358*** | 42.759*** | 17.359** |
| ρ$R^2$ | | 0.224 | | 0.331 | 0.151 |

注:*表示$p<0.05$,**表示$p<0.01$,***表示$p<0.001$。

### 4.4.3 假设检验结果

通过以上实证分析,本研究假设检验结果如表4-13所示。

表4-13 假设检验结果

| 假设 | 内容 | 验证结果 |
| --- | --- | --- |
| H1 | 高绩效人力资源实践显著正向影响员工抱怨 | 支持 |
| H1a | 多样化的培训显著正向影响员工抱怨 | 支持 |
| H1b | 内部招聘显著正向影响员工抱怨 | 支持 |

续表

| 假设 | 内容 | 验证结果 |
|---|---|---|
| H1c | 薪酬制度显著正向影响员工抱怨 | 支持 |
| H1d | 绩效评估显著正向影响员工抱怨 | 支持 |
| H1e | 员工参与显著正向影响员工抱怨 | 支持 |
| H2 | 自我威胁感在高绩效人力资源实践对员工抱怨的影响中存在中介作用 | 部分中介 |
| H2a | 私下自我威胁在高绩效人力资源实践对员工抱怨的影响中存在中介作用 | 部分中介 |
| H2b | 公开自我威胁在高绩效人力资源实践对员工抱怨的影响中存在中介作用 | 部分中介 |

## 4.5 本研究小结

本研究基于心理契约理论、自我概念理论及自我控制理论，实证分析了高绩效人力资源实践对员工抱怨的影响，以及自我威胁感在高绩效人力资源实践影响员工抱怨关系中存在的中介效应。

### 4.5.1 研究结论

本研究通过对425个有效样本数据进行实证分析，得出如下主要研究结论：

（1）高绩效人力资源实践对员工抱怨存在显著负向影响

从心理契约理论出发，高绩效人力资源实践作为员工与组织之间的一种文本化的或无形化的心理契约模式，在一定程度上会对员工的心理产生影响，个体心理上的满足与不满的出现会进一步影响外在表现，从而影响员工的个体行为。参考已有文献成果，本研究高绩效人力资源实践划分为多样化培训、内部招聘、薪酬制度、绩效评估和员工参与5个维度，分别探讨5个维度对员工抱怨的影响。研究结果显示，多样化培训、内部招聘、薪酬制度、绩效评估、员工参与均会对员工抱怨产生显著负向影响。这说明企业高绩效人力资源实践的实施会降低员工抱怨行为，即便是员工在工作中遇到不满，也会更加倾向于表达自己的诉求。这有利于组织在员工抱怨行为发生的初期能够及时了解情况，解决员工抱怨问题，从而留住员工，达到二者的双赢，实现企业与员工的共同发展。

（2）自我威胁感在高绩效人力资源实践对员工抱怨的影响中存在部分中介作用

从自我概念理论出发，员工对组织的人力资源实践会产生不同的感知，当组织实施的人力资源实践无法满足员工的个人感知时，员工的现实自我与理想自我之间会产生差异，个体便会出现自我威胁感。本研究通过文献梳理，将自我威胁感分为私下自我威胁与公开自我威胁，分别探讨了这两个维度在高绩效人力资源实践影响员工抱怨关系中的中介效应。

（3）私下自我威胁在高绩效人力资源实践对员工抱怨的影响中存在部分中介效用

基于自我概念理论，私下自我概念是一种内在表象，指个体的个人情感、内部动机等他人很难发现的自我认同或自我关注的方面，也就是说，在组织的培训、内部招聘、薪酬及绩效等相关制度的实施中，当员工对这些制度不满意时，会通过情绪波动、情感变化来体现，出现压抑、暗喜、愤怒、兴奋、失落等内心上的表达。在工作中，培训制度不能满足员工的培训需求、缺乏相关的内部招聘制度、薪酬满意度过低、绩效考核不合理等都是员工不想要、不喜欢的结果，会使得员工的情感与情绪在一定程度上受到破坏，而个体情绪遭到破坏的外在表现为个体行为的表达，员工抱怨作为员工行为的一种也会受到影响，即会影响员工是否进行抱怨表达。

（4）公开自我威胁在高绩效人力资源实践对员工抱怨的影响中存在部分中介效应

公开自我概念是一种外在表象，指容易被他人所知的一些方面，如希望得到社会认同、他人的尊重以及公平对待等。同样地，在工作中，对组织内的培训、薪酬绩效等制度的不满意及员工参与的缺乏使得员工对自己在企业的个人尊重及形象产生质疑，出现公开自我威胁，此时员工便会出现如"企业对我是否尊重、我提出的不满领导是否会在意、会不会我讲了之后受到领导和同事的排挤"等疑惑，直接影响员工抱怨的表达。

### 4.5.2 研究创新

本研究的创新点主要体现在以下两个方面：

第一，从人力资源管理视角揭示了员工抱怨的形成机制。本研究基于心理契约理论和自我控制理论，构建了高绩效人力资源实践对员工抱怨的影响路径，实证检验了高绩效人力资源实践对员工抱怨的影响，是对高绩效人力资源实践理论的丰富。

第二，揭示了高绩效人力资源实践影响员工抱怨关系中自我威胁感的中介效应。从自我概念理论出发，引入自我威胁感作为中介变量，探讨私下自我威胁与公开自我威胁的中介效应，实证揭示了员工抱怨的形成机制，丰富和发展了员工抱怨相关研究。

### 4.5.3 研究局限与未来展望

（1）研究局限

本研究借鉴了大量相关的国内外文献，调研过程力求符合科学合理的研究范式，但由于各方面资源有限，仍存在不足。首先，调查样本的局限性。虽然在调研中尽量获取较为广泛的数据，对不同行业及职级都有所涉及，但调查对象的分布仍存在不够均匀的现象，并且样本数量不够多，造成了一定程度上的样本代表性不够细致、全面。其次，研究模型相对简单。本研究选取的中介变量为员工个体层面的自我威胁感，但高绩效人力资源实践对员工抱怨的影响机制可能存在许多其他变量的中介或调节作用。

（2）未来展望

考虑到每个员工都是独立的个体，而不同个体的人格特质是不同的，其自我控制过程中的表现也会不同，所以就有高特质自我控制个体与低特质自我控制个体的区别。在后续研究中可以加入这一方面的考虑，探讨企业中拥有高特质自我控制与拥有低特质自我控制的员工在高绩效人力资源实践下抱怨行为形成的区别，从而更有针对性地对员工进行差异化管理。

后续研究可以采用不同的研究方法，探讨更多中介及调节变量作用下的高绩效人力资源实践对员工抱怨的影响机制。如采用案例研究的方法对具体企业中的员工进行追踪研究，探讨员工个体在组织人力资源实践下出现不满后，其抱怨行为是如何发生演进的；采用情境模拟实验方法探讨在私下自我威胁及公开自我威胁的具体情境下，员工抱怨反应是如何发生的；有必要探讨其他组织特征变量在高绩效人力资源实践影响员工抱怨关系中的中介或调节效应，从而提高组织的抱怨管理效率。

# 第 5 章 组织公平感对员工抱怨的影响机制

本研究基于员工抱怨文献成果,从员工抱怨频率和员工抱怨反应两个层面对员工抱怨进行分析,拓展员工抱怨的内涵,构建组织公平感、工作价值观和员工抱怨三者的理论模型,再通过问卷调查法,回收有效问卷350份,使用SPSS和AMOS软件对数据进行实证检验与分析。本研究主要采用的研究方法有文献研究、问卷调查及定量分析法。实证检验得出以下结论:组织公平感显著负向影响员工抱怨频率,显著正向影响员工抱怨反应;安全与舒适、能力与成长、独立与地位、工作价值观对组织公平感与员工抱怨频率的关系起负向调节作用,对组织公平感与员工抱怨反应的关系起正向调节作用。

## 5.1 相关文献综述

### 5.1.1 员工抱怨内涵理解

目前学界关于员工抱怨的定义和内涵并不统一,西方对员工抱怨的研究较早,主要是从劳动关系的角度出发的,更偏向于员工申诉。员工申诉是指员工通过正式途径将对工作的不满向管理层/工会表达出来。

国际劳工组织在1965年的国际劳工报告中将抱怨(grievance)定义为一名或多名员工就工资和津贴、工作环境和条件的解释而提出的正式投诉,包括加班、假期、调职、晋升、年资、工作分配及终止服务等范畴。Salipante和Bouwen(1990)随后对抱怨的定义进行扩展,认为抱怨是指下属针对组织政策、管理程序和管理行为提出的不满,所涵盖的范围要比抱怨者与上司的沟通中提到的以及正式抱怨中所提到的多得多。他们承认了抱怨的非正式形式。

Kowalski(1996)则将抱怨定义为"以释放情绪或实现个人目标(含人际关系)为目的的一种表达不满的行为"。个体抱怨主要是为了达到自己的某种目的,不满情绪不一定真的存在。国内学者陆露和刘军(2016)在Kowalski(1996)对抱怨行为定义的基础上,将员工抱怨界定为"组织内成员以释放情绪或实现个人目标(含人际关系)为目的而表达的对与工作相关的人、事、物的不满",明确了抱怨者的身份和抱怨的范围,并认为员工职场抱怨是一种私下的、非正式的抱怨行为。

总体而言,学者们对抱怨的定义和内涵的主要分歧体现在两个方面:分歧一是员工抱怨的表达形式。以往的研究中，学者们（尤其是西方学者）多从劳动关系角度出发，认为员工抱怨是一种正式的申诉活动，是员工通过正式途径将对工作的不满向管理层或工会表达出来的一种行为。国内学者则结合中国情境更多地将员工抱怨定义为"一种非正式的私下行为"，集中于员工外显的抱怨行为如言语行为的研究。然而，员工也可能通过不行动或者秘密行动等不外显的行为表达不满，因此，近些年员工抱怨的非言语行为，如沉默、怠工、离职等消极行为也引起了学者关注。分歧二是员工抱怨的目的和前提条件。Kowalski（1996）认为，员工抱怨可能并非存在主观上的不满情绪，而是实现个人特定目标的一种手段，例如增进人际关系、寻求心理安慰等。更多学者认为员工抱怨应以不满情绪的存在为前提，不满意是产生抱怨行为的必要非充分条件（范秀成等，2002）。如果产生了抱怨行为，那么主体对客体一定存在不满情绪，但抱怨行为只是宣泄不满情绪的一种选择，员工抱怨的主要目的是情感宣泄及寻求补偿。

由于个体的性格、情绪强烈程度存在差异，所以人们对抱怨的理解与认知存在较大差异（顾小丽，2016）。吴玉（2016）采用深度访谈法，总结了中国情境下成年人抱怨行为特征，提出成年人的抱怨行为是以抱怨者的不满情绪及无能为力的感受为前提的一种间接性言语行为。该抱怨行为特征更符合中国情境下人们对抱怨的理解，具有普适性和可推广性。

本研究将从员工抱怨反应和员工抱怨频率两个层面对员工抱怨行为进行探讨。在本研究中，员工抱怨是指员工因职场中的不满而引发的言语或非言语行为。言语行为包括口头和书面形式，非言语行为包括因不满引起的消极怠工、破坏性生产行为、沉默等诸多行为。员工抱怨的首要前提是不满，主要目的是情感宣泄及寻求补偿。员工抱怨反应是指员工在组织中面对单次不满事件产生的一系列抱怨反应。通常而言，不满情绪越强烈，员工抱怨反应越激烈。员工抱怨频率则是指员工因职场中的不满而产生抱怨反应的频次，感知不满情绪的次数越多，员工抱怨频率越高。

### 5.1.2 组织公平感相关研究

组织公平感是一种自我感知，没有固定标准。它是员工自身对组织是否公平的一种感知（Colquitt等，2001），是员工的一种"感受"，依据员工是否被公平对待来评价（Greenberg等，1987）。

（1）组织公平感的维度

组织公平感的维度主要有单维、二维、三维、四维之争。最初的单维组织公平感是Adam（1966）提出的，学者通过对组织内成员薪酬分配的公平性研究发现，人们习惯将自己的付出和所得与以往经历或他人的付出和所得进行比较，从而做出自身是否受到公平待遇的判断，这是最初的公平理论。Adams的公平理论侧重于研究分配结果的公平性。有学者认为司法审判中常用的程序公平在组织管理中同样影响重大，由此将程序公平的概念引入组织情境，即二维组织公平感。随后，学者发现程序实行过程中执行者对待员工的态度、方式等对员工公平感知影响较大，从程序公平中剥离出互动公平的概念，将组织公平维度扩展至三维。在对互动公平概念内涵的研究中，西方学者将其分为人际公平和信息公平两个部分。中国学者结合中国情境，将互动公平细分为领导公平和信息公平。西方人际公平反映物质分配过程公平、执行程序和结果过程公平、上司对下属是否礼貌，而领导公平还包含精神分配公平，注重交往过程中上司对下属是否礼貌。不过，也有学者提出整体公平感这一概念，认为现实组织情境中，员工行为更多反映得是对某个事件或某些方面的总体性公平感受、判断的结果。

分配公平感，也称结果公平感，是指员工对自己的付出和收入是否对等的一种公平感知，包括内部分配公平感和外部分配公平感。当员工认为自己没有得到应得的回报时，就会产生不公平感，并在这种状态下采取一定的行为去消除或发泄心中的不满。分配公平不一定会让员工满意，但分配不公平一定会导致员工不满。

程序公平感，也称过程公平感，是指员工对分配薪酬的程序是否公平的感受，包括正式制度和人际互动两个层面。除了分配结果公平与否，员工对分配制度和过程的公平性也较为看重。当员工产生分配不公平感，又感知到决策过程不公平，且没有得到合理解释时，更容易产生不满情绪，进而抱怨。

领导公平感，也称人际公平感，是指上级在执行相关程序和结果的过程中，对员工以礼相待和尊重的程度。员工认为自己在组织中应该受到他人尊重，一旦没有受到上级在人际交往中给予的尊重，或者没有受到良好的对待，就会觉得不公平。

信息公平感，是指向员工传递分配结果的过程中，上级解释为什么采取某种分配程序，以及为什么是这样的分配结果的程度。上级如果不能且不愿意就组织的决策（如分配结果）提供令人信服的理由，员工就会觉得不公平。在信息公平中，员工更在乎人际互动过程的公开和公平。

（2）组织公平感的影响因素

通过文献回顾，发现现有组织公平感研究主要集中于分析比较不同维度的组织公平感对员工态度、行为等结果变量的作用效果差异，缺乏对其前因变量的探究。根据陈丽芬和吴佩莹（2018）对绩效评估公平感影响因素的研究，可以把组织公平感的影响因素分为上级、员工、上下级关系、组织程序四个层面。

从上级层面来看，组织管理者的能力和职业素养对员工的组织公平感影响非常大。一方面，不准确、不真实的评估必然导致评估失公（Bernardin等，2015），很难使员工信服；另一方面，上级在组织获取资源的程度越高，影响组织决策的话语权越大，员工越能体验到更强烈的组织支持感和组织公平感。

从员工自身出发，每个人的性格特质、价值观念、身份不同，员工对相同事情的看法也就存在差异。例如，低绩效水平的员工在分配报酬时更倾向平均分配，尽管他们知道这与公平准则相悖（陈丽芬等，2014）。受评者的职位层级对程序公平显著正向影响（Erdogan等，2001）。此外，个体对公平的敏感程度也有所不同，通常利他倾向高和积极特质情感的员工相比利他倾向低（利己倾向高）和消极特质情感的员工具有更强的组织公平感（Bing等，2009；江卫东等，2017）。

毋庸置疑，上下级关系质量也将影响组织公平及员工组织公平感。很多学者的研究表明，高质量的上下级关系与员工组织公平感有着正向关系（Elicker等，2006；Pichler，2012）。同样地，Elicker等（2006）在研究中也发现，圈内人相比圈外人互动公平感更高，他们通常也会获得较高的绩效评估等级；上级/组织支持、对上级的信任与绩效评估公平感的正向关系也在实证中得以验证。

从组织程序层面来看，充分通知、公正听证和基于证据的判断，这三个原则对员工组织公平感也有很大影响。充分通知体现企业对员工传达评估制度的程度。公正听证是指员工在组织中拥有表达意见、解释行为的机会。基于证据的判断是指在评估过程中，组织、评估者能够基于事实对员工绩效做出准确判断，能对组织决策进行客观合理解释，同时，员工也能通过申诉机制对决策提出质疑（即有效的评估标准、中立的评估者、透明化的评估操作）。

（3）组织公平感的影响效应

根据公平理论，当员工在组织内感到不公平时，便会做出一系列行为来平复内心的不满情绪。行为受个人认知和态度影响，员工可能通过自我调节，营造虚假公平感，更可能产生抱怨、消极怠工、离职等行为。研究表明，分配公平感对员工的结果满意度有较强的预测作用（刘亚等，2003）。肖欢欢（2010）研究发现，当员工认为薪酬不公平时，这种不公平感长期积累，会导致员工消极怠工、工作倦怠。

通过实证研究分析，郑景丽和郭心毅（2016）发现交互公平和分配公平与组织公民行为相关性较强，其中交互公平与组织公民行为为相关性最强、程序公平最弱。组织公平同样影响员工破坏性生产行为，韩宏稳（2016）的研究表明，组织公平三维度对离职倾向均有显著负向影响，影响效果最强的也为互动公平。除了组织公平各维度对员工工作行为的影响效果研究，各维度间的相关性也得到关注。研究表明，分配公平和程序公平呈较高相关性，对分配公平不满意的员工往往也会对组织决策程序的公平性产生质疑（Lease，1998）。周浩等（2016）提出整体公平感的研究新思路，实证结果证明，组织整体公平感会影响员工的组织偏离行为，而主管整体公平感还能溢出影响组织整体公平感。这样的研究思路和结果为未来组织公平研究提供了新方向，也为组织管理者提供了启示。员工对组织的评价大多源于上级领导的各种表现，因此，管理者应当充分认识自己所言所行的象征意义，在组织中保持公平公正，实现员工、主管、组织整体公平感的同步提升。

### 5.1.3 工作价值观相关研究

马剑虹（1998）曾提及三种激励和影响员工工作行为的力量，一种是外在的经济力量，一种是与工作相关的内在激励，还有一种是以人的信念和价值观念为基础的影响力，即工作价值观。

对于工作价值观的概念，目前学者主要分为两派：一派是从需求层面进行考量。以Super（1980）为主，他认为工作价值观是个体的内在需要，是其在工作时追求的工作特质、工作属性；另一派是从判断标准层面出发，认为工作价值观是个体对工作行为、结果的价值判断，外显为个体对工作的评价标准（Dose，2011）。

本研究认同霍娜和李超平（2009）的观点，认为工作价值观是引导个体对工作行为和结果进行选择与评价的一些重要程度不同的观念与信仰。它决定了个体在工作中的需求和偏好，以个人在工作中的追求为体现。

（1）工作价值观的维度

关于工作价值观的研究从20世纪50年代就开始了，但其维度划分仍存在争议。Ginzberg（1951）首次将工作价值观划分为工作活动、工作伙伴和工作报酬三个维度。Super（1980）将工作价值观分为内在价值观、外在价值观和外在报酬三个维度。Taylor和Thompson（1976）通过实证研究得到工作价值观的五个维度：安全环境、内在激励、自我表达、工作自豪感、外在激励。凌文辁（1999）运用主成分分析法，认为大学生工作价值观由声望地位、发展和保健三个因素组成。李燕萍和侯烜方（2012）运用扎根理论，通过搜集不同群体评论，建立了新生代员工工作价值观结构体系，包括自我情感、物质环境、人际关系、革新特征4个因素。后来，侯烜方和李燕萍（2014）等人改进开发出新的工作价值观量表，包含5个维度20个条目，分别为功利导向、内在偏好、人际和谐、创新导向、长期发展。

Manhardt（1972）认为工作价值观由安全与舒适、能力与成长、独立与地位三个维度构成。而后，Meyer, Irving和Allen（1998）对Manhardt（1972）工作价值观量表进行了修订，该量表已被多名学者使用并证实具有良好的信效度，能很好地运用于中国情境中。该量表中，安全与舒适维度反映个体对工作时间和地点的稳定性等与工作相关因素的价值评价；能力与成长维度反映个体对获取成就感、学习与交流机会和工作自主性的价值评价；独立与地位维度反映个体对晋升和收入、权利地位的价值评价。通过价值评价，体现个体在工作中的价值需求。

（2）工作价值观的影响因素

一个人的工作价值观会受到方方面面的影响，总的包括外部因素和内部因素，外部因素主要是家庭、学校、社会的影响；内部因素主要是个人的需要、兴趣、能力、爱好、性格、气质等（杨静等，2004）。其中，人格特质与工作价值观存在相关关系。例如：随和性对工作关系、外倾性对内在工作价值观都有积极的预测作用；开放性与经济状况和工作条件负相关（Furnham等，2005）。

此外，有许多学者从教育程度、性别、年龄等人口学统计变量出发，探究员工工作价值观的差异。蔡禾和莫家豪（1997）在较早的研究中发现，受教育程度越高的职工，他们的工作价值观的市场取向就越明显；而女性在工作价值观上则比男性更倾向于选择风险小一些、节奏慢一些、压力小一些、更常规一些的工作。总体来讲，女性更重视人际关系和谐，看重内在的、社会性的工作价值观；男性则更重视权力、地位之类的外在工作价值观（霍娜等，2009）。

此外，工作价值观存在较大代际差异，凌文辁（1999）、王垒（2003）等学者着重对大学生工作价值观进行研究,研究结果表明,与20世纪80年代大学生将满足"自我发展"因素作为最重要的标准不同,90年代的大学生在选择职业时,将"保健"因素列为择业的最重要条件,看重经济利益和工作环境。

(3)工作价值观的影响效应

近几年学者对工作价值观的研究多为实证研究,大多聚焦探究因不同时代背景下成长的个体在工作价值观方面的代际差异,以及工作价值观对离职倾向、创新行为、工作绩效、建言等组织公民行为或角色外行为的实证探究。总体上,工作价值观的结果变量主要为员工的工作行为、工作绩效和工作态度。

Anderson(2014)等曾指出,工作价值观是个体在工作上的行动指导准则,为个体提供自身或他人行为合法或合理的判断标准,它不只影响态度和动机,更可能影响角色行为(含角色内与角色外行为),如建言行为和创造力。栾贞增(2017)等人,从代际视角出发,检验了工作价值观的代际差异,以及不同代际群体间工作价值观对创新绩效的差异化影响。赵玉田和崔玉娇(2017)研究发现,内在激励、功利导向和创新导向三维度工作价值观均对新生代员工建言行为有显著正向影响。黄中伟(2016)等人通过实证检验发现:安全与舒适、能力与成长型工作价值观对离职倾向有显著负向影响;独立与地位工作价值观对离职倾向有显著正向影响。

### 5.1.4 组织公平感、工作价值观与员工抱怨的关系

基于社会认知理论,个体的行为决策是个体认知与环境因素共同作用的结果。第一,抱怨的主体对不满事件及抱怨的内在认知影响其抱怨行为选择。一方面,个体在工作中追求的价值排列次序不同,个体对不满事件的认识与立场会造成差异;同时,根据社会行为理论,人的行为多数是有目的的,目的不同,行为方式也就不同,当目的处于潜在状态时,依据个人的价值需求重要性层次排列,个体的价值追求不同,其抱怨动机也会存在差异,从而影响员工抱怨行为。第二,抱怨行为还依赖于个体所处的背景环境,组织公平感可能会影响员工的自我效能感,从而导致不同抱怨反应的发生。高组织公平感情境下,员工可能更容易体验到积极的情绪状态,更利于其表达不满。由此推测组织公平感和工作价值观都与员工抱怨存在相关关系。陆露和刘军(2016)提出员工抱怨行为是由个体因素和情境因素及其相互作用共同决定的,其中情境因素就包括组织公平,并提出员工感知到的组织公平与其抱怨行为负相关的命题。高英(2014)通过深度访谈,采用扎根理论研究方法,对知识型员工职场抱怨成因进行探索性研究,发现组织公平是其中一项关键因素。此外,实证研究表明,工作价值观对工作投入、工作满意度有显著影响(王兴等,2017),工作价值观作为个体层面的一个较为稳定的影响个人行为的重要变量,对员工抱怨有着不言而喻的影响。

现有组织公平感与员工抱怨的关系研究主要集中在薪酬不公平感对员工抱怨行为的影响。余璇(2018)等人研究表明,薪酬不满意感对员工抱怨有显著的正向影响。任华亮(2008)曾在自己的研究里提出抱怨曲线的观点,通过数据统计,将18%的薪酬差

距看作外部薪酬不公平的警戒线，称之抱怨曲线。当面对薪酬分配的外部不公平时，由于技能型和经理级的高学历员工在市场上价值更高，更容易找到更好的工作，通常倾向离职，而一般员工和主管级的高学历员工，则更多会留在组织内抱怨，以消极心态对待工作。

工作价值观作为影响员工行为和态度的关键因素，近年来在员工积极或消极行为研究中受到学者的重视。工作价值观作为相关研究中的关键变量，对员工组织公民行为以及角色外行为的影响已被多方证实。李燕萍（2016）等人运用多元线性回归方法检验结果显示，工作价值观各维度中内在偏好工作价值观在基于组织的自尊与建言的关系中起正向调节作用。周建涛和廖建桥（2012）探究了中国传统领导行为和员工价值观对员工建言的影响及作用机制，其研究结果表明，威权领导和员工权力距离价值观都对员工建言存在显著的负向预测作用。至于工作价值观对员工抱怨的影响研究还是较少有人涉及的领域，范秀成（2002）等人在对顾客抱怨倾向进行研究时，借鉴了顾客抱怨规划行为理论，结果发现，顾客价值取向不同，影响他们抱怨倾向的主要因素也不相同。

### 5.1.5 文献评述

组织公平感作为组织管理研究的重要变量，可以直接或间接影响员工的工作态度和行为。目前在中国情境下，结合人力资源管理和劳动关系管理视角，采用实证方法探究组织公平感影响员工抱怨作用机制的文献几乎空白。有研究指出，个人文化价值观的差异应该作为组织公平感研究的一项重点议题（Morris等，2000），然而关于个体文化价值观是否影响组织公平感的研究也没有得到充分重视。组织公平感、工作价值观和员工抱怨对员工行为均有很好的预测作用，探索组织公平感对员工抱怨的影响和员工工作价值观对二者的调节作用，对人力资源管理实践与和谐社会构建均有重要意义。近几年，员工抱怨问题开始引起学者的重视，但该领域研究仍存在诸多不足。

第一，学界对员工抱怨的重视不够。从研究的角度出发，目前大量研究关注员工积极行为，而员工消极行为却未能引起人们足够重视，要想充分研究员工行为，激发人的主观创造能力，对员工抱怨此类的消极行为研究的重视程度还有待提高。从实践的角度来看，中国大部分企业的管理观念仍较为传统，劳资双方对于"员工抱怨"持消极态度。一方面，公司较为抵触员工的抱怨情绪，也在大肆宣扬"员工不应该抱怨"的观念；另一方面，员工也在这样的职场氛围中怀有"抱怨无用论"，即便心有不满，员工抱怨的方式也较为有限。

第二，有关员工抱怨的研究还不够深入、不成系统。目前员工抱怨主要集中于员工抱怨定义、成因、影响因素等方面研究，仍存在诸多不足，比如员工抱怨的内涵界定并不明确统一，主要矛盾集中于非言语或非正式的表达是否属于抱怨；此外，员工抱怨反应和员工抱怨频率也一直被混为一谈，员工抱怨反应激烈不等于员工抱怨频率高，同样地，员工抱怨频率高不等于员工抱怨反应激烈；关于员工抱怨形成机制研究尚不多见，没有发现组织公平感和工作价值观对员工抱怨行为影响机制的研究文献。

第三，有关组织公平感对员工抱怨的影响效应还缺少实证研究。当前关于组织公平感对员工工作满意度的研究较为成熟，但把员工抱怨作为结果变量，探究组织公平感对其影响效应的研究很少。同时，对于个体层面工作价值观等个体特征对员工抱怨的影响也缺乏深入探究。

## 5.2 研究假设的提出

### 5.2.1 研究思路

抱怨是员工在组织内感知不公平时最常见的行为反应。根据公平理论，当员工在组织内产生不公平感时，便会采取某些行为使自己恢复公平感知，以获得内心的平衡。该行为受个人认知和态度影响。当员工感到不满时，可能通过自我安慰营造"虚假公平感"，更可能产生消极怠工、离职等抱怨行为。在组织中产生不公平感知会导致员工不满，而不满是员工抱怨的首要前提，因此组织公平感是影响员工抱怨的一个重要前因变量。

本研究目的是探讨中国情境下组织公平感对员工抱怨的影响机制，分析工作价值观在该影响过程中的调节作用，具体包括四个部分：①验证组织公平感及其各维度对员工抱怨频率的影响；②验证组织公平感及其各维度对员工抱怨反应的影响；③验证工作价值观在组织公平和员工抱怨频率之间的调节作用；④验证工作价值观在组织公平和员工抱怨反应之间的调节作用。

### 5.2.2 研究假设

（1）组织公平感对员工抱怨频率的影响

根据镜像理论，如果决策者当前的镜像和以往的轨迹镜像出现显著不一致，那么决策制定就会快速自动激活以拒绝当前战略，并执行不同方向的新行动。当个体在组织内遇到不满/不公平事件并感知到差异时，员工会为了消除差异而选择抱怨。一是为了表达不满以宣泄情绪；二是为了寻求"公平差异"的合理解释；三是期望通过抱怨引起关注以解决问题和消除差异（Gordon等，1984）。

员工抱怨频率主要受组织内发生不满/不公平事件和员工感知不满/不公平次数这两个因素影响。高组织公平感通常伴随高员工满意度（刘亚等，2003），高员工满意度从侧面反映组织内出现不满/不公平事件的次数少，即员工产生不满的可能性/频率低；同时，高组织公平感通常又伴随高组织承诺和高员工忠诚度（薛宪方等，2017），当组织内出现不满/不公平事件时，员工可能更倾向选择相信组织愿意并能够解决问题，对组织产生不满的概率较低，因此员工抱怨频率会较低。此外，很多学者研究表明，紧密的、高质量的上下级关系与员工的组织公平感有着强正向关系（Pichler，2012；Elicker等，2006），即使员工对不满/不公平事件产生不满，高组织公平的组织和员工的关系通常紧密，组织拥有更直接准确的消息传递通道，通常能更快速地察觉或接收到员工的不满情绪，妥善处理不满/不公平事件，有效减少员工抱怨覆盖面，从而降低员工抱怨频率。由此，提出如下假设：

H1：组织公平感显著负向影响员工抱怨频率。
    H1a：分配公平感显著负向影响员工抱怨频率。
    H1b：程序公平感显著负向影响员工抱怨频率。
    H1c：领导公平感显著负向影响员工抱怨频率。
    H1d：信息公平感显著负向影响员工抱怨频率。

（2）组织公平感对员工抱怨反应的影响

根据前面的理论我们可以得出，组织公平感越高，员工抱怨频率越低。然而，频率和反应强度是两个不同的问题，高组织公平感是否产生低员工抱怨反应，这个问题还有待论证。根据抱怨理论，员工抱怨受不满感知和抱怨阈值的共同影响，员工抱怨反应主要受抱怨感知效用影响。在采取抱怨行为之前，人们会评估抱怨行为将实现减少感知差异的可能性和带来的负面影响。当人们抱怨时，他们希望通过抱怨获得最大的回报，并最小化与抱怨相关的成本。一方面，组织公平感高的员工感知差异的敏感性较强，可能更容易发现组织轨迹变化，同时，具有高组织公平感的员工对抱怨的威胁感知更弱，因此更勇于表达不满，从这个角度来看，组织公平感越高，员工抱怨反应可能越激烈；另一方面，组织公平程度高的组织的抱怨机制可能更完善，员工表达抱怨的渠道更为丰富，在工作中感知不满时可选择的抱怨方式更多。因此，在组织内，组织公平感越高，员工在表达不满情绪时，抱怨反应可能会越激烈。由此，提出如下假设：

H2：组织公平感显著正向影响员工抱怨反应。
    H2a：分配公平感显著正向影响员工抱怨反应。
    H2b：程序公平感显著正向影响员工抱怨反应。
    H2c：领导公平感显著正向影响员工抱怨反应。
    H2d：信息公平感显著正向影响员工抱怨反应。

（3）工作价值观的调节效应

根据计划行为理论，行为意向和行为之间的关系是稳定的，但只有中等强度，这能很好地解释抱怨倾向不等同于实际的抱怨行为，二者之间一定存在加强或减弱其行为意向转化为实际行为的调节变量。工作价值观对个体行为和态度，如绩效、满意度、忠诚度等的直接影响及预测作用得到多方实证检验。这种影响的实质是一种自我验证的过程。根据自我验证理论，人们总是在不断寻求和创造机会以验证自我信念，因此，倾向于采取与自我认知相一致的行为来保持其自我概念并增强自信（胡翔等，2014）。

安全与舒适工作价值观看重工作的舒适性和稳定性，渴望生活和工作的平衡。高安全与舒适的员工对工作环境的关注和要求更高，更容易对工作环境和工作条件的舒适性产生不满，从而抱怨以减少感知差异。

能力与成长工作价值观重视工作中的收获和个人成长，这类员工通常拥有持续进取的心态和不断学习的欲望，期望组织赋予其成长和挖掘自我潜能的机会。组织公平感能满足高能力与成长的发展需求，相比低能力与成长价值观员工会获得更高的满意度。

独立与地位工作价值观渴望金钱和地位，看重个体在工作中的自主权和成就感，以及升职加薪等功利主义取向。高能力与成长和高独立与地位的员工在工作中更倾向于多投入，以达到所期望的结果（蒋恬等，2015），且更有能力处理问题和控制自己的环境，通常会采取更积极的方式解决问题，因此更少产生不满情绪和抱怨行为（Basgall等，1988）。由此，提出如下假设：

H3：工作价值观在组织公平感影响员工抱怨频率关系中起调节作用。

H3a：安全与舒适价值观在组织公平感影响员工抱怨频率关系中起正向调节作用。相比低安全与舒适，高安全与舒适在同等组织公平感情况下，员工抱怨频率更高。

H3b：能力与成长价值观在组织公平感影响员工抱怨频率关系中起负向调节作用。相比低能力与成长，高能力与成长在同等组织公平感情况下，员工抱怨频率更低。

H3c：独立与地位价值观在组织公平感影响员工抱怨频率关系中起负向调节作用。相比低安全与舒适，高安全与舒适在同等组织公平感情况下，员工抱怨频率更低。

工作价值观反映了员工个体对自身的定位，其工作行为则是对这一定位的强化，符合自身取向，从而减少焦虑，产生积极的工作体验（胡翔等，2014）。当组织出现不符合员工期待的工作特征和工作环境时，会极大地降低员工的工作满意度，增强员工抱怨反应。

当人们抱怨时，通常希望避免抱怨可能带来的负面影响。高安全与舒适的员工对工作稳定性要求高，相比低安全与舒适的员工，更有可能将抱怨视为对现有稳定工作的潜在威胁，因此更倾向于包容组织中潜在的问题，采取较为缓和的抱怨反应。

高能力与成长的员工通常更不容易产生抱怨意向，但当组织中发生不满/不公平事件时，他们追求学习与交流机会，可能更倾向于采取促进性聚焦的认知方式，而非预防性聚焦，更注意获取新的知识或能力，不太在意组织内不满事件对自己未来长期职业发展带来的负面影响（栾贞增等，2017），因而更不拘泥表达抱怨，希望组织采取措施改进不足。

高独立与地位的员工寻找与自我相关的信息的能力强（Lefcourt等，1991），通常有能力制定清晰的工作目标和行动路线（Thompson等，1991），他们感知差异的能力越强，在感知差异后，越可能采取积极的激烈的抱怨行为来解决问题。由此，提出如下假设：

H4：工作价值观在组织公平感影响员工抱怨反应关系中起调节作用。

H4a：安全与舒适价值观在组织公平感影响员工抱怨反应关系中起负向调节作用。相比低安全与舒适，高安全与舒适在同等组织公平感情况下，员工抱怨反应更低。

H4b：能力与成长价值观在组织公平感影响员工抱怨反应关系中起正向调节作用。相比低能力与成长，高能力与成长在同等组织公平感情况下，员工抱怨反应更高。

H4c：独立与地位价值观在组织公平感影响员工抱怨反应关系中起正向调节作用。相比低独立与地位，高独立与地位在同等组织公平感情况下，员工抱怨反应更高。

## 5.3 变量测量与数据采集

### 5.3.1 变量界定与问卷设计

（1）组织公平感量表

现有的关于组织公平感测量的成熟量表比较多，四维量表运用较广泛的有国外学者Colquitt（2001）编制的4个维度21条目量表（程序公平感、分配公平感、人际公平感、信息公平感），以及国内学者刘亚等（2003）编制的4个维度22条目量表（分配公平感、程序公平感、领导公平感、信息公平感）。本研究采用的是刘亚（2002，2003）等在中国文化背景下开发的适合中国本土化的组织公平感量表，该量表具有良好的信效度，受到学者的广泛使用。第1～6题测量分配公平感维度，第7～12题测量程序公平感维度，第13～18题测量领导公平感维度，第19～22题测量信息公平感维度。量表采用李科特五点评分方式，从"完全不符合"到"完全符合"依次表示为1～5分。

（2）工作价值观量表

本研究采用的是由Meyer（1998）在Manhardt（1972）的基础上加以修订的工作价值观量表，该量表已被证明契合中国情境，与理论有良好的衔接性，得到国内多名学者的验证（栾贞增等，2017；陈东健等，2009；秦启文等，2007）。该量表包含3个维度共21个题项。第1～5题测量安全与舒适维度，第6～14题测量能力与成长维度，第15～21题测量独立与地位维度。量表采用李科特五级评分方式，从"完全不符合"到"完全符合"依次表示为1～5分。

（3）员工抱怨量表

本研究参考已有文献测量方式，分别对员工抱怨的两个层面，即员工抱怨反应和员工抱怨频率进行量表设计。量表内容方面主要参考段伟玲（2019）的测量方法，通过员工在工作上遇到不满时的具体抱怨行为，测量员工抱怨反应；通过员工在工作上遇到不满时发生具体抱怨行为的频次，测量员工抱怨频率。经过研究团队反复讨论，对段伟玲（2019）的员工抱怨量表进行调整，删除题项"我在工作上遇到不满时会产生言语抱怨"，增加"我在工作上遇到不满时会通过正式渠道（如工会、意见邮箱）进行投诉"题项，最终确定含10个题项的员工抱怨反应测量量表，以及对应的员工抱怨频率测量量表。

（4）问卷设计

在设计问卷之前，首先，对组织公平感、工作价值观和员工抱怨三个变量相关文献进行简单梳理和综述，以加深对各变量概念内涵的准确理解；其次，对现有各变量测量量表进行整理与分析，选择参考成熟的适合本研究的量表，编制形成初始问卷，经过研究团队多次讨论，合理调整题项细节，形成预调研调查问卷；随后发放并回收问卷、整理分析预调研问卷数据，进行可靠性及探索性因子分析等，检验量表的信效度，剔除不可靠的题项，最终形成正式调查问卷。

问卷的内容主要包含前言、正文和结尾三个部分，前言包括问卷调查目的和意义的简单说明、对受访者的感谢和信息保密承诺、对正文中一些问题的解释特别是对员工抱怨定义的说明等。正文部分包括个人基本信息、相关调查题项。个人基本信息包括性别、年龄、学历、婚姻状态、所在岗位、月平均收入、进入职场时间、换工作的次数、在企业工作的时间、企业类型及企业员工总人数；相关调查题项包括对组织公平感、员工工作价值观和员工抱怨的测量。结尾部分示意受访者调查到此结束，再次表达对受访者合作调查的感谢。

为了有效控制问卷的同源误差，本研究在问卷设计过程中采取了以下措施：①匿名填写，减少受访者在填写过程中对信息泄露的顾虑和担心，提高问卷的真实度。②反复修改问卷。形成预调研调查问卷前，经过研究团队多次讨论沟通，从而确定问卷的具体题项；预调研调查问卷正式发放前，选择小范围的调研对象进行试填，寻求反馈建议，调整问卷细节。

### 5.3.2 问卷预测试与修改

本研究问卷编制大多参考国内外的成熟量表，为了保证量表的信效度和推广性，在进行大规模的调查问卷发放之前，首先进行预调研，收集数据后进行分析，根据分析结果对量表题项进行适当删减，然后形成正式调查问卷。

预调研调查问卷主要通过网络调研平台问卷星进行发放和收集。邀请研究团队在企业工作的亲朋好友及符合填写条件的同事和亲朋好友进行填写，设置限制每个IP地址只能填答一份问卷。预调研问卷总共回收126份，剔除因填写时间过短、选项填答单一、明显乱填的问卷26份，最终回收有效问卷100份。

预调研调查问卷数据处理的过程包括三个部分。首先，通过CITC系数值筛选不合适题项，题项CITC<0.3，且删除该题项后的Cronbach's α值大于原来量表值，则删除该题项；其次，利用Cronbach's α值进行信度检验，如果Cronbach's α值<0.6，一般认为量表信度不够，0.7~0.8时表明量表信度良好，达到0.8~0.9时说明量表信度非常理想；最后，利用主成分分析方法进行探索性因子分析和效度检验。通过最大化旋转（Varimax）对数据进行降维处理，删除因子载荷低于0.3的题项。总体而言，通过校正项总计相关性分析、信度分析、探索性因子分析等工作，检验初始量表的信效度，对各变量测量题项进行删减调整，形成正式调查问卷。

（1）组织公平感初始量表的检验

首先对组织公平感初始量表进行信度分析和CITC分析，组织公平感量表整体Cronbach's α值为0.940，信度非常高，同时各维度题项的CITC均大于0.5，且项已删除的Cronbach's α值均未大于各维度初始值（0.937、0.872、0.913、0.909），因此，该量表中的题项均可保留。

其次，用主成分分析法对组织公平感初始量表进行探索性因子分析。先看KMO值和Sig.值（显著性），若KMO值>0.7，则说明问卷中设计的自变量之间具有一定的联系，问卷是有效的；Sig.值<0.001说明该问卷符合做因子分析，下一步则可以进行因子分析。分析结果显示组织公平感初始量表KMO值为0.894，Sig.值<0.001，表明量表适

合进行因子分析。组织公平感的22个题项提取了4个特征值大于1的因子，解释了总体方差变异的72.802%。主成分分析中旋转后的因子分析结果呈现四个因子成分，因子载荷均大于0.5，因子结构与前人研究结论保持一致，量表的结构信度较好。

（2）工作价值观初始量表的检验

首先，对工作价值观初始量表进行信度和CITC分析，结果表明，工作价值观初始量表整体的Cronbach's α值为0.930，信度非常高，同时各维度题项CITC系数均大于0.3，且题项已删除的Cronbach's α值均小于各维度原始值（0.780、0.914、0.838），因此，该量表中的题项均可保留。

其次，用主成分分析法进行探索性因子分析。KMO值＞0.7，自变量间具有一定的联系，问卷是有效的；Sig.值＜0.001说明该问卷符合做因子分析。分析结果显示组织公平初始量表KMO值为0.857，Sig.值＜0.001，表明量表适合进行因子分析。主成分分析中旋转后的因子分析结果得到三个因子成分，因子载荷均大于0.4，因子结构与前人研究结论保持一致。

（3）员工抱怨频率初始量表的检验

题项CF7"我经常因为在工作上遇到不满而通过体育、娱乐方式进行发泄"的CITC系数为0.239＜0.300，删除该项后的Cronbach's α值为0.745＞0.741（员工抱怨频率初始α值），且其因子载荷值较低，故删除该题项，最终形成9个题项的员工抱怨频率正式测量量表。删除题项CF7后的员工抱怨频率量表KMO值为0.638，解释的总方差为63.666%，表明该量表具有一定的信度和效度。

（4）员工抱怨反应初始量表的检验

题项CR7"我在工作上遇到不满时会通过体育、娱乐方式进行发泄"的CITC系数为0.173＜0.300，删除该项后的Cronbach's α值为0.811＞0.718（员工抱怨反应初始α值），故删除该题项，最终形成9个题项的员工抱怨反应正式测量量表，删除题项CR7后的员工抱怨反应量表KMO值为0.696，解释的总方差为68.252%，表明该量表具有较好的信度和效度。

### 5.3.3 数据采集

正式调查问卷主要以电子问卷和纸质问卷两种形式进行发放。电子问卷是通过网络调研平台问卷星和社交软件向在企业工作的亲朋好友发送邀请，请他们进行填写，同时请他们帮忙转发并邀请其同事及符合填答条件的亲朋好友进行填写，最终在线回收问卷238份，剔除填答时间过短、题目一致性过高及明显胡乱作答的问卷35份，回收有效电子问卷203份。纸质问卷主要通过两种途径：一是通过合作企业及亲朋好友，寻求可以在企业进行问卷发放的机会，请其在企业代为发放；二是邀请本校学生参加暑期实践时在实习公司代为发放纸质问卷。最终共发放纸质问卷160份，剔除部分空白问卷和胡乱作答的问卷13份，最终回收有效纸质问卷147份。正式调研共回收350份有效问卷，符合样本数量至少为问题数量5倍以上的原则。

## 5.4 实证分析与假设检验

### 5.4.1 描述性统计分析

在调查样本结果中，对样本数少于5%或者最大占比与最小占比之差大于4倍的选项采取并组的方法进行调整。

具体情况如下：年龄中"20岁以下"含5人，占比1.4%，将其与选项"20~29岁"进行合并；"50岁及以上"含17人，占比4.9%，将其与选项"40~49岁"进行合并。最高学历"初中及以下"含25人，占比7.1%，与选项人数最大占比相差超过5倍，将其与选项"高中/中专"进行合并，"硕士及以上"含12人，占比3.4%，将其与选项"本科"进行合并。婚姻状态中"离异"和"丧偶"分别为10人和2人，将其进行合并，命名新选项为"其他"。所在岗位中"高层管理者"12人，虽然占比低于5%，但认为符合企业管理正常人员分布情况，故不作调整。月平均收入"2 000元以下"16人，占比4.6%，将其与选项"2 000~4 999元"进行合并。换工作的次数中最大占比"0~1次"（47.7%）与最小占比"5次及以上"（含22人，占比6.3%）之差大于4倍，故将"5次及以上"与"4次"进行合并。目前所在企业类型中"中外合资企业"7人，占比2.0%，与"外资企业"进行合并。所在企业员工总人数"5 001~10 000人"3人，占比0.9%，与"10 000人及以上"进行合并。

调整后的人口统计学特征如表5-1所示。

表5-1 正式调查样本的人口统计学特征

| 统计量 | 统计内容 | 频率 | 百分比/（%） |
|---|---|---|---|
| 性别 | 男 | 200 | 57.1 |
| | 女 | 150 | 42.9 |
| 年龄 | 29岁及以下 | 178 | 50.8 |
| | 30~39岁 | 81 | 23.1 |
| | 40岁及以上 | 91 | 26.1 |
| 最高学历 | 高中/中专及以下 | 78 | 22.2 |
| | 大专 | 76 | 21.7 |
| | 本科及以上 | 196 | 56.1 |
| 婚姻状态 | 未婚 | 152 | 43.4 |
| | 已婚 | 186 | 53.1 |
| | 其他 | 12 | 3.5 |
| 所在岗位 | 高层管理者 | 12 | 3.4 |
| | 中层管理者 | 34 | 9.7 |
| | 基层管理者 | 95 | 27.1 |
| | 技术类员工 | 92 | 26.3 |
| | 其他一般员工 | 117 | 33.5 |

续表

| 统计量 | 统计内容 | 频率 | 百分比/（%） |
|---|---|---|---|
| 月平均收入 | 5 000元以下 | 151 | 43.2 |
| | 5 000~9 999元 | 132 | 37.7 |
| | 10 000元及以上 | 67 | 19.1 |
| 进入职场的时间 | 0~3（含3年） | 127 | 36.3 |
| | 3~5（含5年） | 41 | 11.7 |
| | 5~10（含10年） | 64 | 18.3 |
| | 10年以上 | 118 | 33.7 |
| 换工作的次数 | 0~1次 | 167 | 47.7 |
| | 2次 | 64 | 18.3 |
| | 3次 | 62 | 17.7 |
| | 4次及以上 | 57 | 16.3 |
| 在目前企业工作的时间 | 0~1（含1年） | 67 | 19.1 |
| | 1~2（含2年） | 77 | 22.1 |
| | 2~3（含3年） | 53 | 15.1 |
| | 3~5（含5年） | 34 | 9.7 |
| | 5~10（含10年） | 54 | 15.4 |
| | 10年以上 | 65 | 18.6 |
| 目前所在企业类型 | 国有（控股）企业 | 117 | 33.4 |
| | 民营企业 | 132 | 37.7 |
| | 外资/中外合资企业 | 42 | 12.3 |
| | 其他 | 58 | 16.6 |
| 所在企业员工总人数 | 100人及以下 | 101 | 28.8 |
| | 101~500人 | 78 | 22.3 |
| | 501~1 000人 | 50 | 14.3 |
| | 1 001~5 000人 | 77 | 22.0 |
| | 5 001人及以上 | 44 | 12.6 |

### 5.4.2 信度与效度检验

本研究采用的组织公平感量表，包括分配公平感、程序公平感、领导公平感和信息公平感四个潜在变量，使用SPSS.21软件对量表进行信效度分析，Cronbach's α系数为0.966，KMO值为0.949，量表整体信效度状况非常好。

工作价值观量表包括安全与舒适、能力与成长、独立与地位三个潜在变量，工作价值观量表各维度Cronbach's α系数、KMO值均在0.8以上，总量表Cronbach's α系数和KMO值分别为0.949和0.930，量表整体信度状况非常好。

员工抱怨频率量表共含9个题项。使用SPSS.21软件对量表进行可靠性分析，员工抱怨频率量表Cronbach's α系数为0.856，KMO值＞0.7。其次采用AMOS软件对其进行验证性因子分析，因子载荷系数均大于0.4，效度指标AVE值为0.406，在可接受范围，信度指标CR值为0.858，量表整体信效度状况较好。

员工抱怨反应量表共含9个题项。首先使用SPSS.21对量表进行可靠性分析，员工抱怨反应量表Cronbach's α系数为0.852，KMO值＞0.7。其次采用AMOS软件对其进行验证性因子分析，因子载荷系数大于0.3，效度指标AVE值为0.444，在可接受范围，信度指标CR值为0.874，量表整体信效度状况较好。

### 5.4.3 变量相关性分析

组织公平感、工作价值观和员工抱怨的均值、标准差及相关系数结果如表5-2、表5-3所示。可以看出，组织公平感的四个维度均值均高于均值2.5，其中领导公平感均值（3.679）最高、程序公平感均值（3.175）相比最低、分配公平感和信息公平感均值相持平。第一，员工的组织公平感水平普遍较高；第二，企业中员工对组织分配规则和程序的参与和了解程度还不够；第三，中国情境下，组织和员工对"上下级关系"有着更深刻的认同感。安全与舒适、能力与成长、独立与地位三类工作价值观的均值在4.0左右，远高于中间值，说明员工在工作中有较高物质或精神追求。员工抱怨频率均值（2.532）和员工抱怨反应均值（3.014）稍高于中间值，员工抱怨情况较为普遍。同时，组织公平感与员工抱怨频率显著相关，相关系数均大于0.5。组织公平感与员工抱怨反应显著相关（0.266）。具体来说，相关度从高到低为程序公平感（0.259）、信息公平感（0.248）、分配公平感（0.233）、领导公平感（0.177）。组织公平感与工作价值观显著相关，相关度由高到低为能力与成长（0.367）、安全与舒适（0.325）、独立与地位（0.228）。工作价值观与员工抱怨频率相关，相关度由高到低为能力与成长（0.252）、独立与地位（0.189）、安全与舒适（0.173）。工作价值观与员工抱怨反应显著相关，相关度由高到低为独立与地位（0.333）、能力与成长（0.291）、安全与舒适（0.251）。

表5-2 组织公平感、工作价值观以及员工抱怨的均值、标准差和相关系数矩阵

| 变量 | 均值 | 标准差 | 1 | 2 | 3 | 4 | 5 | 6 |
|---|---|---|---|---|---|---|---|---|
| 1 J | 3.406 | 0.780 | 1 | | | | | |
| 2 VS | 4.002 | 0.617 | 0.325** | 1 | | | | |
| 3 VA | 3.975 | 0.656 | 0.367** | 0.685** | 1 | | | |
| 4 VI | 3.951 | 0.641 | 0.228** | 0.619** | 0.784** | 1 | | |
| 5 CF | 2.532 | 0.573 | −0.704** | −0.173** | −0.252** | −0.189** | 1 | |
| 6 CR | 3.014 | 0.741 | 0.266** | 0.251** | 0.291** | 0.333** | −0.195** | 1 |

注：**表示在0.01水平（双侧）上显著相关；J—组织公平感；VS—舒适与安全；VA—能力与成长；VI—地位与独立；CF—员工抱怨频率；CR—员工抱怨反应。

表5-3 潜变量的均值、标准差和相关系数矩阵（$N=350$）

| 潜变量 | 均值 | 标准差 | 1 | 2 | 3 | 4 | 5 | 6 | 7 | 8 | 9 |
|---|---|---|---|---|---|---|---|---|---|---|---|
| 1 JD | 3.361 | 0.997 | 1 | | | | | | | | |
| 2 JP | 3.175 | 0.950 | 0.740** | 1 | | | | | | | |
| 3 JL | 3.679 | 0.738 | 0.639** | 0.672** | 1 | | | | | | |
| 4 JI | 3.424 | 0.929 | 0.592** | 0.687** | 0.693** | 1 | | | | | |
| 5 VS | 4.002 | 0.617 | 0.253** | 0.264** | 0.388** | 0.232** | 1 | | | | |
| 6 VA | 3.975 | 0.656 | 0.240** | 0.305** | 0.435** | 0.297** | 0.685** | 1 | | | |
| 7 VI | 3.951 | 0.641 | 0.143** | 0.171** | 0.308** | 0.176** | 0.619** | 0.784** | 1 | | |
| 8 CF | 2.532 | 0.573 | −0.579** | −0.659** | −0.609** | −0.586** | −0.173** | −0.252** | −0.189** | 1 | |
| 9 CR | 3.014 | 0.741 | 0.233** | 0.259** | 0.177** | 0.248** | 0.251** | 0.291** | 0.333** | −0.195** | 1 |

注：**表示在0.01水平（双侧）上显著相关；JD、JP、JL、JI依次表示分配公平感、程序公平感、领导公平感、信息公平感。

### 5.4.4 组织公平感对员工抱怨的回归分析

为检验自变量组织公平感对因变量员工抱怨的影响，本研究运用分层回归分析方法，先对组织公平感变量的影响效应进行检验，因变量分别为员工抱怨频率和员工抱怨反应。回归结果如表5-4和表5-5所示，模型1和模型4仅放入性别、年龄、学历、婚姻状态、岗位、月平均收入、进入职场的时间、换工作的次数、在目前企业工作的时间、目前所在企业类型、所在企业员工总人数共11个控制变量；在控制变量放入后分别加入组织公平感，构成模型2和模型5；模型3和模型6由控制变量和组织公平感具体的4个维度构成，最终共形成6个模型。模型的VIF值均小于5，说明模型通过多重共线性检验，不存在共线性问题。DW值在1.5～2.5，说明模型没有自相关性，模型构建良好。模型2、模型3、模型5、模型6通过F检验（$p<0.05$），说明研究模型具有意义。

模型2的$R^2$值为0.538，说明组织公平感对员工抱怨频率有53.8%的解释能力，回归系数为−0.725（$p<0.001$），说明组织公平感对员工抱怨频率有显著影响，假设H1得到验证。模型3中，分配公平感、程序公平感、领导公平感和信息公平感对员工抱怨频率的回归系数分别为−0.127（$p<0.05$）、−0.314（$p<0.001$）、−0.216（$p<0.001$）、−0.138（$p<0.05$），分配公平感、程序公平感、领导公平感和信息公平感对员工抱怨频率均有显著负向影响，假设H1a、假设H1b、假设H1c、假设H1d得到验证。

模型5的$R^2$值为0.205，说明组织公平感对员工抱怨反应有20.5%的解释能力，回归系数为0.397（$p<0.001$），说明组织公平感对员工抱怨反应有显著影响，假设H2得到验证。模型6中，分配公平感、程序公平感、领导公平感和信息公平感对员工抱怨的回归系数分别为0.157（$p<0.05$）、0.205（$p<0.05$）、−0.152（$p<0.05$）、0.248（$p<0.05$），分配公平感、程序公平感和信息公平感对员工抱怨反应均有显著正向影响，领导公平感与员工抱怨反应显著负相关，假设H2a、假设H2b、假设H2d得到验证，假设H2c不成立。

## 第5章 组织公平感对员工抱怨的影响机制

表5-4 组织公平感对员工抱怨的回归模型

| 变量 | 员工抱怨频率 | | | 员工抱怨反应 | | |
| --- | --- | --- | --- | --- | --- | --- |
| | 模型1 标准系数 | 模型2 标准系数 | 模型3 标准系数 | 模型4 标准系数 | 模型5 标准系数 | 模型6 标准系数 |
| 性别 | -0.097 | -0.009 | -0.012 | -0.015 | -0.064 | -0.075 |
| 年龄 | -0.221** | -0.054 | -0.064 | 0.146 | 0.054 | 0.076 |
| 最高学历 | 0.077 | -0.015 | -0.013 | -0.078 | -0.028 | -0.015 |
| 婚姻状态 | 0.009 | 0.015 | 0.014 | -0.083 | -0.087 | -0.097 |
| 岗位 | 0.051 | 0.067 | 0.072 | -0.013 | -0.022 | -0.047 |
| 月平均收入 | -0.137** | 0.101** | 0.090 | -0.001 | -0.132** | -0.155** |
| 进入职场的时间 | 0.128 | -0.007 | 0.001 | 0.116 | 0.190 | 0.174 |
| 换工作的次数 | -0.059 | -0.082 | -0.090** | 0.032 | 0.044 | 0.031 |
| 在目前企业工作的时间 | -0.034 | -0.014 | -0.008 | -0.052 | -0.063 | -0.061 |
| 目前所在企业类型 | -0.088 | -0.055 | -0.049 | 0.096 | 0.078 | 0.078 |
| 所在企业员工总人数 | -0.023 | 0.004 | 0.001 | -0.098 | -0.113** | -0.112** |
| 组织公平感 | | -0.725*** | | | 0.397*** | |
| 分配公平感 | | | -0.127** | | | 0.157** |
| 程序公平感 | | | -0.314*** | | | 0.205** |
| 领导公平感 | | | -0.207*** | | | -0.152** |
| 信息公平感 | | | -0.187** | | | 0.248** |
| $R^2$ | 0.070 | 0.538 | 0.543 | 0.065 | 0.205 | 0.232 |
| 调整$R^2$ | 0.039 | 0.521 | 0.522 | 0.033 | 0.176 | 0.197 |
| F | 2.248** | 31.718*** | 25.709*** | 2.061** | 7.026*** | 6.543*** |

注：**表示$p<0.01$，***表示$p<0.001$。

表5-5 组织公平感对员工抱怨的回归结果显著性检验

| 变量 | 模型 | 非标准化系数 | | 标准化系数 | t | p | 共线性统计量 | | $R^2$ | F | DW |
| --- | --- | --- | --- | --- | --- | --- | --- | --- | --- | --- | --- |
| | | B | 标准误 | Beta | | | 容差 | VIF | | | |
| 员工抱怨频率 | 1 | 0.747 | 0.469 | | 1.592 | 0.112 | | | 0.070 | 2.248** | 1.783 |
| | 2 | -0.735 | 0.040 | -0.725 | -18.194 | 0.000 | 0.890 | 1.124 | 0.538 | 31.718*** | 1.944 |
| | 3 | -0.127 | 0.059 | -0.127 | -2.139 | 0.033 | 0.399 | 2.507 | 0.543 | 25.709*** | 1.936 |
| | | -0.316 | 0.064 | -0.314 | -4.907 | 0.000 | 0.345 | 2.901 | | | |
| | | -0.212 | 0.058 | -0.207 | -3.639 | 0.000 | 0.434 | 2.303 | | | |
| | | -0.187 | 0.058 | -0.187 | -3.239 | 0.001 | 0.421 | 2.375 | | | |
| 员工抱怨反应 | 4 | 0.083 | 0.443 | | 0.186 | 0.852 | | | 0.065 | 2.061** | 1.501 |
| | 5 | 0.379 | 0.050 | 0.397 | 7.597 | 0.000 | 0.890 | 1.124 | 0.205 | 7.026*** | 1.501 |
| | 6 | 0.147 | 0.072 | 0.157 | 2.033 | 0.043 | 0.399 | 2.507 | 0.232 | 6.543*** | 1.557 |
| | | 0.195 | 0.079 | 0.205 | 2.475 | 0.014 | 0.345 | 2.901 | | | |
| | | -0.146 | 0.071 | -0.152 | -2.054 | 0.041 | 0.434 | 2.303 | | | |
| | | 0.234 | 0.071 | 0.248 | 3.311 | 0.001 | 0.421 | 2.375 | | | |

注：**表示$p<0.01$，***表示$p<0.001$。

### 5.4.5 工作价值观在组织公平感影响员工抱怨关系中的调节作用分析

本研究采用分层多元回归方法检验调节效应,在进行检验之前,对自变量和调节变量进行中心化处理,获得中心化后的交互项乘积,以降低多重共线性的影响。各变量VIF值均小于5,通过多重共线性的检验。

分别对员工抱怨频率和员工抱怨反应进行回归分析,均分为三步。第一步,将控制变量(性别、年龄、最高学历、婚姻状态、岗位、月平均收入、进入职场的时间、换工作的次数、在目前企业工作的时间、目前所在企业类型、所在企业员工总人数)引入回归方程,得到模型A1和模型B1;第二步,将自变量(组织公平感)、调节变量(安全与舒适、能力与成长、独立与地位)引入回归方程,分别得到模型A2和模型B2、模型A4和模型B4、模型A6和模型B6;第三步,将交互项(组织公平感×安全与舒适、组织公平感×能力与成长、组织公平感×独立与地位)引入回归方程,分别得到模型A3和模型B3、模型A5和模型B5、模型A7和模型B7。

回归分析结果如表5-6和表5-7所示,可以看出,交互项组织公平感×安全与舒适、组织公平感×能力与成长、组织公平感×独立与地位对员工抱怨频率均有显著负向影响,工作价值观在组织公平感与员工抱怨频率中起调节作用,假设H3得到支持;交互项组织公平感×安全与舒适、组织公平感×能力与成长、组织公平感×独立与地位对员工抱怨反应均有显著负向影响,工作价值观在组织公平感与员工抱怨反应中起调节作用,假设H4得到支持。

表5-6 工作价值观的调节作用回归模型

| 变量 | 员工抱怨频率 | | | | | | |
|---|---|---|---|---|---|---|---|
| | 模型A1<br>标准系数 | 模型A2<br>标准系数 | 模型A3<br>标准系数 | 模型A4<br>标准系数 | 模型A5<br>标准系数 | 模型A6<br>标准系数 | 模型A7<br>标准系数 |
| 性别 | −0.056 | 0.026 | 0.019 | 0.029 | 0.028 | 0.023 | 0.024 |
| 年龄 | −0.222** | −0.056 | −0.058 | −0.059 | −0.050 | −0.075 | −0.068 |
| 最高学历 | 0.057 | −0.028 | −0.029 | −0.032 | −0.031 | −0.041 | −0.043 |
| 婚姻状态 | −0.001 | −0.019 | 0.002 | −0.026 | −0.018 | −0.025 | −0.021 |
| 岗位 | 0.068 | 0.083 | 0.066 | 0.086 | 0.074 | 0.081 | 0.077 |
| 月平均收入 | −0.142** | 0.084 | 0.073 | 0.088 | 0.084 | 0.093 | 0.090 |
| 进入职场的时间 | 0.199 | 0.065 | 0.058 | 0.073 | 0.070 | 0.090 | 0.079 |
| 换工作的次数 | −0.098 | | −0.113** | −0.118** | −0.111** | −0.126** | −0.124** |
| 在目前企业工作的时间 | −0.071 | −0.043 | −0.063 | −0.043 | −0.058 | −0.047 | −0.049 |
| 目前所在企业类型 | −0.081 | −0.114** | −0.046 | −0.049 | −0.052 | −0.054 | −0.052 |
| 所在企业员工总人数 | −0.039 | −0.026 | −0.040 | −0.024 | −0.025 | −0.022 | −0.021 |
| 组织公平感 | | −0.705*** | −0.654*** | −0.694*** | −0.664*** | −0.680*** | −0.661*** |
| 安全与舒适 | | 0.038 | 0.035 | | | | |
| 能力与成长 | | | | −0.002 | −0.003 | | |

第 5 章 组织公平感对员工抱怨的影响机制

续表

| 变量 | 员工抱怨频率 | | | | | | |
|---|---|---|---|---|---|---|---|
| | 模型A1<br>标准系数 | 模型A2<br>标准系数 | 模型A3<br>标准系数 | 模型A4<br>标准系数 | 模型A5<br>标准系数 | 模型A6<br>标准系数 | 模型A7<br>标准系数 |
| 独立与地位 | | | | | | −0.073 | −0.070 |
| 组织公平感×安全与舒适 | | | −0.162*** | | | | |
| 组织公平感×能力与成长 | | | | | −0.120** | | |
| 组织公平感×独立与地位 | | | | | | | −0.082** |
| $R^2$ | 0.069 | 0.501 | 0.524 | 0.500 | 0.513 | 0.504 | 0.510 |
| 调整$R^2$ | 0.038 | 0.481 | 0.504 | 0.480 | 0.492 | 0.485 | 0.490 |
| F | 2.233** | 25.623*** | 26.027*** | 25.496*** | 24.876*** | 25.976*** | 24.649*** |

注：**表示$p<0.01$，***表示$p<0.001$。

表5-7　工作价值观的调节作用回归模型

| 变量 | 员工抱怨反应 | | | | | | |
|---|---|---|---|---|---|---|---|
| | 模型B1<br>标准系数 | 模型B2<br>标准系数 | 模型B3<br>标准系数 | 模型B4<br>标准系数 | 模型B5<br>标准系数 | 模型B6<br>标准系数 | 模型B7<br>标准系数 |
| 性别 | −0.008 | −0.057 | −0.049 | −0.031 | −0.030 | −0.022 | −0.025 |
| 年龄 | 0.065 | 0.004 | 0.006 | 0.028 | 0.019 | 0.053 | 0.037 |
| 最高学历 | −0.079 | −0.030 | −0.028 | −0.032 | −0.033 | −0.012 | −0.006 |
| 婚姻状态 | −0.131 | −0.094 | −0.118 | −0.114 | −0.123 | −0.126 | −0.135 |
| 岗位 | −0.004 | −0.022 | −0.003 | 0.009 | 0.020 | 0.004 | 0.015 |
| 月平均收入 | −0.044 | −0.153** | −0.140** | −0.131** | −0.128 | −0.159** | −0.152** |
| 进入职场的时间 | 0.160 | 0.182 | 0.190 | 0.169 | 0.172 | 0.153 | 0.180 |
| 换工作的次数 | 0.023 | 0.045 | 0.044 | 0.040 | 0.033 | 0.058 | 0.055 |
| 在目前企业工作的时间 | −0.052 | −0.063 | −0.040 | −0.060 | −0.044 | −0.049 | −0.044 |
| 目前所在企业类型 | 0.080 | 0.078 | 0.078 | 0.074 | 0.078 | 0.084 | 0.079 |
| 所在企业员工总人数 | −0.099 | −0.113** | −0.096 | −0.102 | −0.101 | −0.110** | −0.112** |
| 组织公平感 | | 0.253*** | 0.194** | 0.234*** | 0.203** | 0.240*** | 0.197*** |
| 安全与舒适 | | 0.137** | 0.141** | | | | |
| 能力与成长 | | | | 0.151** | 0.152** | | |
| 独立与地位 | | | | | | 0.245*** | 0.239*** |
| 组织公平感×安全与舒适 | | | 0.188** | | | | |
| 组织公平感×能力与成长 | | | | | 0.123** | | |
| 组织公平感×独立与地位 | | | | | | | 0.186*** |
| $R^2$ | 0.046 | 0.137 | 0.169 | 0.140 | 0.153 | 0.174 | 0.206 |
| 调整$R^2$ | 0.015 | 0.104 | 0.133 | 0.106 | 0.118 | 0.142 | 0.172 |
| F | 1.472 | 4.071*** | 4.792*** | 4.146*** | 4.287*** | 5.376*** | 6.137*** |

注：**表示$p<0.01$，***表示$p<0.001$。

另外,结合调节效应图判断调节变量调节方向,从图5-1至图5-6可以看出,安全与舒适、能力与成长、独立与地位工作价值观均增强了组织公平感对员工抱怨频率的负向影响,即安全与舒适、能力与成长、独立与地位在组织公平感与员工抱怨频率中起负向调节作用,假设H3b、H3c成立,假设H3a不成立。安全与舒适、能力与成长、独立与地位工作价值观增强了组织公平感对员工抱怨反应的正向影响,即安全与舒适、能力与成长、独立与地位在组织公平感与员工抱怨反应中起正向调节作用,因此,假设H4b、H4c成立,假设H4a不成立。

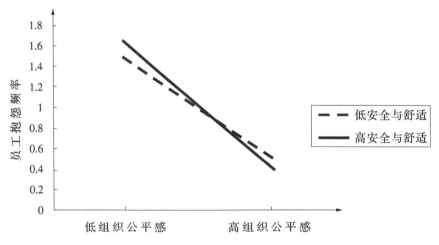

图5-1 安全与舒适工作价值观调节图a

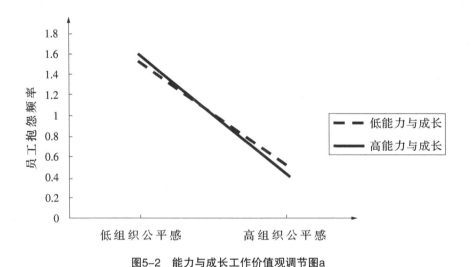

图5-2 能力与成长工作价值观调节图a

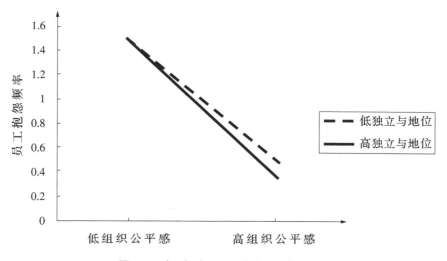

图5-3 独立与地位工作价值观调节图a

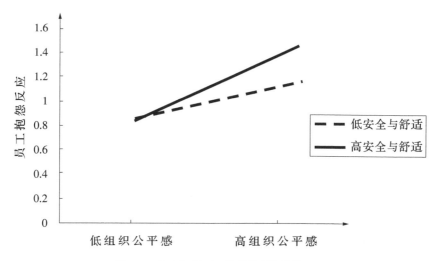

图5-4 安全与舒适工作价值观调节图b

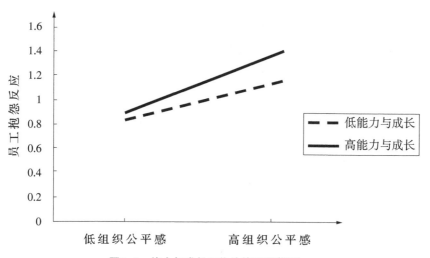

图5-5 能力与成长工作价值观调节图b

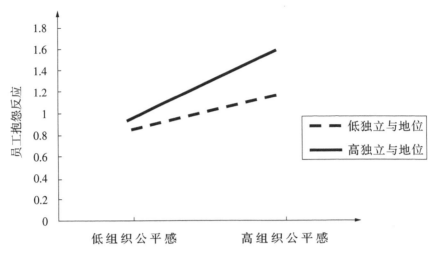

图5-6 独立与地位工作价值观调节图b

### 5.4.6 研究假设验证结果

综上所述，假设验证结果整理如表5-8所示。

表5-8 假设验证结果整理

| 假设内容 | 结果 |
| --- | --- |
| 假设H1：组织公平感显著负向影响员工抱怨频率 | 支持 |
| 假设H1a：分配公平感显著负向影响员工抱怨频率 | 支持 |
| 假设H1b：程序公平感显著负向影响员工抱怨频率 | 支持 |
| 假设H1c：领导公平感显著负向影响员工抱怨频率 | 支持 |
| 假设H1d：信息公平感显著负向影响员工抱怨频率 | 支持 |
| 假设H2：组织公平感显著正向影响员工抱怨反应 | 支持 |
| 假设H2a：分配公平感显著正向影响员工抱怨反应 | 支持 |
| 假设H2b：程序公平感显著正向影响员工抱怨反应 | 支持 |
| 假设H2c：领导公平感显著正向影响员工抱怨反应 | 不支持 |
| 假设H2d：信息公平感显著正向影响员工抱怨反应 | 支持 |
| 假设H3：工作价值观在组织公平感影响员工抱怨频率关系中起调节作用 | 支持 |
| 假设H3a：安全与舒适在组织公平感影响员工抱怨频率关系中存在正向调节作用 | 不支持 |
| 假设H3b：能力与成长在组织公平感影响员工抱怨频率关系中存在负向调节作用 | 支持 |
| 假设H3c：独立与地位在组织公平感影响员工抱怨频率关系中存在负向调节作用 | 支持 |
| 假设H4：工作价值观在组织公平感影响员工抱怨反应关系中起调节作用 | 支持 |
| 假设H4a：安全与舒适在组织公平感影响员工抱怨反应关系中起负向调节作用 | 不支持 |
| 假设H4b：能力与成长在组织公平感影响员工抱怨反应关系中起正向调节作用 | 支持 |
| 假设H4c：独立与地位在组织公平感影响员工抱怨反应关系中起正向调节作用 | 支持 |

## 5.5 本研究小结

### 5.5.1 研究结论

通过理论分析、问卷调查，本研究对组织公平感、员工抱怨和工作价值观间的关系进行了实证检验，得出如下结论：

（1）组织公平感对员工抱怨频率具有负向影响

无论是分配公平感、程序公平感、领导公平感，还是信息公平感，都会显著负向影响员工抱怨频率。员工如果在组织内具有较高的公平感知，通常会有更高的满意度和更强的忠诚度，在对待组织内发生的不满事件时抱有更积极的心态，较少产生抱怨。

（2）组织公平感对员工抱怨反应具有正向影响

分配公平感、程序公平感和信息公平感显著地正向影响员工抱怨反应。对组织的高度信任和忠诚度使得他们在感知到不满时更愿意在组织内进行表达、发声，其目的是组织能够改进不足以消除员工不满情绪，更好地为组织服务。领导公平感显著负向影响员工抱怨反应，这与研究的假设有所不同，可能是因为高领导公平感的员工在感知到不满时更愿意和上级领导沟通解决，其上级领导通常也具备为其排忧解难、消除不满情绪的能力。积极的先验经历使得员工具备稳定的高领导公平感，这样的良性循环使得高领导公平感的员工在感知到不满情绪时，对直接向上级反应、由领导去解决不满事件具有较强的信心，因此，高领导公平感员工不满情绪引发的抱怨反应更小。

（3）工作价值观在组织公平感影响员工抱怨频率关系中起调节作用

具体而言，安全与舒适、能力与成长、独立与地位工作价值观均对组织公平感与员工抱怨频率的关系具有负向调节作用，即当安全与舒适、能力与成长、独立与地位工作价值观处于高位时，组织公平感对员工抱怨频率的影响比安全与舒适、能力与成长、独立与地位工作价值观处于低位时明显减弱。其中，安全与舒适工作价值观的调节作用方向验证结果与假设不符，根据自我验证理论，个体倾向于在生活中寻找和创造验证自我信念的机会，并采取与自我认知相符的行为来保持自我概念，增强自信，工作价值观对工作满意度有正向影响，这种影响的实质便可视为一种自我验证的过程。工作价值观展现了个体在工作中的追求和对自身的定位，其工作行为则是对自我追求的验证和强化。因此，对工作稳定性和舒适性的高要求会促使员工产生积极的情绪反应去适应工作环境，减少不满和焦虑，产生积极的工作体验（胡翔等，2014），所以舒适与安全工作价值观会负向调节组织公平感对员工抱怨频率的影响。

（4）工作价值观在组织公平感影响员工抱怨反应关系中起调节作用

具体而言，安全与舒适、能力与成长、独立与地位工作价值观均对组织公平感与员工抱怨反应的关系具有正向调节作用，即当安全与舒适、能力与成长、独立与地位工作价值观处于高位时，组织公平感对员工抱怨反应的影响比安全与舒适、能力与成长、独立与地位工作价值观处于低位时明显增强。其中，安全与舒适工作价值观的调节作用方向验证结果与假设不符，其原因可能是，对安全与舒适的重视程度越高，员工越倾向注重工作中的稳定性,为了排斥工作中的模糊性和不确定性,会倾向采取预防型聚焦的认知和行为方式,避免出错和降低失误带来的风险(栾贞增等,2017),但这并不代表员工抱怨反应会变弱,相反,员工工作价值观得分越高意味着员工对工作环境的要求越高,当工作环境与员工习惯的或期待的产生偏差时,会极大地降低员工的工作满意度(胡翔等,2014)。在高组织公平感的工作环境中,高安全与舒适型员工威胁感知会降低,而更明显的不满感知会促使他们产生更强烈的抱怨反应,以期组织解决问题。因此,舒适与安全工作价值观在组织公平感与员工抱怨反应之间起正向调节作用。

### 5.5.2 研究创新

(1)本研究从员工抱怨频率和员工抱怨反应两个层面界定了员工抱怨的内涵

在以往的研究中,员工抱怨的频次和员工抱怨的反应被混为一谈,未被很好地区分,本研究首次明确提出员工抱怨频率和员工抱怨反应两个变量,对员工抱怨行为展开深入分析。

(2)揭示了组织公平感对员工抱怨的影响效应

目前,还没有发现基于中国情境、从人力资源和劳动关系管理视角出发,采用实证方法探究组织公平感影响员工抱怨作用机制的文献成果。本研究探讨了组织公平感各维度对员工抱怨频率和员工抱怨反应的影响效应,以及组织公平感影响员工抱怨关系中工作价值观的调节作用,揭示了组织公平感对员工抱怨的影响机制,丰富了员工抱怨理论研究成果。

### 5.5.3 研究不足与展望

(1)研究不足

本研究虽然符合科学研究范式,但仍存在不足。

首先是研究内容的局限性。本研究检验了组织公平感和工作价值观对员工抱怨的影响机制,但影响员工抱怨的变量还有许多,如组织支持感、个体性格特质等,可以进行拓展研究。本研究主要关注组织公平感对员工抱怨的影响研究,也初步验证了各个组织公平感维度对员工抱怨的影响,但是不够细化深入,目前关于织分配公平感的研究较多,接下来可以深入探究如领导公平感等对员工抱怨的影响。

其次是样本代表性的局限性。本研究采用随机抽样,包含了多个行业、多个地区的样本,但样本量不大,从一定程度上来说样本代表性有缺陷。接下来的研究可以专注于某一特定研究对象如建筑行业(该行业劳动争议最为普遍)等,对特定领域员工抱怨问题进行深入研究。

(2)研究展望

结合以上研究不足,关于该领域的研究可以在以下方面继续进行深入探讨。

首先,实证探究员工抱怨相关影响因素及具体发生机制,丰富员工抱怨理论模型,可从多视角出发,探讨员工抱怨作用路径及内在机理,拓展员工抱怨现有领域研究。

其次，探究不同行业、不同代际等人口统计学变量对员工抱怨行为的影响差异，从文献及本研究实证可以看出，收入、年龄等人口统计学变量确实对员工抱怨行为有着显著的影响，而行业或企业性质的不同，其领导风格不一、劳动主体身份不同，可能也会对员工抱怨产生一定影响。例如：国营企业、外资企业不同的管理风格和企业环境会对员工抱怨产生怎样的影响？"00后"生活在自媒体发达、高度信息化的环境下，他们的抱怨方式会有怎样的变化？

另外，研究员工抱怨处理对工作满意度、员工忠诚度等后果变量的影响作用。有学者在员工抱怨研究中提出相关论点，认为积极处理员工抱怨会获得更高的员工认可，但缺乏实证研究。因此接下来的研究，可通过实证去检验员工抱怨处理对员工态度和行为的影响作用。

# 第6章 新生代员工抱怨的影响因素

本部分借鉴已有研究成果，从劳动关系与人力资源管理相整合的视角探究新生代员工抱怨的影响因素及影响效应。采用的研究方法主要有文献分析法、深度访谈法、扎根理论法、问卷调查法及定量分析法。通过对43名新生代员工进行深度访谈，得出新生代员工抱怨影响因素为工作内容、工作时间、工作环境、工作关系、薪酬待遇、上下级关系、人事制度、员工培训、企业文化和个体特征。在此基础上，通过对312份有效样本数据进行实证分析，发现外向性、宜人性、责任感和开放性对新生代员工抱怨具有显著负向影响，神经质、工作内容、工作时间、工作环境、工作关系、薪酬待遇、上下级关系和企业文化对员工抱怨具有显著正向影响。

## 6.1 研究背景及问题的提出

### 6.1.1 研究背景

劳动关系是生产关系的重要组成部分，是最基本、最重要的社会关系之一。劳动关系的和谐程度，与广大员工和企业的切身利益息息相关，更与经济发展和社会和谐紧密相连（于桂兰等，2016）。2015年4月8日中共中央国务院发布《关于构建和谐劳动关系的意见》，具体阐述了和谐劳动关系构建的意义、思想纲领、工作原则、目标任务及相应的推动举措，这表明在中国促成和谐的劳动关系已经是国家意志的体现。员工抱怨是和谐劳动关系的"预警器"，对和谐劳动关系起着预测的作用。如果不能有效管理员工抱怨，就会对劳动关系产生一定的影响。因此，对员工抱怨的研究就显得十分重要。

有关员工抱怨的研究，大多是以西方发达国家为背景的。在中国情境下，对于员工抱怨的研究还处于起步阶段，研究内容大多局限于简单的原因分析和对策探讨，系统归纳员工抱怨影响因素和实证检验各类因素的影响效应的研究却很少。在这种情况下，系统地归纳出员工抱怨的影响因素并验证这些因素显得非常必要。

当前，中国劳动力市场的主要力量是以"80后"和"90后"为代表的新生代员工，他们已成为职场的主力军。相较于老一代员工，新生代员工成长于中国迅猛发展的新时代，形成了极具鲜明色彩的工作价值理念（侯烜方等，2014），而这些价值理念又会对其认知与行为产生重要影响（李燕萍等，2012）。由此可以推测，新生代员工与老一代员工在抱怨上可能存在差异，即影响他们抱怨的因素可能有所有不同，但目前并没有发现研究新生代员工抱怨的文献成果。

本研究基于扎根理论对新生代员工抱怨的影响因素进行了探究，在此基础上以实证的方式检验扎根理论的结果，从而为预防、治理员工抱怨和构建和谐劳动关系奠定基础。

### 6.1.2 问题的提出

在实践中，员工抱怨对企业的发展产生了一定的影响，近几年，随着和谐社会理念深入人心，企业作为其中重要的力量也越来越广泛地参与构建和谐劳动关系的进程中，构建和谐劳动关系的前提和基础就是解决好员工抱怨的问题。解决员工抱怨首先就要了解员工抱怨的影响因素及抱怨的表现形式。同时，新生代员工已经成为企业的主力军，新生代员工的出生及成长环境发生了明显的变化，其工作价值观也与老一代不一样，因此影响他们的抱怨因素和抱怨表达的方式也会有所变化。本研究主要解决的问题如下：①企业实践中新生代员工抱怨的影响因素有哪些？②具体的影响因素对新生代员工抱怨的影响效应是什么？

## 6.2 理论基础

### 6.2.1 知觉公平理论

知觉公平理论是学习归纳了公平激励理论及社会交易理论的主要观点，并以此为基础进行延伸发展而来的。公平理论在组织行为学和人力资源研究中被广泛采用，主要用来阐释和预测当企业或者组织内部发生冲突的时候，个体是如何对此进行分析和看待的。一般情况下，企业内部或者组织内冲突发生以后，个体往往将自己或者相近的参考系作为付出的一方，在权衡收益后，形成主观层面的知觉公平水平（Adams，1963）。Blodgett（1993）认为，在员工抱怨的情况下，知觉公平水平是衡量和预测组织中个人行为、态度及意图的重要尺度。Leventhal（1980）同样秉持着这样一种观点，他还认为，这种知觉水平甚至在所有的社会情境下的资源（包括酬劳在内）分配决策的进程中起着不容忽视的作用。Deusthc（1985）在其研究中发现，在交换过程中，能否让个体满意的一点就在于此种交换是否公平。当个体发现自己的知觉公平水平低于其他相同参照体的知觉公平水平时，就会产生不满情绪，甚至是抱怨。因此，在个体进行抱怨的过程中，知觉公平可以是衡量其心理状态的一个指标。

在Alexander和Ruderman（1987）、Bies和Shapiro（1987）看来，知觉公平是一个多维度的概念，主要分为分配性公平、程序性公平和互动性公平三个维度。

（1）分配性知觉公平（Distributive Justice）

分配性知觉公平主要是指在多边（大于等于两方）的社会交易过程中，这种交易包括但不限于协议、分歧和多边会谈等，各方为了促成冲突和矛盾的解决，往往会做出一定的让步，这时候参与的一方或者多方会对另一方做出一定的补偿。这种有形补救结果的公平感知即为分配性知觉公平。它的概念最早出现在社会交换理论，深刻地阐释了在交易持续性的过程中平等原则在其中起到的重要作用（Adams，1963）。得失平等原则指的是交易者认为在交易的过程中，自己得到的收益与自己的付出是否成比例（Messick等，1983）。迄今为止，随着研究的不断深入与发展，得到业界普遍认同的是：在交换过程中，得失平等原则并非资源分配过程中的唯一法则，同等原则同样也不容忽视（Bies等，1987）。简单来说，当一方与多方进行交易的时候，处于同等地位的情况下，交易者自身往往会不计个人付出，着重于要求得到相同的交易结果。在相关的研究中也证实了这一点，即由于组织与个体的关系绝大部分都是一对多的关系，与一般社会交易差异较大。因此，相较于得失平等原则，同等原则在交换价值的分配中会起到决定性的作用（Blodgett等，1997）。

（2）程序性知觉公平（Procedural Justice）

程序性知觉公平是一种主观性较强的公平感知，它一般会影响冲突及协议的结果，表现的是个体针对组织领导者制定的一系列的相关政策、程序，以及制度下的主观体验（Thibaut等，1975）。公平的程序应当代表着所有参与者的利益，并且它应该是一贯的、没有偏见和偏袒的。除此之外，要实现知觉公平必须具有一定的基础，比如把握准确无误的各类信息和具有基本的社会道德（Leventhal等，1980）。在政策的制定过程中，为了确保其公平性和后期的广泛认同，需要对其受众进行相关咨询，收集并且采纳他们提出的建议与意见（Greenberg等，1983）。相关学者从法学及组织行为学角度，对如何保障程序性知觉公平尤其是其关键影响要素进行了较为透彻的研究，并且给出了建设性的论证（Folger等，1989）。

虽然程序性知觉公平总被当成一个较为复杂的概念，可与抱怨者息息相关的是如何更好地缩短冲突被解决的时间，即抱怨者感知程序性公平的程度取决于被抱怨的另一方是否能够快速响应抱怨问题（Clemmer等，1996）。及时性、灵敏性和方便性是程序性公平这个维度主要关注的内容。众多研究都发现，等待时间过长是引起个体感到不公平的一个重要原因，同时，也会导致个体产生更多的负面情绪和抱怨（Katz等，1991）。

（3）互动性知觉公平（Interactional Justice）

互动性知觉公平主要是在双方及多方信息交流的过程中，个体对自己在此过程中受到的对方的对待程度及对对方处理自己事务的方式的感知。简单来说就是评估一下对方在看待自己时是否谦逊或尊重自己。已有文献研究也发现互动性知觉公平还包括以下内容：诚实、坦诚、关注程度及是否给与解释；礼貌、友好、兴致，以及敏感性和亲密性；信心和情感认同；努力程度等（Clemmer等，1993）。

综上所述，在个体与组织的互动过程中，如果个体认为组织所提供的供给达到了自己预期的知觉公平水平，那么个体就感到满意，不会产生抱怨；如果个体认为组织所提供的供给无法满足自己的知觉公平水平，那么个体一般会产生抱怨。知觉公平理论与员工抱怨体现的是双方对具体情况的主观认知，其中组织的行为是否达到个体的知觉公平水平决定了员工抱怨的最终结果。

### 6.2.2 期望理论

期望理论是美国心理学家维克托·弗鲁姆1969年提出的。该理论认为，激发个体实施某一特定行为的前提是让其意识到此行为可能带来的结果能够满足自己某方面的需求，否则此行为就不会发生。

Vroom（1964）认为期望理论是过程型激励理论中的一种类型。期望是指一个个体在考虑自己以往的经历及经验的情况下，对自己未来一定时间里达到满意状态的一种心理活动。同时，期望心理也是促进人们表现得更好的一种内在驱动力。简单地说，就是期望获取成功的概率越高，成功后得到的期望值越大，其驱使行为表现的动力就会越大；反之，驱动力会越小（Padilla等，2007）。期望理论的假设条件是每个个体都是一个有思想和理性的人，同时他对生活与事业都有一定的预期。个体在分析某件事情是否可以实现自己的期望时会考虑两个变量：完成此件事情的概率和完成此件事情后所获得的价值，即激励力（$M$）=期望值（$E$）×效价（$V$）。公式中的激励力（$M$）表示的是激励的程度，而期望值（$E$）是个体根据客观条件估计其可以达成目标后获得激励的可能性，效价（$V$）是衡量人们对某一确切目标的关注度或评价度。很显然，通过各种差异的期望值和效价的排列组合，由此产生的激励力也不尽相同，即$E_{高} \times V_{高} = M_{高}$、$E_{中} \times V_{中} = M_{中}$、$E_{低} \times V_{低} = M_{低}$、$E_{高} \times V_{低} = M_{低}$、$E_{低} \times V_{高} = M_{低}$。也就是说，期望值和效价的协同作用在很大程度上决定了个体感受到的激励力的高低，只有当期望值和效价都在高水平的情况下，个体才能够感受到较强的激励力。不管是期望值还是效价的降低，都不可避免地会降低个体所受到的激励力。在期望理论中，如果个体在达成某一目标的过程中，对自我的期望及效价要求都比较高，此时受到的激励作用会比较大，进而更加积极、努力地去实现该目标；相反，如果在此过程中，期望值或效价至少有一方较小，此时的激励作用也会较小，那么个体完成任务的积极性会大大受挫，严重时会引发个体产生消极情绪（Chou等，2012）。

在个体与企业的互动过程中，如果个体认为企业的供给达到了自己预期的标准，那么个体就会感到满意，不会产生抱怨；如果个体认为企业的供给无法满足自己的期望，那么个体一般会产生抱怨。所以，期望理论与员工抱怨体现的是双方对具体情况的主观认知，其中企业的行为是否达到个体的期望决定了员工抱怨的最终结果。

## 6.3 新生代员工的概念界定与特征

### 6.3.1 新生代员工的概念界定

"新生代"这一概念最早出现在地质学中，原本指的是最新的地质时代，再后来被西方研究者用来指代特定的人群。从20世纪90年代起，学界对新生代的研究逐渐起步，新生代一般是指20世纪80年代后出生的群体。Borges（2010）认为新生代员工指1980—

1990年出生并进入职场的人群。

在我国,学者关于"新生代"的研究较晚,不同学者对新生代概念的界定也不同,有一些研究者在定义新生代时考虑了其成长背景,例如,李军等(2013)认为伴随着知识经济和信息经济发展的一代是新生代,即出生在1980年以后的群体。陈星(2014)认为新生代是伴随改革开放的一代,即出生在1979年之后的群体。

大多数学者对新生代员工的划分习惯上也是按出生年份进行的。2010年,国务院发布的《关于加大统筹城乡发展力度,进一步务实农业农村发展基础的若干意见》中,首次提出了"新生代",文件中所指的"新生代"指的是中国实行计划生育下出生的一代人。阎亮与马贵梅(2018)将新生代界定在1980—2000年出生的一代人。谢玉华和陈佳(2014)认为新生代指1980年以后出生的群体。侯烜方、李燕萍和涂乙冬(2014)认为新生代指代20世纪80~90年代出生的群体。随着社会的发展、"90后"的出现,学者们也把"90后"纳入了新生代这个群体(李亚伯等,2017)。如国内学者程垦和林英晖(2017)将新生代员工按照出生年代划分为"80后"和"90后"。同时也有学者将进入职场的"85后""90后"称为新生代员工(陈子彤等,2015)。

本研究所指的新生代员工参考阎亮与马贵梅(2018)对新生代员工的界定,即新生代员工是指"80后""90后"且进入职场的群体。

### 6.3.2 新生代员工的特征

和老一代相比,新生代员工的出生及成长环境发生了明显的变化。新生代大多是独生子女,而且受到家庭各方面的宠爱,同时赶上时代变革,也赶上了经济全球化的热潮,经历了全球文化的大融合与冲击,面临高等教育改革以及互联网的发展与普及等,他们的工作价值观、性格特征、工作需求、忠诚度与离职问题等与上一代员工有着明显的不同(Tapscott,1988)。我国的新生代员工出生在改革开放后,成长于经济条件与科技快速增长的年代,这一时代的特点为这批群体形成不同的价值观奠定了基础。工作价值观又会对个体的行为产生重要影响。新生代员工是一批具有高的成就导向、喜欢自主工作、会享受生活和工作乐趣、希望实现生活与工作的平衡、在意公平和漠视权威的一群人(Westerman等,2006;Twenge等,2010;Shri,2011)。李燕萍和侯烜方(2012)通过质性研究总结出构成新生代员工价值观的四个维度,分别为自我情感、物质环境、人际关系和革新特征。侯烜方、李燕萍和涂乙冬(2014)通过对新生代员工的调研,又提出新生代员工的工作价值观由五个方面构成,分别为功利导向、内在偏好、人际和谐、创新导向和长期发展。

就个性特征而言,成长环境的不同造就了新生代员工具有鲜明的个性特征,新生代员工的创新意识较强,但是其工作满意度与忠诚度较低(Shri,2011;Meister,2010);同时他们渴望短期的回报,对长期的事情缺乏耐心,更不喜欢中规中矩的工作(Twenge,2010;Cennamo,2008);除此之外,他们具有较高的计算机水平及专业技术能力,但是他们却缺少沟通与倾听的技巧(Smola,2002)。李军等(2013)通过研究发现，新生代员工具有多元化的价值观、较强的自我意识、较小的心理弹性、较强的创新意识，以及对自由与民主的追求等特点。

工作需求方面，张光磊等（2015）在其总结新生代员工职业特点的研究中发现，他们的职业爱好已经在慢慢发生变化。他们更注重的是提升自身的职业能力、相对宽松的工作环境及民主与平等的工作氛围，与老一代相比，他们的自我意识已经觉醒，对于生活品质的注重远远高于物质报酬。Hernaus等（2014）和侯烜方等（2014）总结了新生代员工的工作需求，主要有以下方面：①喜欢团队工作，但是却有较强的自尊心，并且注重自我感知；②喜欢有挑战性的工作，同时缺乏耐心，喜欢短期利益和高回报的工作；③希望参与重要决策，同时沟通与倾听的能力较差；④喜欢公平公正且自由灵活的工作；⑤对自己有较高的期望，同时工作积极，但是也伴随着压力和焦虑；⑥拥有较高的流动率，却忠于快乐与自由的幸福体验。颜爱民等（2016）发现追求快乐、自由和平等的工作情境是新生代员工所看重的。

新生代员工的忠诚度与离职问题也有其独特性。2015年智联招聘对职场生态的调查显示，80%的"80后"都经历过跳槽，其中45.7%以上的员工跳槽次数超过了3次；11.6%的"90后"跳槽次数已经超过了5次（杨雪，2017）。频繁的跳槽次数表明新生代员工具有较低的忠诚度。较低的忠诚度一方面给企业带来了负面作用，影响了企业的稳定性；另一方面也会对员工未来求职产生一定的影响。较低的忠诚度和较高的离职率都表明新生代员工对其现有工作不满意。

## 6.4 扎根理论研究方案设计

### 6.4.1 总体思路

扎根理论研究方法在"2.2.1"节中已详细阐述，这里不再赘述。

本研究对于员工抱怨影响因素的探讨，主要通过三个步骤进行：首先，制定访谈提纲，选择访谈对象并进行深度访谈，了解员工抱怨的影响因素；其次，在访谈的基础上，通过扎根理论及文献分析的方法提炼出员工抱怨的影响因素；最后，在以上研究的基础上，通过问卷调查的方法收集数据，验证具体影响因素与员工抱怨之间的关系。为了更加完整地理解员工抱怨的内涵，并准确分析影响因素与员工抱怨之间的具体关系，本研究同时基于扎根理论探讨了企业实践中员工抱怨的表现形式。

### 6.4.2 访谈提纲的设计

本研究主要参考了吴玉（2016）、高英（2014）和曾小丹（2010）关于员工抱怨的访谈提纲，最终设计出的访谈提纲主要有以下8个问题：①请您描述一下您的工作（岗位重要性、工作内容、任务的难易程度、工作环境等）。②在工作中，有哪些方面（比如工作环境、待遇、晋升、人际关系等）令您感到不满，或者觉得不公平？③在您感到不满或者觉得不公平时，通常会做出什么样的行为反应（如向同事倾诉、向朋友倾诉、向家人倾诉、沉默、向上级建议、消极怠工、正式申诉、破坏生产设施、辞职等）？④哪些因素会影响您对上述具体行为反应的选择？⑤您是怎么看待工作中存在的员工抱怨行为的？（有利？有害？为什么发生？公司应采取哪些措施？员工应怎么做？）⑥当您抱怨的事情没有人管或者没有得到满意的答复时，您通常会怎么做？⑦您觉得您目前所在的企业，最需要改进的是哪些方面？⑧您对抱怨这个话题还有什么补充吗？

### 6.4.3 访谈对象选择

对于样本个数的确定，要遵循理论饱和的原则，即当在新样本中无法提取出新的信息时，则说明已满足理论饱和原则。从理论上来说，样本数量越多，则理论饱和度就越高。Fassinger（2005）认为样本数最好保持在20～30。

根据以往学者的意见和理论饱和原则，本研究最终选取了43个样本，主要涉及制造业、建筑业、信息软件业、批发零售业和房地产业等多类行业。

### 6.4.4 深度访谈资料收集

深度访谈法是搜集资料的一种方法，一般情况下在质性研究中都会使用到它，同时也是扎根理论中经常使用的一种方法。深度访谈是访谈者与被访谈者共同进行的一种动态过程。本研究扎根理论部分的数据采集使用的是深度访谈法。

在深度访谈及访谈资料的整理过程中主要有以下两个步骤：

1）访谈。在访谈开始之前，首先向被访谈者介绍研究的目的，并强调和保证此次访谈的匿名性和保密性，承诺不会对被访谈者的工作和生活带来影响，并让其签署知情同意书；访谈过程进行录音和做笔记；访谈结束时向被访谈者表达感谢。在每次访谈结束后会对此次访谈结果进行整理汇总，并总结访谈的技巧和经验，为下一次访谈作准备。

2）转录。所有访谈录音需要逐字逐句转换为文本，每完成一个访谈对象的录音，都要及时进行转录，并将文本与录音资料进行反复核查与校对，以确保转录资料的原始性。当出现争议时，会反复听录音并回忆加以确认，如果是非常重要的部分，无法确认时会与被访谈者联系加以确认。

本研究最终完成43个样本的访谈录音，合计621分43秒。转录成原始文本资料共10万余字。

### 6.4.5 数据的描述性统计

在访谈样本中，男性32人，占74.4%；女性11人，占25.6%。其中年龄在19～28岁的占83.7%，月工资4 001～10 000元的占69.8%，本科和大专学历占主要部分。样本数据分布如表6-1所示。

表6-1 样本描述性分析

| 统计内容 | 内容描述 | 频数 | 百分比/(%) |
|---|---|---|---|
| 性别 | 男 | 32 | 74.4 |
|  | 女 | 11 | 25.6 |
| 年龄 | 19~28岁 | 36 | 83.7 |
|  | 29~38岁 | 7 | 16.3 |
| 月工资 | 2 000元以下 | 0 | 0 |
|  | 2 001~3 000元 | 1 | 2.3 |
|  | 3 001~4 000元 | 7 | 16.3 |
|  | 4 001~5 000元 | 6 | 14.0 |
|  | 5 001~10 000元 | 24 | 55.8 |
|  | 10 000元以上 | 5 | 11.6 |
| 岗位 | 高层管理者 | 1 | 2.3 |
|  | 中层管理者 | 4 | 9.3 |
|  | 基层管理者 | 8 | 18.6 |
|  | 技术类员工 | 19 | 44.2 |
|  | 其他一般员工 | 11 | 25.6 |
| 岗位性质 | 人事 | 2 | 4.7 |
|  | 销售 | 9 | 20.9 |
|  | 财务 | 1 | 2.3 |
|  | 生产 | 4 | 9.3 |
|  | 研发 | 10 | 23.3 |
|  | 行政 | 2 | 4.7 |
|  | 其他 | 15 | 34.9 |
| 工作时间 | 1年以下 | 14 | 32.5 |
|  | 1~3年 | 22 | 51.2 |
|  | 3年及以上 | 7 | 16.3 |
| 学历 | 初中及以下 | 0 | 0 |
|  | 高中/中专 | 2 | 4.7 |
|  | 大专 | 6 | 13.9 |
|  | 本科 | 32 | 74.5 |
|  | 硕士及以上 | 3 | 6.9 |
| 公司所有制性质 | 国有独资 | 7 | 16.3 |
|  | 私营 | 20 | 46.5 |
|  | 股份制 | 14 | 32.6 |
|  | 中外合资 | 1 | 2.3 |
|  | 外商独资 | 1 | 2.3 |
|  | 中外合作 | 0 | 0 |
| 公司员工总数 | 100人以下 | 10 | 23.3 |
|  | 101~500人 | 9 | 20.9 |
|  | 501~1 000人 | 4 | 9.3 |
|  | 1 001~5 000人 | 11 | 25.5 |
|  | 5 000~10 000人 | 3 | 7.0 |
|  | 10 000人以上 | 6 | 14.0 |

## 6.5 数据编码

### 6.5.1 数据编码程序

实证研究是以大样本数据为基础的，扎根理论与实证研究不同，它是一种定性的研究方法，通过分析、归纳与总结大量的文献资料，归纳出表达主题的核心概念。它不是对以往经验的总结，而是从以往总结的经验中提取新的概念和思想，主要是通过逐级编码来提取可信度高和概括性高的核心范畴。通过扎根理论得出的结果不仅具有高信度，同时具有高效度。该理论的编码过程是一个螺旋上升的过程，在循环中不断完善升级，最终概括出核心的概念。在编码的过程中需要反复查看原始资料来进行逻辑关联性分析，因此，扎根理论的结果与实际案例能够更好地结合，同时也是一种理论联系实际的方法。

本研究以Nvivo软件为辅助软件，具体分析过程如下：

1）新建项目。将转录整理好的43个访谈样本资料导入Nvivo 12.0软件中，为了确保数据资料的"原始"性，要注意录音资料中非语言部分的转录。

2）对资料进行编码与分析。反复阅读原始文本，并进行编码，首先将文字标记为子节点，然后根据逻辑关系，创建树状节点，并将子节点放在对应的树状节点下。

3）编码结束后，认真梳理各个节点并修改节点名称，检查各节点之间的逻辑关系，并进行适当的调整。

### 6.5.2 员工抱怨影响因素编码

（1）员工抱怨影响因素访谈资料编码

采用Nvivo 12.0软件对员工抱怨影响因素文本进行子节点编码，共形成39个子节点，分别为：B1工作内容缺乏热情；B2工作与我的能力不匹配；B3工作任务分工不明确；B4预期的工作与实际的工作有差别；B5缺乏参与权；B6工作时间长，家庭、工作不能同时兼顾；B7工作时间没有规律；B8工作稳定性不高；B9工作所需工具与设备不完备；B10工作环境和工作条件差；B11公司内部人际关系不和谐；B12对好的建议执行力度不够；B13对职能部门不满；B14公司内部部门之间缺乏沟通与协作；B15公司内部员工之间缺乏沟通与协作；B16薪酬待遇低；B17薪酬不能按时发放；B18不能做到同工同酬；B19公司的调薪机制不合理；B20公司伙食条件差；B21公司领导更换频繁；B22在遇到工作困难时很少得到领导的理解和帮助；B23公司领导能力欠缺；B24公司领导对员工岗位的认可度不高；B25公司领导与员工之间缺乏沟通与协作；B26各种审批流程设置不合理；B27晋升制度设置不合理；B28制度缺乏公平性；B29缺乏知识管理；B30公司内部不同分支机构之间的制度有差异；B31培训内容不能满足员工需求；B32公司对员工培训不够重视；B33公司员工培训的组织与实施不规范；B34公司提供的学习机会比较少；B35公司的企业文化不认同；B36对公司的归属感低；B37公司内部派系现象严重；

B38公司存在论资排辈现象；B39个体特征。

在对员工抱怨影响因素文本进行子节点编码的基础上，再对其进行树状节点的编码，共形成10个树状节点，分别为A1工作内容（B1工作内容缺乏热情、B2工作与我的能力不匹配、B3工作任务分工不明确、B4预期的工作与实际的工作有差别和B5缺乏参与权）、A2工作时间（B6工作时间长，家庭、工作不能同时兼顾，B7工作时间没有规律，B8工作稳定性不高）、A3工作环境（B9工作所需工具与设备不完备和B10工作环境和工作条件差）、A4工作关系（B11公司内部人际关系不和谐、B12对好的建议执行力度不够、B13对职能部门不满、B14公司内部部门之间缺乏沟通与协作和B15公司内部员工之间缺乏沟通与协作）、A5薪酬待遇（B16薪酬待遇低、B17薪酬不能按时发放、B18不能做到同工同酬、B19公司的调薪机制不合理和B20公司伙食条件差）、A6上下级关系（B21公司领导更换频繁、B22在遇到工作困难时很少得到领导的理解和帮助、B23公司领导能力欠缺、B24公司领导对员工岗位的认可度不高和B25公司领导与员工之间缺乏沟通与协作）、A7人事制度（B26各种审批流程设置不合理、B27晋升制度设置不合理、B28制度缺乏公平性、B29缺乏知识管理和B30公司内部不同分支机构之间的制度有差异）、A8员工培训（B31培训内容不能满足员工需求、B32公司对员工培训不够重视、B33公司员工培训的组织与实施不规范和B34公司提供的学习机会比较少）、A9企业文化（B35公司的企业文化不认同、B36对公司的归属感低、B37公司内部派系现象严重和B38公司存在论资排辈现象）和A10个体特征（B39个体特征）。

最终通过对43个访谈样本资料进行编码，总共提取出160条抱怨的信息，并将其进行归纳总结，形成39条子节点，再对子节点进行进一步的归纳，形成了10个树状节点，即为员工抱怨的影响因素，分别为工作内容、工作时间、工作环境、工作关系、薪酬待遇、上下级关系、人事制度、员工培训、企业文化和个体特征。

（2）员工抱怨影响因素文献资料分析

本研究除了通过对深度访谈收集的资料进行编码外，还对国内外文献资料进行了分析，主要是为了形成对研究资料的相互验证，更加全面地掌握新生代员工抱怨的各类资料。

通过对文献的汇总与整理，将员工抱怨的影响因素归纳为以下11类（见表6-2）：不和谐的人际关系（包括与领导和与同事关系两方面）、缺乏挑战或乏味的工作内容、不规范的管理制度或流程、职业发展缺乏前景或空间、糟糕的物理环境、高强度的工作负荷、工作上缺乏沟通与协作、薪资福利、安全保障、组织公平感和管理风格与能力。访谈资料的编码归纳出的新生代员工抱怨的影响因素包括10个方面，分别为工作内容、工作时间、工作环境、工作关系、薪酬待遇、上下级关系、人事制度、员工培训、企业文化和个体特征。

表6-2 员工抱怨影响因素文献分析

| 序号 | 员工抱怨影响因素 | 文献 |
| --- | --- | --- |
| 1 | 不和谐的人际关系（包括与领导和与同事关系两方面） | 高英等（2015）、李剑（2001）、李勇泉（2001）、高英（2014）、肖稳德（2011）、Sayles（1959） |
| 2 | 缺乏挑战或乏味的工作内容 | 高英等（2015）、高英（2014） |
| 3 | 不规范的管理制度或流程 | 高英等（2015）、高英（2014）、Labig等（1986） |
| 4 | 职业发展缺乏前景或空间 | 高英等（2015）、李剑（2001）、李勇泉（2001） |
| 5 | 糟糕的物理环境 | 高英等（2015）、李剑（2001）、李勇泉（2001）、高英（2014）、肖稳德（2011）、Labig等（1988）、Muchinsky等（1980） |
| 6 | 高强度的工作负荷 | 高英等（2015）、李剑（2001）、李勇泉（2001）、高英（2014）、Muchinsky等（1980） |
| 7 | 工作上缺乏沟通与协作 | 高英等（2015） |
| 8 | 薪资福利 | 高英等（2015）、李剑（2001）、李勇泉（2001）、肖稳德（2011）、Cookc（2016）、佘璇等（2018） |
| 9 | 安全保障 | 高英等（2015）、李勇泉（2001）、Muchinsky等（1980） |
| 10 | 组织公平感 | 高英等（2015）、高英（2014） |
| 11 | 管理风格与能力 | 高英等（2015）、李剑（2001）、李勇泉（2001）、Cooke（2016）、江贝贝（2017）、Fleishman（1957） |

资料来源：本研究依据相关文献整理所得

将访谈资料编码所得的结果与文献梳理的结果进行汇总，归纳出了员工抱怨的影响因素，主要包括工作内容（对工作内容缺乏热情、工作与能力不匹配、工作任务分工不明确、预期的工作与实际的工作有差别和不能参与工作中重要决策）、工作时间（工作时间长，家庭、工作不能同时兼顾，工作时间没有规律和工作稳定性不高）、工作环境（工作所需工具与设备不完备、工作环境和工作条件差和劳动保护措施不健全）、工作关系（公司内部人际关系不和谐、公司对好的建议执行力度不够、对职能部门不满、公司内部部门之间缺乏沟通与协作和公司内部员工之间缺乏沟通与协作）、薪酬待遇（薪酬待遇低、薪酬不能按时发放、公司不能做到同工同酬、公司的调薪机制不合理和公司伙食条件差）、上下级关系（公司领导更换频繁、在遇到工作困难时很少得到领导的理解和帮助、公司领导能力欠缺、公司领导对员工岗位的认可度不高和公司领导与员工之间缺乏沟通与协作）、人事制度（公司各种审批流程设置不合理、公司的晋升制度设置不合理、公司制度缺乏公平性、公司缺乏知识管理和公司内部不同分支机构之间的制度有差异）、员工培训（公司培训内容不能满足员工需求、公司对员工培训不够重视、公司员工培训的组织与实施不规范和公司提供的学习机会比较少）、企业文化（对公司的企业文化不认同、归属感低、公司内部派系现象严重和公司存在论资排辈现象）和个体特征（个体特征）10个方面，共39个条目。

### 6.5.3 员工抱怨表现形式编码

**（1）员工抱怨表现形式访谈资料编码**

采用Nvivo 12.0软件对员工抱怨表现形式文本进行节点编码，共形成9个树状节点，分别为C1向他人（同事、朋友、家人、同学）倾诉，C2向上级沟通，C3辞职，C4沉默，C5向相关部门反映，C6消极怠工，C7通过体育、娱乐等方式发泄，C8在社交媒体上表达不满和C9变换部门。其中频率最多的为向他人（同事、朋友、家人和同学）倾诉，出现了27次。排第二到第五位的分别为向上级沟通、辞职、沉默、向相关部门反映，出现的次数分别为26、19、11和8次。具体如表6-3所示。

表6-3 员工抱怨表现形式的节点层次与信息

| 节点数 | 原始数据 | 节点材料来源数 |
|---|---|---|
| C1向他人（同事、朋友、家人和同学）倾诉 | 1.我们会和同事在私下交流的时候说这些问题。<br>2.我一般会找同学、朋友倾诉一下，然后聊一聊各自的状况。<br>3.一般心里有不痛快的事儿，我回家之后会跟我老公说 | 27 |
| C2与上级沟通 | 1.刚开始，如果你要不满的话，可能会与他沟通、反馈，因为我们这个HR岗位之前是矩阵式管理，再者，你去找你的矩阵里的那个领导反映。<br>2.有这种抱怨情绪的时候，一般都会发邮件给领导或项目经理这一级别的，领导一般都会看邮件，然后协调一下。<br>3.第二个就是会跟领导反映，有时候可能是部门内部出现的一些问题，我直接跟他讲，看他是怎样看待这些问题，然后我们协商解决 | 26 |
| C3辞职 | 1.这些协调时达到了我想要的平衡，但是我做到了，公司却没有做到，那我可能会选择离开。<br>2.如果两年内待遇还没有提升，我就可能会辞职。<br>3.很久不发工资，或者是这种不满的情况持续太久的话，我可能会辞职 | 19 |
| C4沉默 | 1.更多的可能是自己去接受，然后自己想办法消化这些东西。<br>2.基本上一般是沉默。<br>3.一般的做法就是先做好本职工作，因为刚进入社会没多久，以沉默居多 | 11 |
| C5向相关部门反映 | 1.公司有一个智慧银行，就是提金点子的，一般就会在这个上面提。之前，食堂饭菜差得很，我就提了，之后公司就采纳了。<br>2.因为一般都在外面出差，有时候只能就说在工资方面了，一般情况下只能给财务打电话，然后去解决呗。<br>3.铁路局的大领导每年都会来单位开座谈会，问职工哪些方面需要改进，基本上都会说 | 8 |

续表

| 节点数 | 原始数据 | 节点材料来源数 |
|---|---|---|
| C6消极怠工 | 1.如果长期处于比较消极的状态,对工作效率等方面都会产生影响。个人状态以及与人沟通交流等方面可能会出现不耐烦。罢工不至于,但是怠工会有。<br>2.肯定会消极怠工。这个要看你调节时间的长短,如果调节得快的话,就是在工作时间干其他事的消极态度会比较短,如果有不好调整的,这种状态的持续时间可能会长 | 3 |
| C7通过体育、娱乐等方式发泄 | 几个人出去打个游戏什么的,发泄一下就可以啦 | 1 |
| C8在社交媒体上表达不满 | 有时也会在朋友圈之类的发一个比较隐晦的动态 | 1 |
| C9变换部门 | 也想去其他部门 | 1 |

在做访谈的过程中,被访谈的对象或多或少都提到个体特征会影响员工抱怨,从文献梳理中也发现,个体特征会对员工抱怨产生影响。Motganosky等(1987)通过研究发现,除人口统计特征对抱怨产生一定的影响外,个性特征也会对抱怨产生一定的影响,并且通过600个电话访谈进行验证,他们发现特立独行、追求个性的个体更倾向于抱怨。Day 和 Landon(1997)在其研究中也发现,相比于不自信的个体,自信的个体更容易抱怨,但是顺从的个体则更倾向沉默。

(2)员工抱怨表现形式文献分析

为了使员工抱怨的表现形式归纳的更加完整,除了对访谈资料进行编码外,还通过对国内外文献的梳理,总结了员工抱怨的表现形式。

通过对文献的汇总与整理,将员工抱怨的表现形式归纳为以下10类,分别为向朋友倾诉,向家人倾诉,消极怠工,辞职,向工会、行业协会、新闻媒体、法律机构等反映,向企业抱怨,向第三团体抱怨,私下抱怨,与上级及管理者沟通和无行动。具体如表6-4所示。

表6-4 员工抱怨表现形式的文献分析

| 序号 | 员工抱怨表现形式 | 出处 |
|---|---|---|
| 1 | 向朋友倾诉 | Singh(1988)、Day(1977)、曾小丹(2010) |
| 2 | 向家人倾诉 | Singh(1988)、Day(1977)、曾小丹(2010) |
| 3 | 消极怠工 | 曾小丹(2010) |
| 4 | 辞职 | 曾小丹(2010)、Hirsehman(1970) |
| 5 | 向工会、行业协会、新闻媒体、法律机构等反映 | Singh(1988)、Davidow(1997) |
| 6 | 向企业抱怨 | Singh and Wilkes(1996)、阙河士(1989) |
| 7 | 向第三团体抱怨 | Singh and Wilkes(1996)、阙河士(1989) |

续表

| 序号 | 员工抱怨表现形式 | 出处 |
|---|---|---|
| 8 | 私下抱怨 | Singh and Wilkes(1996)、阙河士（1989） |
| 9 | 与上级及管理者沟通 | Hirsehman（1970） |
| 10 | 无行动 | 阙河士（1989） |

本研究通过将访谈资料编码所得的结果与文献梳理的结果进行汇总，归纳出了员工抱怨的表现形式，主要包括分别为向他人（同事、朋友、家人和同学）倾诉，与上级沟通，辞职，沉默，向相关部门反映，消极怠工，通过运动、娱乐等方式发泄，在社交媒体上表达不满和变换部门等。

## 6.6 新生代员工抱怨影响因素实证检验

借鉴已有文献研究成果，基于扎根理论，本研究首先提取出新生代员工抱怨的影响因素，其次以员工抱怨影响因素各维度为自变量、员工抱怨为因变量，最后通过实证的方法探究新生代员工抱怨的影响因素对员工抱怨的影响效应。

### 6.6.1 研究假设

从文献梳理中发现，个体特征会对员工抱怨产生影响。本研究选取大五人格这一人格特质模型综合表达个体特征，以探讨其对员工抱怨的具体影响。对于个体特征的研究有许多理论模型，但是应用最为广泛的是大五人格，它不仅可以在宏观上对个体间的差异进行区分，而且可以在微观上对性格维度组成的个体内差异进行一定程度的细化，经过众多学者的多年检验和论证，最终McCrae 和 Costa（1997）确定了大五人格的五个特质：外向性（Extraversion）、宜人性（Agreeableness）、责任感（Conscientiousness）、神经质（Neuroticism）和开放性（Openness）。

外向性（Extraversion），衡量的是个体神经系统的内外倾向。高分个体具有热情、积极、喜欢冒险、喜欢各种社交等特点。相反，低分个体则具有腼腆害羞、传统保守、不善交际等特点。拥有外向性人格特征的个体，会对工作表现出极大的热情，同时也会与同事和领导和谐相处。这类员工更容易对工作产生较高的满意感。因此，可以认为相比外向性得分高者，外向性得分低者更倾向于抱怨。

宜人性（Agreeableness），衡量的是个体在社会群体生活中的人际取向。高分个体具有依赖他人、厌恶冲突和乐善好施等特点。低分个体则具有冷漠、多疑和不合作等特点。Kowalski和Cantrell（1995）通过研究发现人格特质中的宜人性与员工抱怨之间的相关系为–0.32，因此可以看出宜人性得分高者更不倾向于抱怨。究其原因是因为与宜人性得分低的员工相比，宜人性得分高的员工具有更高的"容忍度"，同时更倾向于对人和事抱有积极的态度，因此较少产生抱怨。

责任感（Conscientiousness），衡量的是个体自我约束能力和取得成就的动机和责任感。高分个体具有较强的组织性、高成就感、坚持不懈和值得信赖等特点，其个人表现会更突出，从而对外界产生满意的情绪，则抱怨行为就会减少；相反低分者则表现出处事大意、无组织性、不可靠等行为特点，从而会将自己糟糕的表现归因到外界的环境，则会产生更多的抱怨。

神经质（Neuroticism），衡量的是个体在情绪上的稳定程度。高分个体具有较高的焦虑水平，同时也表现出敌对和敏感等特点。除此之外，也会对负面事件和信息更加关注。高神经质的人通常会对日常生活中经历的失败、挫折、烦恼更加敏感（Watson，1984）；高神经质的个体有时会对自己的挫折和失败进行再加工，极端情况下会在无明显压力的情形下夸大曾经经历的不适感；将个人严重的情绪衰竭和倦怠宣泄出来（曾垂凯等，2007）。消极情绪深切地影响着个体的幸福感和心理健康。高神经质的员工往往更敏感，他们对现实和理想的差距更清楚，因此更易产生一些负面情绪。而且，Watson和Clark（1984）还指出，他们不光容易生成这种情绪，还容易去传播这些情绪。因此，可以得出结论，那就是与那些低神经质得分的员工相比，高神经质得分的员工更容易产生抱怨行为。

开放性（Openness），体现了个人在经验层面的开放性和创造力。在同一标准下，高开放性的个体往往感情丰富，求知欲强，爱好幻想，喜欢探索持续变化的生活。当组织中出现有失公平或不满的情况时，他们会表现出比低分者更高的包容心，其抱怨行为也会减少。

基于上述的分析，本研究提出以下假设：

H1：个体特征显著影响员工抱怨。

H1-1：外向性显著负向影响员工抱怨，即高外向性的员工比低外向性的员工产生更少的抱怨。

H1-2：宜人性显著负向影响员工抱怨，即高宜人性的员工比低宜人性的员工产生更少的抱怨。

H1-3：责任感显著负向影响员工抱怨，即高责任感的员工比低责任感的员工产生更少的抱怨。

H1-4：神经质显著正向影响员工抱怨，即高神经质的员工比低神经质的员工产生更多的抱怨。

H1-5：开放性显著负向影响员工抱怨，即高开放性的员工比低开放性的员工产生更少的抱怨。

工作内容含糊、分工不明确、缺乏挑战性或者与员工的能力不匹配，都会影响员工对组织的满意度，从而产生员工抱怨；工作时间越长、工作时间缺乏一定的规律会导致员工产生工作与家庭不能兼顾的负面情绪；工作环境越恶劣，各类办公设施与保护措施不到位会引起员工对组织的不满；和谐的工作关系会减少员工的抱怨；薪酬福利是员工最为关心的，其是否公平与合理关系到员工的基本利益，因此，员工对其抱怨最多；上下级关系中领导是否对员工进行关怀,或者在员工遇到困难时,领导是否会给予理解与帮助,都是员工是否产生抱怨的关键因素;人事制度是否合理和公平,员工培训是否能够规范地开展并满足员工的具体需求,也是员工是否抱怨的影响因素;企业文化关系到员工对组织的认同,以及对组织的忠诚度,如果员工对组织的企业文化不认同,其归属感低,也会增加员工的抱怨。

段慧敏(2016)通过对4家制造企业的访谈,发现薪酬福利是一线员工和管理者最为关注的中心。受访员工对公司薪酬福利、管理制度、领导方式与水平、工作决策参与和晋升方面的不满,会导致抱怨行为的产生。通过对403份问卷的分析,发现薪酬公平、领导行为的关怀维度、晋升公平对抱怨意向有显著负向影响。余璇、刘旭红和丁小琴(2018)通过329份有效问卷探究薪酬不满意感对员工抱怨的影响,最终发现薪酬不满意感与员工抱怨呈正相关关系。高英和袁少锋(2015)在其研究中发现,与领导和同事糟糕的人际关系、没有挑战性的工作内容、不规范的管理制度、受限的职业前景、恶劣的工作环境、高强度的工作负荷及缺乏交流和协作的工作,都是导致员工抱怨的主要因素。

基于上述的分析,本研究提出以下假设:

H2:工作内容显著正向影响员工抱怨,即工作内容越含糊、与员工能力越不匹配,员工抱怨越多。

H3:工作时间显著正向影响员工抱怨,即工作时间越长、工作时间越不规律,员工抱怨越多。

H4:工作环境显著正向影响员工抱怨,即工作环境越恶劣、劳动保护措施越不健全,员工抱怨越多。

H5:工作关系对员工抱怨显著正向影响,即公司内部人际关系越不和谐,员工抱怨越多。

H6:薪酬待遇显著正向影响员工抱怨,即薪酬待遇越低、调薪机制越不合理,员工抱怨越多。

H7:上下级关系显著正向影响员工抱怨,即领导与员工之间越缺乏沟通与协作,员工抱怨越多。

H8:人事制度显著正向影响员工抱怨,即公司制度越不合理、越缺乏公平性,员工抱怨越多。

H9:员工培训显著正向影响员工抱怨,即公司培训越少、越不能满足员工需求,员工抱怨越多。

H10:企业文化显著正向影响员工抱怨,即员工对公司的企业文化越不认同、对公司归属感越低,员工抱怨越多。

### 6.6.2 问卷设计

(1)员工抱怨影响因素测量

本研究基于扎根理论及以往成熟的量表,根据新生代员工的实际情况,确定了测量新生代员工抱怨影响因素的题项。在设置具体问题时，充分考虑新生代员工的工作特点及他们对工作的认知，语言的设置更容易让新生代员工理解。最终形成包含工作内容、工作时间、工作环境、工作关系、薪酬待遇、上下级关系、人事制度、员工培训、企业文化等9个方面共计39个测量题项。

（2）员工抱怨测量

本部分参照应璐（2016）的问卷设计思路，即将员工抱怨的表现形式作为测量员工抱怨的题项，结合本研究通过编码得到的员工抱怨表现形式，最后得到了员工抱怨测量的10个题项。

（3）个体特征测量

本研究对个体特征的测量采用的是根据大五问卷（Big Five Inventory, BFI-44）改编的BFI-10问卷。原始的大五问卷有44道题，问卷较长，在时间有限的情况下，不太实用，因此，Rammstedt 和 John（2007）将其改编为10道题，并验证了其有较高的一致性和有效性。与BFI-44一样，BFI-10也是将人类的性格特征分为五类：外向性（Extraversion）、宜人性（Agreeableness）、责任感（Conscientiousness）、神经质（Neuroticism）和开放性（Openness）。BFI-10的跨文化有效性也得到证实，即针对不同文化背景的人，BFI-10能有效测出人的这五种性格。

### 6.6.3 预调研

（1）数据采集

本研究数据是通过问卷调查采集的。问卷的发放方式有两种，分别为纸质问卷和电子问卷（通过一对一发放），去掉不合格的问卷，最终共60份有效问卷，其中有效的纸质问卷和电子问卷分别为42和18份。男性占58.3%，年龄在19~28岁的占81.7%，月工资在4 000~10 000元的占71.7%，学历以本科为主，企业主要以私营和国有为主，各行各业均有涉及。具体情况如表6-5所示。

表6-5 样本描述性分析

| 统计内容 | 内容描述 | 频数 | 百分比/（%） |
| --- | --- | --- | --- |
| 性别 | 男 | 35 | 58.3 |
|  | 女 | 25 | 41.7 |
| 年龄 | 19~28岁 | 49 | 81.7 |
|  | 29~38岁 | 11 | 18.3 |
| 月工资 | 2 000元以下 | 5 | 8.3 |
|  | 2 001~3 000元 | 1 | 1.7 |
|  | 3 001~4 000元 | 5 | 8.3 |
|  | 4 001~5 000元 | 13 | 21.7 |
|  | 5 001~10 000元 | 30 | 50.0 |
|  | 10 000元以上 | 6 | 10.0 |

续表

| 统计内容 | 内容描述 | 频数 | 百分比/（%） |
| --- | --- | --- | --- |
| 岗位 | 高层管理者 | 1 | 1.7 |
| | 中层管理者 | 1 | 1.7 |
| | 基层管理者 | 17 | 28.3 |
| | 技术类员工 | 17 | 28.3 |
| | 其他一般员工 | 24 | 40.0 |
| 岗位性质 | 人事 | 9 | 15.0 |
| | 销售 | 11 | 18.3 |
| | 财务 | 3 | 5.0 |
| | 生产 | 7 | 11.7 |
| | 研发 | 9 | 15.0 |
| | 行政 | 6 | 10.0 |
| | 其他 | 15 | 25.0 |
| 工作时间 | 1年以下 | 15 | 25.0 |
| | 1~3年 | 33 | 55.0 |
| | 3年及以上 | 12 | 20.0 |
| 学历 | 初中及以下 | 0 | 0 |
| | 高中/中专 | 1 | 1.7 |
| | 大专 | 3 | 5.0 |
| | 本科 | 47 | 78.3 |
| | 硕士及以上 | 9 | 15.0 |
| 公司所有制性质 | 国有独资 | 18 | 30.0 |
| | 私营 | 26 | 43.3 |
| | 股份制 | 12 | 20.0 |
| | 中外合资 | 3 | 5.0 |
| | 外商独资 | 1 | 1.7 |
| | 中外合作 | 0 | 0 |
| 公司员工总数 | 100人以下 | 13 | 21.6 |
| | 101~500人 | 9 | 15.0 |
| | 501~1 000人 | 3 | 5.0 |
| | 1 001~5 000人 | 21 | 35.0 |
| | 5 000~10 000人 | 7 | 11.7 |
| | 10 000人以上 | 7 | 11.7 |
| 公司行业 | 农林牧渔业 | 2 | 3.3 |
| | 制造业 | 10 | 16.7 |
| | 房地产业 | 1 | 1.7 |
| | 建筑业 | 5 | 8.3 |
| | 信息软件业 | 5 | 8.3 |
| | 批发零售业 | 1 | 1.7 |
| | 其他行业 | 36 | 60.0 |

（2）信度分析

信度是反映测量结果一致性或稳定性的指标。通常情况下Cronbach's α系数在0.7以上比较可信。本研究采用SPSS 20.0软件将所有的变量进行测量。大五人格五个维度的Cronbach's α系数分别为0.891、0.817、0.807、0.863和0.796，均大于0.7。员工抱怨影响因素包含的其他9个维度分别为工作内容、工作时间、工作环境、工作关系、薪酬待遇、上下级关系、人事制度、员工培训和企业文化，它们的Cronbach's α系数分别为0.893、0.832、0.803、0.892、0.940、0.920、0.945、0.940和0.923，均大于0.7。由此可以看出，员工抱怨影响因素的所有题项均有很好的信度。员工抱怨变量的Cronbach's α系数为0.867，说明它所包含的题项也有很好的信度。总体来说，本研究所用的问卷具有很好的信度。

（3）效度分析

本研究采用探索性因子分析进行效度分析。Kaiser根据研究经验，给出了常用的判断变量是否适合做因子分析的KMO度量的标准，如果KMO值大于0.5为适合，否则为不适合。数据分析显示，员工抱怨影响因素的KMO值分别为0.868、0.852、0.625、0.704、0.763、0.844、0.888、0.808、0.863和0.810，员工抱怨的KMO为0.826，两个变量的KMO值均大于0.5，表明适合做因子分析。

员工抱怨影响因素量表通过探索性因子分析最终提取了9个特征值大于1的因素，累计方差贡献率为82.099%。从数据结果中可以看出，工作关系这一维度中的B14题项的因子载荷为0.417，明显小于其他题项，因此将其剔除，且剔除之后的总方差贡献率由82.099%提高到82.659%。同时，剔除之后量表的信度为0.956，KMO值为0.738，显著性水平为0.000，适合进行因子分析。最终员工抱怨影响因素结构表如表6-6所示。

表6-6 员工抱怨影响因素结构表

| 题项内容 | 因子负荷 | | | | | | | | | 方差贡献率/(%) | 累计方差贡献率/(%) | 因子解释 |
|---|---|---|---|---|---|---|---|---|---|---|---|---|
| | 1 | 2 | 3 | 4 | 5 | 6 | 7 | 8 | 9 | | | |
| B27 | 0.862 | | | | | | | | | | | |
| B28 | 0.809 | | | | | | | | | | | 人事制度 |
| B29 | 0.791 | | | | | | | | | 11.687 | 11.687 | |
| B30 | 0.742 | | | | | | | | | | | |
| B31 | 0.768 | | | | | | | | | | | |
| B22 | | 0.788 | | | | | | | | | | |
| B23 | | 0.818 | | | | | | | | | | 上下级关系 |
| B24 | | 0.810 | | | | | | | | 11.188 | 22.874 | |
| B25 | | 0.829 | | | | | | | | | | |
| B26 | | 0.822 | | | | | | | | | | |
| B17 | | | 0.687 | | | | | | | | | |
| B18 | | | 0.747 | | | | | | | | | 薪酬待遇 |
| B19 | | | 0.808 | | | | | | | 11.118 | 33.992 | |
| B20 | | | 0.747 | | | | | | | | | |
| B21 | | | 0.584 | | | | | | | | | |

续表

| 题项内容 | 因子负荷 | | | | | | | | | 方差贡献率/(%) | 累计方差贡献率/(%) | 因子解释 |
|---|---|---|---|---|---|---|---|---|---|---|---|---|
| | 1 | 2 | 3 | 4 | 5 | 6 | 7 | 8 | 9 | | | |
| B32 | | | | 0.788 | | | | | | 9.961 | 43.953 | 员工培训 |
| B33 | | | | 0.847 | | | | | | | | |
| B34 | | | | 0.716 | | | | | | | | |
| B35 | | | | 0.827 | | | | | | | | |
| B1 | | | | | 0.795 | | | | | 9.838 | 53.791 | 工作内容 |
| B2 | | | | | 0.717 | | | | | | | |
| B3 | | | | | 0.788 | | | | | | | |
| B4 | | | | | 0.733 | | | | | | | |
| B5 | | | | | 0.734 | | | | | | | |
| B36 | | | | | | 0.597 | | | | 8.540 | 62.331 | 企业文化 |
| B37 | | | | | | 0.725 | | | | | | |
| B38 | | | | | | 0.830 | | | | | | |
| B39 | | | | | | 0.791 | | | | | | |
| B12 | | | | | | | 0.503 | | | 8.419 | 69.749 | 工作关系 |
| B13 | | | | | | | 0.655 | | | | | |
| B15 | | | | | | | 0.709 | | | | | |
| B16 | | | | | | | 0.786 | | | | | |
| B6 | | | | | | | | 0.706 | | 6.823 | 76.572 | 工作时间 |
| B7 | | | | | | | | 0.916 | | | | |
| B8 | | | | | | | | 0.873 | | | | |
| B9 | | | | | | | | | 0.761 | 6.086 | 82.659 | 工作环境 |
| B10 | | | | | | | | | 0.808 | | | |
| B11 | | | | | | | | | 0.852 | | | |

### 6.6.4 正式调研

（1）正式问卷发放

本次问卷的发放方式采用线下纸质问卷和线上电子问卷（通过一对一发放）两种方式，线上发放主要通过研究团队成员在企业的亲朋好友及其介绍的其他员工，除了自己填答外，还利用各自的人脉进行一对一转发链接填写，并设置每个IP地址只能填写一份问卷。线下问卷主要通过研究团队成员去合作企业、学生假期去企业实践时，以及通过亲友的帮助，让他们在所工作的企业进行面对面发放回收。删除不合格的问卷，最终共收到312份有效问卷，其中有效的纸质问卷和电子问卷分别为191和121份，男性占54.8%，年龄在19～28岁的占57.4%，月工资在4 000～10 000元的占60.2%，学历以本科为主，企业主要以私营为主，各行各业也均有涉及。具体情况如表6-7所示。

表6-7 样本描述性分析

| 统计内容 | 内容描述 | 频数 | 百分比/(%) |
|---|---|---|---|
| 性别 | 男 | 171 | 54.8 |
| | 女 | 141 | 45.2 |
| 年龄 | 19~28岁 | 179 | 57.4 |
| | 29~38岁 | 133 | 42.6 |
| 月工资 | 2 000元以下 | 18 | 5.8 |
| | 2 001~3 000元 | 17 | 5.4 |
| | 3 001~4 000元 | 45 | 14.4 |
| | 4 001~5 000元 | 45 | 14.4 |
| | 5 001~10 000元 | 143 | 45.8 |
| | 10 000元以上 | 44 | 14.2 |
| 岗位 | 高层管理者 | 7 | 2.2 |
| | 中层管理者 | 25 | 8.0 |
| | 基层管理者 | 78 | 25.0 |
| | 技术类员工 | 87 | 27.9 |
| | 其他一般员工 | 115 | 36.9 |
| 岗位性质 | 人事 | 61 | 19.6 |
| | 销售 | 54 | 17.3 |
| | 财务 | 12 | 3.8 |
| | 生产 | 41 | 13.1 |
| | 研发 | 40 | 12.8 |
| | 行政 | 22 | 7.1 |
| | 其他 | 82 | 26.3 |
| 工作时间 | 1年以下 | 91 | 29.1 |
| | 1~3年 | 164 | 52.6 |
| | 3年及以上 | 57 | 18.3 |
| 学历 | 初中及以下 | 2 | 0.6 |
| | 高中/中专 | 11 | 3.5 |
| | 大专 | 21 | 6.7 |
| | 本科 | 225 | 72.1 |
| | 硕士及以上 | 53 | 17.1 |
| 公司所有制性质 | 国有独资 | 66 | 21.1 |
| | 私营 | 147 | 47.1 |
| | 股份制 | 81 | 26.0 |
| | 中外合资 | 15 | 4.8 |
| | 外商独资 | 3 | 1.0 |
| | 中外合作 | 0 | 0 |
| 公司员工总数 | 100人以下 | 53 | 17.0 |
| | 101~500人 | 43 | 13.8 |
| | 501~1 000人 | 31 | 9.9 |
| | 1 001~5 000人 | 88 | 28.2 |
| | 5 000~10 000人 | 33 | 10.6 |
| | 10 000人以上 | 64 | 20.5 |

续表

| 统计内容 | 内容描述 | 频数 | 百分比/（%） |
|---|---|---|---|
| 公司行业 | 农林牧渔业 | 2 | 0.6 |
| | 制造业 | 53 | 17.0 |
| | 住宿餐饮业 | 8 | 2.6 |
| | 房地产业 | 13 | 4.2 |
| | 建筑业 | 44 | 14.1 |
| | 信息软件业 | 37 | 11.9 |
| | 批发零售业 | 16 | 5.1 |
| | 其他行业 | 139 | 44.5 |

（2）信度分析

采用SPSS 20.0软件将所有的变量进行测量，大五人格的五个维度的Cronbach's α系数分别为0.913、0.772、0.774、0.826和0.786，均大于0.7。其他员工抱怨影响因素分别为工作内容、工作时间、工作环境、工作关系、薪酬待遇、上下级关系、人事制度、员工培训和企业文化，它们的Cronbach's α系数分别为0.775、0.785、0.759、0.766、0.815、0.875、0.889、0.906和0.852，均大于0.7，说明员工抱怨影响因素的所有题项均有很好的信度。员工抱怨的Cronbach's α系数为0.766，说明它所包含的题项也有很好的信度。总体来说，本研究所用的问卷具有很好的信度。

（3）效度分析

本研究也采用探索性因子分析进行效度分析。结果显示，员工抱怨影响因素的KMO值分别为0.779、0.783、0.647、0.656、0.753、0.833、0.864、0.852、0.842和0.738，员工抱怨的KMO值为0.763，两个变量的KMO值均大于0.5，表明该量表适合做因子分析。

（4）多重共线性和同源方差的检验

对模型进行多重共线检验，各变量的容差均大于0.1，方差膨胀因子在1.061到2.299之间，说明变量间不存在显著的多重共线性问题。本研究问卷由员工个人完成，可能存在同源方差问题（CMV），故采用Harman单因子分析对CMV进行检测，将所有题项进行探索性因子分析，第一个因素的方差贡献率为29.598%，未超过40%，因此本研究不存在严重的同源方差问题。

（5）相关分析

相关分析是探究变量之间关系的基本分析方法，相关系数的取值范围是$[-1,1]$。当相关系数为正值时，说明变量之间是正相关；当相关系数为负值时，说明变量之间是负相关。本研究采用双变量的研究方式，将10个背景信息作为控制变量，探究员工抱怨影响因素与员工抱怨之间关系，结果如表6-8所示。

由表6-8可知，个体特征的五个维度与员工抱怨的相关系数分别为$-0.586$、$-0.533$、$-0.517$、$0.517$和$-0.569$，在0.01水平上存在相关关系，且外向性、宜人性、责任感和开放性与员工抱怨呈现负相关关系，神经质与员工抱怨呈现正相关关系。工作内容、工作时间、工作环境、工作关系、薪酬待遇、上下级关系、人事制度、员工培训、企业文化与员工抱怨均在0.01水平上存在正相关关系。

表6-8 相关系数分析结果

| | 均值 | 标准差 | 外向性 | 宜人性 | 责任感 | 神经质 | 开放性 | 工作内容 | 工作时间 | 工作环境 | 工作关系 | 薪酬待遇 | 上下级关系 | 人事制度 | 员工培训 | 企业文化 | 员工抱怨 |
|---|---|---|---|---|---|---|---|---|---|---|---|---|---|---|---|---|---|
| 外向性 | 2.56 | 1.04 | 1 | | | | | | | | | | | | | | |
| 宜人性 | 2.17 | 1.02 | 0.404** | 1 | | | | | | | | | | | | | |
| 责任感 | 2.40 | 0.99 | 0.514** | 0.406** | 1 | | | | | | | | | | | | |
| 神经质 | 3.47 | 0.95 | −0.304** | −0.394** | −0.415** | 1 | | | | | | | | | | | |
| 开放性 | 2.57 | 1.07 | 0.448** | 0.468** | 0.430** | −0.302** | 1 | | | | | | | | | | |
| 工作内容 | 3.10 | 1.14 | −0.292** | −0.347** | −0.375** | 0.598** | −0.299** | 1 | | | | | | | | | |
| 工作时间 | 3.03 | 1.25 | −0.082** | −0.066** | −0.090** | 0.185** | −0.015** | 0.267** | 1 | | | | | | | | |
| 工作环境 | 3.33 | 1.11 | −0.316** | −0.353** | −0.310** | 0.468** | −0.297** | 0.600** | 0.293** | 1 | | | | | | | |
| 工作关系 | 3.16 | 1.02 | −0.214** | −0.368** | −0.249** | 0.521** | −0.283** | 0.624** | 0.206** | 0.613** | 1 | | | | | | |
| 薪酬待遇 | 2.92 | 1.00 | −0.272** | −0.318** | −0.265** | 0.376** | −0.310** | 0.440** | 0.247** | 0.478** | 0.507** | 1 | | | | | |
| 上下级关系 | 3.06 | 1.24 | −0.257** | −0.319** | −0.223** | 0.385** | −0.260** | 0.494** | 0.277** | 0.464** | 0.475** | 0.572** | 1 | | | | |
| 人事制度 | 2.83 | 1.20 | −0.303** | −0.301** | −0.262** | 0.357** | −0.309** | 0.457** | 0.250** | 0.412** | 0.534** | 0.647** | 0.661** | 1 | | | |
| 员工培训 | 3.05 | 1.23 | −0.249** | −0.281** | −0.128* | 0.309** | −0.253** | 0.390** | 0.183** | 0.430** | 0.501** | 0.583** | 0.584** | 0.688** | 1 | | |
| 企业文化 | 3.05 | 1.20 | −0.250** | −0.239** | −0.166** | 0.358** | 0.255** | 0.473** | 0.326** | 0.473** | 0.528** | 0.556** | 0.613** | 0.595** | 0.652** | 1 | |
| 员工抱怨 | 3.05 | 1.16 | −0.586** | −0.533** | −0.517** | 0.517** | −0.569** | 0.442** | 0.274** | 0.500** | 0.451** | 0.418** | 0.447** | 0.439** | 0.376** | 0.436** | 1 |

注:*表示$p<0.05$,**表示$p<0.01$。

（6）回归分析

将性别、年龄等人口学变量及岗位性质、公司所有制性质等背景资料作为控制变量，将员工抱怨影响因素作为自变量，将员工抱怨作为因变量，分别依次加入模型中进行回归分析，结果如表6-9所示。

表6-9 各影响因素对员工抱怨的回归分析

| 变量 | 模型1 | | 模型2 | |
| --- | --- | --- | --- | --- |
| | 标准系数 | sig. 值 | 标准系数 | sig. 值 |
| 性别 | −0.014 | 0.804 | −0.042 | 0.284 |
| 年龄 | −0.005 | 0.924 | −0.046 | 0.217 |
| 月工资 | 0.266 | 0.000 | −0.020 | 0.692 |
| 岗位 | −0.031 | 0.623 | −0.048 | 0.253 |
| 岗位性质 | −0.064 | 0.286 | −0.064 | 0.110 |
| 工作时间 | −0.127 | 0.045 | −0.023 | 0.587 |
| 学历 | −0.066 | 0.273 | −0.035 | 0.384 |
| 所有制性质 | 0.096 | 0.098 | 0.005 | 0.900 |
| 员工总数 | −0.092 | 0.137 | −0.048 | 0.243 |
| 公司行业 | 0.019 | 0.736 | 0.026 | 0.491 |
| 外向性 | | | −0.250 | 0.000 |
| 宜人性 | | | −0.133 | 0.003 |
| 责任感 | | | −0.108 | 0.022 |
| 神经质 | | | 0.165 | 0.001 |
| 开放性 | | | −0.236 | 0.000 |
| 工作内容 | | | 0.128 | 0.019 |
| 工作时间 | | | 0.143 | 0.008 |
| 工作环境 | | | 0.131 | 0.011 |
| 工作关系 | | | 0.149 | 0.006 |
| 薪酬待遇 | | | 0.141 | 0.010 |
| 上下级关系 | | | 0.100 | 0.025 |
| 人事制度 | | | 0.045 | 0.090 |
| 员工培训 | | | 0.083 | 0.064 |
| 企业文化 | | | 0.105 | 0.023 |
| $R^2$ | 0.082 | | 0.651 | |
| $\rho R^2$ | 0.051 | | 0.622 | |
| F | 2.684 | | 22.298 | |

由表6-9可以看出，加入了背景变量后，F值为2.684，决定系数$R^2$为0.082。加入了员工抱怨影响因素后，F值增加为22.298，决定系数$R^2$增加为0.651。进一步分析，大五人格中五个维度中除了神经质外，其他四个维度的标准化回归系数都小于0，且t检验Sig.值均小于0.05，说明外向性、宜人性、责任感和开放性对员工抱怨具有显著负向影响；神经质的标准化回归系数大于0，且t检验Sig.值均小于0.05，说明神经质对员工抱怨具有显著正向影响，验证了假设H1，个体特征对员工抱怨具有显著影响；工作内容、工作时间、工作环境、工作关系、薪酬待遇、上下级关系和企业文化的标准化回归系数都大于0，且t检验Sig.值均小于0.05，说明工作内容、工作时间、工作环境、工作关系、薪酬待遇、上下级关系和企业文化对员工抱怨具有显著的正向影响，验证了假设H2、假设H3、假设H4、假设H5、假设H6、假设H7和假设H10，但是员工培训和人事制度的t检验Sig.值大于0.05，假设H8和假设H9没有得到验证。

人事制度对员工抱怨具有显著正向影响的假设没有得到验证。可能的原因是，随着互联网的发展，大多企业已经采用了无纸化办公，人事制度的执行都是在线上完成的，在采访中所提到的审批流程烦琐，在无纸化办公中已经得到了妥善的处理，员工抱怨的可能性较小。除此之外，新生代员工更注重自身的利益，因此在不涉及自身利益时，员工也不会抱怨。

员工培训对员工抱怨具有显著正向影响的假设没有得到验证。可能的原因是，在信息快速发展的时代，员工对于知识及技能的掌握，已经不再依赖公司的培训。员工在网上随时都可以观看各类慕课及其他所需的培训教程。

## 6.7 本研究小结

### 6.7.1 研究结论

目前，企业发展面临诸多挑战，其中劳动争议事件经常发生，导致员工与企业之间的矛盾冲突不断加剧，劳动关系不和谐。而企业员工抱怨是企业劳动关系的预警器，因此关注员工抱怨就显得尤为重要。而现在以"80后"和"90后"为代表的新生代员工已逐渐成为职场主力军，其鲜明的个性和价值观与老一代员工尤为不同，因此关注新生代员工抱怨迫在眉睫。本研究得出以下结论：

第一，通过对43名新生代员工进行深度访谈，采用扎根理论对访谈资料进行处理，梳理出10个新生代员工抱怨影响因素，分别为工作内容、工作时间、工作环境、工作关系、薪酬待遇、上下级关系、人事制度、员工培训、企业文化和个体特征。

第二，在扎根理论的基础上，通过312份有效问卷，检验不同因素对新生代员工抱怨的影响，发现外向性、宜人性、责任感和开放性对新生代员工抱怨具有显著负向影响，神经质、工作内容、工作时间、工作环境、工作关系、薪酬待遇、上下级关系和企业文化对员工抱怨具有显著正向影响。

### 6.7.2 研究创新

本研究创新之处主要体现在以下两点：

第一，从劳动关系和人力资源管理整合的视角，基于扎根理论探究了新生代员工抱怨的影响因素。已有文献缺乏对员工抱怨影响因素的系统性探讨，没有发现针对新生代员工抱怨影响因素的研究成果。本研究采用扎根理论方法探讨了新生代员工抱怨的影响因素，丰富了员工抱怨及新生代员工相关研究成果。

第二，实证分析了具体影响因素对新生代员工抱怨的影响效应。已有文献中有关中国情境下的员工抱怨研究，大多局限于简单的原因分析和对策探讨，针对员工抱怨的形成机制及各类影响因素对员工抱怨的影响效应的实证分析很少。本研究在通过扎根理论方法得到新生代员工抱怨影响因素的基础上，实证检验了具体影响因素对新时代员工抱怨的影响效应，丰富了员工抱怨形成机制研究。

### 6.7.3 研究不足

本研究虽然参考了大量文献，在深度访谈及问卷调查过程中尽量选择不同类型、不同背景的新生代员工，这样可以确保研究的科学性和可靠性，但是由于时间和条件的限制，本研究还存在一些不足。首先，采用方便取样方式，样本的代表性可能受到一定的限制。问卷调查最终成功收回312份有效问卷，数量相对较少，因此研究结论的普遍性还需要进行更深入的检验和论证。其次，从个体特征角度对新生代员工影响的分析不够全面深入，也没有将新生代员工与老一代员工进行对比。本研究的调查对象是新生代员工，并未涉及老一代员工。如果将新生代员工与老一代员工进行对比，分析他们的异同，研究可能会更加完善。

### 6.7.4 未来研究展望

考虑到企业管理实践及理论发展，今后可从以下两方面开展该领域的相关研究：①拓展研究范围，增加企业类别和员工覆盖面。可以在全国范围内，选择不同类型的企业员工进行研究，进一步扩大样本数量，使研究所得结论更具代表性与可靠性。②分析新生代员工与老一代员工抱怨及影响因素的差异。可以在深度访谈阶段增加老一代员工样本，提出老一代员工抱怨的影响因素，在问卷调查部分增加老一代员工样本，用实证方式检验两个群体的异同点，提升本研究的完整性。另外，需要更加深入探讨具体影响变量对新生代员工抱怨的影响效应。

# 第7章 企业员工抱怨管理对策建议

员工抱怨行为是任何组织都会存在的一种普遍现象，企业员工抱怨不可避免，如何应对和合理解决员工抱怨问题，体现了企业人力资源与劳动关系管理水平，也关系着企业自身的存亡与发展。传统的员工抱怨管理方法通常是通过正式的申诉程序解决劳动争议问题，这种解决方法效率低且成本高。基于前文相关实证研究结论，本研究从人力资源与劳动关系管理视角出发，重视非正式的管理方法，鼓励员工参与，通过高绩效人力资源管理政策与实践，将预防、化解员工抱怨问题与构建和谐劳动关系结合起来。本研究提出以下员工抱怨管理对策建议。

## 7.1 思想上重视员工抱怨问题

企业实践中，员工抱怨问题往往普遍存在而又复杂棘手，如果不及时加以管理，会在组织内部传播开来，影响整个组织的和谐氛围，甚至还会造成员工离职、投诉等行为，影响组织的良性发展。随着互联网社交平台的发展，员工可能更易于利用互联网渠道发出抱怨声音，该种形式的抱怨具有传播速度极快、覆盖面广的特点，且为了获得他人关注和肯定，发帖人很有可能夸大负面情绪，如果再被竞争者加以利用，对企业声誉将有重大影响。但如果能够妥善处理员工抱怨问题，就可以化解员工原有怨气，改变员工对公司的看法，提高员工的工作热情和组织归属感。对组织而言，抓住机会解决了组织内部问题，可以打造更为健康、更有活力的奋斗队伍，更好地提升组织的竞争力。

组织中的员工抱怨如果不加重视就会产生一定的危害性。首先，员工抱怨会使员工的心理负担加剧，阻碍甚至是扭曲个人的认知能力和判断能力，导致其行为偏差，可能会产生诸如工作效率大不如前、执行工作态度消极等行为。不在沉默中灭亡，就在沉默中爆发，是对员工抱怨这一特性的最好注解。其次，在一定的组织环境下，个别或者少数人的抱怨，很容易像流感一样，影响到组织其他成员或群体的情绪，当这种情绪的传染不被重视或未及时化解的时候，会在个体中不断累积直至爆发，从而让抱怨转变为消极怠工、影响人际关系甚至群体性事件等威胁企业稳定与发展的不良后果。最后，如果员工抱怨得不到足够的重视和解决，这种情绪会像病菌一样滋生、蔓延，在组织其他个体中肆虐，造成群体性的不良情绪，使得原本可以轻易解决的问题发展到难以控制的地步,给组织造成难以预料的消极、负面影响,甚至会影响组织在公众心中的形象,这在企业实践中较为常见。而高频次、高强度、大规模且未得到及时实质性响应的员工抱怨会对组织的管理模式造成冲击,损害组织秩序,对组织中个体的责任心和忠诚度造成严重影响,大大降低员工的工作满意度,破坏组织的战斗力、凝聚力和向心力。

管理者需要重视员工抱怨问题并树立正确的员工抱怨管理理念。由于劳资双方不平等的特质以及在中国情境下儒家思想的耳濡目染,"员工不该抱怨"的思想在员工和组织中根深蒂固,"抱怨无用""抱怨有害论"在员工间盛行,"抱怨代表不服从""抱怨表明个人能力不行"的想法在管理者心中较为普遍,加上中国企业抱怨管理体制尚不完善,当员工产生抱怨情绪时,其抱怨反应大多是被动而消极的,这样反而容易掩盖企业存在的问题。因此,要改变劳资双方对员工抱怨的刻板印象,首先要从组织的管理层做起,管理层要从内心肯定员工的价值并尊重员工的抱怨情绪,积极主动地向员工传达鼓励发声的想法,与员工进行定期沟通,掌握员工的思想动态,引导员工及早表达负面情绪,降低员工抱怨带来的负面影响。

## 7.2 构建员工抱怨管理机制

抱怨行为的产生是由于员工在职场中感知到不满或不公平,无论是满意感还是公平感都是员工个体的主观感受,所以客观来说,企业无法完全消除这种因为个体感知到不满意或不公平而产生的问题,即职场中的员工抱怨是无法完全消除的。但员工抱怨作为企业劳动关系的"预警器",能够让管理者及时了解员工的主观感受,及早了解员工的需求与不满,从而发现问题,解决问题,进一步提升员工绩效,提高员工满意度,促进员工忠诚度,达到劳动者与管理者的双赢,即共同为企业的发展而努力。员工抱怨给管理者传递了企业在管理过程中可能存在的问题,及时关注、了解员工诉求,切断"传染源",可以改善消极的工作氛围,从而促进企业健康发展。因此建立完善的员工抱怨管理机制尤为重要。

(1)建立员工正式抱怨申诉机制

首先,建立一个正式的抱怨申诉平台,让员工的正式抱怨"有章可循"。有了公开的抱怨平台,员工知道自己的看法和意见被公司听取和接受的可能性更高,从而增强了员工在公司中的主人翁意识。其次,可以对员工的抱怨进行正式的记录和管理,从统计的角度找出员工最为关注的内容,方便企业管理者制定相应的措施。另外,对员工的心理也会起到一定的疏导作用。在管理者接收到员工的抱怨信息时,第一时间给予员工安慰,尝试解决员工的实际问题,防止员工不满情绪的恶化,这有利于形成企业的良好氛围。

企业抱怨管理机制的具体形式可以多种多样,如员工意见箱、门户开放政策、企业内部论坛、谈心活动,以及微信、微博留言等。上传下达机制须透明、公开,让员工有机会、有途径去表达自己的意见。这样尽可能去平衡员工的不满,也使得员工的建议权和被告知权得到有效的保护。员工不用再承担不必要的心理压力，可以将自己的精力更专注于组织发展及个人成长。通过内部的员工抱怨管理，可以更好地为员工提供机会，解决组织存在的潜在问题，把冲突控制在企业内部，助力企业的健康发展。

（2）改进员工抱怨的应对策略

针对具体的员工抱怨问题，企业管理者还需要提高解决问题的主动性和管理技巧。本研究发现，一般情况下，员工感知到不满时，通常都会有言语性的抱怨，管理者须敢于面对和积极处理员工抱怨问题，应采用"疏而不堵"的方法，因为员工抱怨具有叠加性和传染性，管理者如果对员工抱怨视而不见，很可能小小的抱怨会呈滚雪球式发展，引发一连串严重后果。企业管理者可以通过多种途径了解员工的抱怨，深入了解员工产生抱怨的原因，是薪资、工作条件还是人际关系，找到员工心中的症结以便对症下药。如果员工抱怨的问题确实存在，应当对问题进行记录汇总，给予员工积极正面的解决态度，制定解决方案，争取在源头上阻断员工抱怨行为。即便是企业当下不能满足员工的期望，也需要和员工多沟通、多交流，心平气和地了解对方的诉求，倾听员工心声，尊重和认可员工，让员工感受到被重视、被关心，为相关问题的顺利解决建立良好的基础，以防范员工抱怨行为进一步恶化。如果员工的每件不满事件都能得到重视和有效解决，那么他们的公平感知也会增强。同时，应将员工抱怨管理作为一个持续改进的过程，时刻关注并追踪员工动向，进行动态管理。也可以将员工抱怨管理与企业文化建设相结合，正视员工抱怨行为，建立员工抱怨透明化的制度，将危害转化为一种机遇。

（3）增加日常沟通渠道，主动化解员工的非正式抱怨

可以在办公环境中设置减压室、健身中心及茶歇室等，让员工在工作之余可以休憩的空间。企业还可以不定期地组织一些户外休闲活动，在活动中增强员工间的交流，增进员工与组织的情感联系，增强归属感和团队凝聚力。也可以设立心理咨询室提供心理帮助，通过电话、网络以及组织群体讨论等方法进行沟通。这种通畅的内部意见表达机制可以有效改善企业工作状况，可以为员工搭建表达想法的平台，最大限度降低不满事件可能带给员工的负面影响。国外抱怨管理相关研究已有实证，这种给予员工最大自由度的内部抱怨机制，能够带来的最大益处就是，通过柔性管理方式解决问题或者消除潜在冲突，可以有效控制矛盾，并将其在企业内部解决。这样有利于企业的和谐稳定与可持续发展。

## 7.3 制定个性化的抱怨干预策略

（1）依据档案信息制定个性化员工抱怨管理方案

企业可以详细地记录员工的个人档案，获得员工的性别、年龄、性格特征、个体偏好及生活现状等信息，然后根据这些信息预估员工的抱怨意向，对抱怨意向较高的人群进行重点关注。本研究表明女性、年轻人、低收入者、新员工更容易产生言语性抱怨。

针对这些人群，企业可以对他们多加关怀和重视，比如，每月给女性多放半天假以应对不时之需，为年轻人及新员工多提供一些培训等。企业可以增加部门的团建活动，帮助新员工和一些内向敏感的员工快速融入群体。给低收入者施以鼓励、帮助，让他们多提升自我，争取早日升职加薪。另外，企业可以通过心理咨询等员工援助计划，为有需要的员工提供心理辅导及其他帮助。

（2）建立员工对组织管理的评价体系，及时获取员工抱怨信息

员工抱怨来源于企业人力资源实践中的不满事件。高绩效人力资源实践作为员工与企业之间的一种心理契约，其实施的结果离不开员工的个人感知和评价。组织管理者不能认为制定出相关规定就代表实施了高绩效人力资源实践，就可以产生相应的效果，制度不是一劳永逸的，好不好是需要员工评价的。高绩效人力资源实践的实施同样如此，需要员工来评价是否感知到组织的高绩效人力资源实践被落实，对自己的工作绩效是否存在激励作用，感知到目前的薪酬绩效制度是否合理。因此，企业应该建立公开透明的内部交流平台，让员工对企业的招聘、培训、绩效考核、薪酬等有充分了解、准确评价的渠道。只有这样，员工才能及时了解企业动向，切身体会企业文化，对企业高绩效人力资源实践才有真实的感受，也才能真正参与到企业的发展之中。

（3）加强对员工的心理引导，降低员工自我威胁感

首先，从组织管理方面建设企业"家"文化，增强员工在组织中对自身地位的感知，注重言语及行为两个方面对员工的关心。因为基于自我概念理论，当员工感知到自己得到领导或组织的认同与关注时，就会更加积极地投入工作。其次，合理安排多样化的培训，帮助员工提升自身技能，并积极营造良好和谐的组织氛围，重视个体之间的沟通，搭建交流平台、分享工作经验，重视员工参与，给员工一定的权力，增强员工的工作自信心。在这种开放共享的环境下，员工身心舒畅。当出现与工作相关的不满意事件时，员工会减少不安、焦虑与紧张，倾向于主动表达，发现问题、解决问题，从而达到身心愉悦，形成良好积极的工作态度，降低自我威胁感。最后，就管理者而言，须重视领导的行为对员工产生的作用，多向员工提供帮助，关心下属的工作进展和生活状况；注重个人道德修养，做好榜样带头作用；加强对员工自我感知的关注，善于倾听他们的想法，积极采纳员工提出的合理建议，增强员工表达抱怨的正向作用。

（4）重视员工组织公平感管理，积极预防员工抱怨情绪

最有效的员工抱怨解决对策就是预防，通过消除或减少抱怨源及个体公平感知的干预，有效预防员工抱怨的发生与演变。积极预防员工抱怨，一方面，应该减少组织内不满事件的发生频次，降低员工抱怨频率；另一方面，要营造鼓励表达不满和积极解决问题的组织氛围，提高员工在感知不满时的积极抱怨反应。这是从源头上减少员工抱怨，也是降低员工抱怨威胁感知、鼓励员工为不满发声的有效途径。

企业管理实践中，以下几点至关重要：首先，应结合自身实际情况建立合适的薪酬体系和管理制度。遵循公平公开的管理原则，允许员工参与薪酬管理过程，在薪酬分配和程序问题上，注重收集员工意见和建议，增强员工薪酬满意度，减少员工不满感知。

其次，管理者须提升领导水平，构建融洽互信的上下级关系。分配的过程公平感知会影响员工互动公平感（领导公平和信息公平），从而影响员工满意度。上级作为组织消息的传达者和下属员工的信息接收源，部分代表了组织形象，对员工的组织整体公平感有着重要的引导作用。具有高互动公平感的员工，他们的上级通常能耐心倾听员工不满，愿意从员工角度出发，为员工提供解决问题的办法。这样能避免员工因信息接收及理解误会而产生的不满，降低员工抱怨频率。最后，必须重视员工分配全过程的公平性。大量实证结果表明，各公平维度间的交互作用显著影响着公平感知与满意度和态度变量之间的关系。比如，同等分配公平感水平下，领导公平感更高的人，通常能感知更高的分配公平感，反之亦然。因此，员工组织公平感管理必须重视分配全过程的公平性。

（5）尊重员工工作价值观，引导员工积极行为

由于在不同时代背景下成长起来的员工，其工作价值观具有较为明显的代际差异，如不同代际群体的价值需求不同，所以管理者应该尊重和了解这些差异，并根据代际差异构建适合各代际群体的管理方式，以此提高员工工作满意度。此外，工作价值观对其工作满意度具有显著影响，高工作价值观会促使员工采取主动的行为，提高工作体验。员工会主动选择和自身价值观相匹配的工作，并在实践中通过自我验证性的行为来强化自我认知，提升工作满意度。因此，管理者应该在工作中为员工提供帮助，尊重并积极引导员工工作价值观，使他们在工作中得到自我满足，提升工作体验和工作满意度，减少员工抱怨。

（6）关注并及时化解员工的隐忍性抱怨

员工抱怨在实践中表现为言语性抱怨、行动性抱怨和隐忍性抱怨等不同类型，各自表现不同，影响也不同。从本研究的实证结果看，言语性抱怨存在积极效果，行动性抱怨和隐忍性抱怨则明显有害。行动性抱怨通常是组织容易发现的，危害性有目共睹，相对而言也是管理者比较重视的抱怨方式。而隐忍性抱怨表现隐蔽，不易被组织识别，但其对组织及员工个人的潜在危害不容忽视。实证研究发现，隐忍性抱怨对工作投入具有显著负向影响，员工由于种种原因心中产生了不满，但却不愿意将不满意的情绪表达出来，长时间可能会形成压抑的心理状态，影响身心健康，不利于工作效率的提升。这种情绪逐渐积累可能会演变为激烈的行动性抱怨，不管是对员工个人还是对企业都会产生严重的负面影响。因此，企业要有预判性地设置有效的发声渠道，以提早识别并有效化解员工的隐忍性抱怨，从而主动维护员工的切身利益，促进企业健康稳定的发展。

## 7.4 完善企业人力资源管理职能

员工抱怨源于企业人力资源实践中的不满事件，因此，企业人力资源管理职能的完善是预防和化解员工抱怨的直接措施，以下几个方面尤为重要。

（1）以企业战略为基础做好人力资源规划

人力资源规划是一个对企业人员流动进行动态预测和决策的过程，它在人力资源管

理中具有统领与协调作用。人力资源规划的目的是预测企业的人力资源需求和可能的供给，确保企业在需要的时间和岗位上获得所需的合格人员，以实现企业的发展战略和员工个人的利益。在进行人力资源需求预测时除了采用传统的定量分析，还应使用定性分析，从员工方面了解目前状况和未来设想背后的因素，获取员工的真实感受，为人力资源规划提供更为完整的信息。

（2）优化招聘机制，综合考量招聘对象

从员工招聘开始，优化员工招聘流程，建立科学的人员选拔机制，为企业选取契合企业文化、技能素质符合要求的员工。特别是在甄选环节，要通过测评软件进行专业的性格测试，从而帮助企业做出初步的判断，评估招聘对象是否适合在本公司发展，同时也会为招聘对象的未来职业发展规划提出建议。要通过多维度的能力考查，综合考量招聘对象。公司管理人员针对测试结果，需综合招聘对象的学习能力、团队合作能力和统筹能力等进行多维度的考察，以便更好地判断其是否适合在本公司发展。此外，在招聘过程中还应考虑到其他方面，实现更精准有效的招聘，如扩大招聘地理范围、跨部门协作、低成本招聘、采用人脸识别技术、借助互联网进行远程招聘等。

（3）建立多样化的培训方式，设计针对性的培训内容

建立以员工发展为导向的培训体系，将定期培训与不定期培训的方式相结合，以确保提供的培训体系能够符合员工的工作需求。首先进行培训需求评估。由企业相关人员收集有关组织和个人的各种信息，找出实际工作绩效与绩效标准之间的差距，并进一步找出员工在知识、技术和能力方面的差距，分析产生差距的原因，以确定是否需要培训、谁需要培训等。其次设计有针对性的培训项目，包括确定培训的目的或目标、设计课程、确定教学方法、选择培训主体、培训活动的管理支持、设施管理等。培训课程的设计，应考虑符合现代社会和学习者的需求、符合成人认知规律、符合系统综合及最优化原则。培训师的选择包括内部与外部两大类，内部可以考虑高层管理者、部门主管及具备条件的培训师等；外部包括培训公司的专业培训人员、高等院校、科研院所教师及合作伙伴的培训师等。同时，企业需要建立配套的内训师培养机制、激励机制及考核机制，重点提升内部培训师的工作积极性及培训的有效性。

（4）突出薪酬管理的积极作用

以往的研究表明，薪酬水平、领导风格、工作时间、人际关系、职业发展等都会对员工抱怨产生一定的影响，不同的抱怨源会引发不同的抱怨反应。本研究发现，员工在面对薪酬类的不满时，抱怨方式最为激烈，且不管遇到何种问题，只要程度加深，员工的抱怨方式就会变得更激烈。研究证实，员工所得薪酬不低于自身期望值时，对公司的忠诚度会更高，工作稳定性更强。随着时代的发展，员工大多都接受过较高水平的教育，对工资待遇的要求提高了，薪酬依然是能否留住和激励员工的关键因素。企业必须重视员工薪酬的相关管理问题，制定科学公平的、有激励性的薪酬管理体系。

## 7.5 营造和谐的组织氛围

（1）从组织层面营造和谐的工作氛围

组织的工作氛围与员工的抱怨息息相关。在轻松愉悦的氛围中，组织个体容易与管理者及其他个体建立和谐稳定的关系，易于缓解甚至消除其消极情绪和行为。另外，员工抱怨的消极影响和传播特性，不利于企业健康稳定环境的构建。因此，和谐的工作氛围不仅有利于预防员工抱怨现象的发生，更有利于组织绩效提升和健康发展。营造积极向上的工作氛围需要组织各层级重视起来并付诸行动。组织应当全力去创造干净、乐观、阳光的氛围，为员工营造精致的办公环境。制定合理科学的工作制度并创造愉悦的工作氛围，从而加强组织个体与管理者及其他个体的信任。与此同时，在培训体系构建上更加人性化，以个性化的课程和多彩的活动为手段，在一定时间内辅助以积极的心理学方法，让员工获得更加积极的心理暗示，优化压力辅导手段和心理咨询方式，使得员工得到更近一步的成长与发展。

对于新生代员工，尤其要关注个人的潜力提升和晋升通道，为他们搭建起可以满足其合理主动解决问题的通畅渠道。比如，关心组织个体，经常进行团建等活动；重视管理者与一般员工的交流，树立和谐、鲜明的企业价值观；尊重个体的发展需求，为其合理规划职业发展，让其在组织中深化职场技巧并得当处理职场情感，真正感受到组织的尊重和信赖。

（2）管理者需主动营造融洽的员工关系氛围

企业与员工之间、组织内部员工与员工之间人际关系的优劣直接影响员工行为及组织的运行效率，良好的人际关系会大大减少因内部斗争带来的资源浪费，从而加快企业的长远目标的实现和经营效益的提高。可以通过人力资源管理体系的优化、加强企业与员工内部的交流关系、宣传企业愿景使命价值观以加强员工对组织的认同感、施展管理者的人格魅力保障团队稳健运行等措施，营造良好的组织与员工关系。管理者应营造温暖有序的人际关系氛围，让员工感受到组织的关怀和领导的信任，从问题的根本层面预防抱怨的发生。而当抱怨发生时，员工也愿意大胆地说出来以得到更好的解决。例如管理者可以组织各种有趣的团建活动，在轻松愉快的互动环境下，员工之间可以更好地相互了解，从而有助于和谐的人际关系氛围的形成。

（3）积极应对员工抱怨反应，营造和谐劳动关系氛围

员工抱怨是员工由感到不满这一负面情绪引发的一系列言语或非言语行为反应，是劳资双方都不希望遭遇的负面行为。员工抱怨一旦发生，劳资双方应该以积极正面的态度去看待和解决。努力构造和谐劳动关系氛围，企业要直面问题，从根本上解决员工抱怨问题，不能为了和谐而粉饰太平。

企业管理者需积极处理员工抱怨问题。只要员工产生了不满情绪，抱怨情绪就不会凭空消失，需要员工和组织双方共同努力解决。当组织以积极反应对待员工抱怨情绪时，不仅能消除或缓解员工抱怨情绪，还可能提高员工工作积极性，加强组织认同感。

组织的积极反应包括：尊重和认可员工，真诚地倾听员工事由，理解其抱怨情绪；深入了解后表明积极的态度，寻找可能解决问题的办法；帮助引导员工平复心情，调整状态；日常相处中，管理者应该和员工保持平等沟通，注意收集员工意见和建议等。总之，管理者须重视员工抱怨问题，及时了解抱怨事件及抱怨原因。对于能及时解决的问题尽早处理，解决不了的及时沟通，让员工表达出自己的不满，这是有效处理员工抱怨问题的基本态度。要重视与抱怨员工思想上的沟通，并将抱怨管理作为一个持续改进的过程，进行动态化管理。

（4）提供丰富的组织支持以减少员工抱怨反应

组织管理者应当把员工放在首位，关注员工的需求，对员工的组织支持感知情况进行定期追踪和检查。首先，应摒弃企业中的双轨制度，为每位员工提供公平的晋升机会，让每位员工都可以实现个人目标和组织目标。根据每位员工的优势与短板，对他们的工作目标进行指导，制订切实可行的计划，明确每个阶段的目标。其次，关注员工实际性、基础性需求。工具性支持与员工的工作任务、工作日常紧密相关，也会一定程度上影响组织目标，是组织必须提供的支持。因此，要加强工具性支持，改善员工工作条件，提供技能培训机会等。同时，需加强对部门领导的监管、培训和考核，破除"圈内""圈外"人的认知和不公平对待，提供平等的支持，包括对员工工作的协助支持，关心员工的薪酬福利及职业发展，加强上下级之间和同级之间的沟通和交流，努力营造部门领导与员工之间、同事与同事之间协同合作的良好劳动关系氛围和人际关系网。另外，上级支持与同事支持对员工更好地融入组织、增强组织忠诚度也具有重要意义。

（5）强化双向沟通，实现员工参与

企业人力资源管理实践中沟通的重要作用显而易见，好的沟通文化可以改善组织氛围，和谐有效的交流可以使员工在工作中更加轻松愉快，从而有助于个人绩效的提升。因此，强化双向沟通，增加员工之间的交流不仅可以使管理者的工作轻松愉悦，同时也缓解了员工的个人情绪，增强企业凝聚力，提升企业竞争力。双向沟通的具体形式多种多样，如口头沟通形式有群体会议、面对面交流、公司下午茶交流等；书面沟通形式则可以设立公司意见箱，员工可以把自己对公司发展、管理及其他相关建议通过书信的方式传递给管理者，同时管理者也可以用回信的方式对员工进行回复，依此提高员工参与热情；也可以采取网络形式，在公司内网上设立员工建议栏，员工通过匿名或实名的方式将自己的想法提交在上面，对建议提出者公司应给予鼓励与表彰；也可定期举行公司集体讨论活动，在活动中每个员工可以畅所欲言，比如关于工作的满意与不满意、改进自己工作效率的方法、实现公司目标的方法等，均可提出建议，如果认为当面表达不合适也可以通过文字书信的形式投放意见箱等。此外，在提高双向沟通的基础上，也可采用劳资协商会议、员工代表大会等劳资合作的形式，实现员工参与及双向沟通。

## 7.6 重视企业文化建设

必须重视企业文化建设,引导工作价值观发挥正向作用。员工工作价值观对工作满意度的影响是双向的。一方面,高工作价值观员工对自身的要求促使其采取积极行为,提升工作体验;另一方面,员工工作价值观得分越高,员工对工作环境的要求就越高,当工作环境和工作特征与员工期待的不同时,会极大地降低员工的工作满意度。因此,组织中的员工抱怨管理,需要考虑员工工作价值观的积极作用。

首先,企业应该了解何种文化是适合自身的,并树立独特的、员工认可的企业文化,传递出正确的价值理念。这会给员工带来潜移默化的影响,特别是对员工的组织公民行为产生十分重要的促进作用。企业可以通过举办各种集体活动宣传和弘扬自己的企业文化,以增强组织凝聚力,增进领导与员工及同事之间的关系。

其次,根据企业文化和组织胜任力模型,筛选出与组织工作价值观相匹配的员工。不同工作价值观对工作投入和工作满意度的影响不同,因为类型和程度不同,员工所关注的工作重点不同。通常而言,个体工作价值观满足程度越高,其工作投入越多,即组织与员工价值观的匹配度越高,员工满意度越高,抱怨越少。此外,研究表明代际差异下的工作价值观对工作满意度影响不同,因此,预防员工抱怨,应该注重代际差异下组织和员工工作价值观的匹配度。

最后,创造公平公开的工作环境,打破"小圈子"文化。企业领导在日常管理中要做到不偏袒员工,一视同仁,让所有员工感受到平等待遇。可以在组织中实行信息公开透明的管理方式,保持信息畅通。让每位员工都可以参与到组织建设中来,对企业管理信息进行监督。打破传统的双轨制度,为每位员工制定公平合理的职业成长规划,提供平等的晋升机会。严格监督员工内部"圈子"文化,打破隐性竞争,营造公平竞争的组织氛围,引导员工将重心转移到共同融入企业良性发展中,提升员工的团队合作意识。定期召开交流大会,召集员工坐在一起敞开心扉,解决工作中产生的不满与矛盾。还可以在交流会中让心态良好、经验丰富的员工或管理者对迷茫消极的部分员工进行开导,发挥部分人带动部分人的作用,也能促进良好人际关系的建立和企业文化的传播。

## 7.7 关注新生代员工的个体差异

新生代员工抱怨已成为影响和谐劳动关系的重要因素,如何尽早识别和有效防范新生代员工抱怨,已成为亟待解决的问题。人力资源管理的重要任务就是将合适的人放在合适位置上,要做到这一点,就要充分关注新生代员工的个体差异。从组织的角度来说,通过了解新生代员工个体差异,并合理分配员工在自身职责范围之内的任务,保证员工的胜任力至关重要。

新生代员工作为当代职场的主力军,他们特立独行、个性张扬、果敢决断,骨子里面透露着一种自信,当然,这种毫不掩饰的以个人为中心也让他们看起来有些叛逆。这种特征与固有的工作模式显得格格不入，该群体在融入职场的过程中暴露出的问题自然也就层出不穷。这种讲求专业、追求独立、需求层次高的特征持续挑战着传统的管理模式。与此同时，新生代员工是当今企业人才竞争的主力军，他们对很多现象较为敏感，还有很强的表达欲。所以说，企业需要从组织层面给予其足够的重视，从制度层面及时识别和消除抱怨的各类影响因素，进而达到早期干预、有效预防的目的。

# 参考文献

[1] 安世民, 张祯. 心理资本对突破性创新绩效的影响研究：基于隐性知识获取的中介作用[J]. 技术经济, 2020, 39(11): 97-105.

[2] 宝贡敏, 刘枭. 感知组织支持的多维度构思模型研究[J]. 科研管理, 2011, 32(2): 160-168.

[3] 常凯. 劳动关系的集体化转型与政府劳工政策的完善[J]. 中国社会科学, 2013(6): 91-108.

[4] 陈驰茵, 唐宁玉, 谭庆飞. 新生代自我概念和代际认同的探索性研究[J]. 现代管理科学, 2015(8): 103-105.

[5] 陈笃升. 高绩效工作系统研究述评与展望：整合内容和过程范式[J]. 外国经济与管理, 2014, 36(5): 50-60.

[6] 陈国平, 李德辉. 顾客对服务失误感知与抱怨动机的整合模型：自我概念的视角[J]. 武汉大学学报(哲学社会科学), 2013, 66(4): 106-110.

[7] 陈国平, 张文志, 刘淑伟. 不同服务失误情境下顾客自我威胁感知对抱怨动机的影响：自我监控的调节作用[J]. 重庆大学学报(社会科学版), 2019(5): 71-85.

[8] 陈坤, 刘星. 员工建言与发言研究审视与整合：基于本质和效应的分析[J]. 外国经济与管理, 2016, 38(8): 95-112.

[9] 陈丽芬, 江卫东. 绩效评估公正感问题研究: 结构、前因与效应[M]. 北京: 科学出版社, 2014.

[10] 陈丽芬, 吴佩莹. 绩效评估公平感及其影响因素研究述评[J]. 工业技术经济, 2018, 37(5): 48-55.

[11] 陈明淑, 李佳雯, 陆擎涛. 高绩效工作系统与企业创新绩效：人力资源柔性的中介作用[J]. 财经理论与实践, 2018, 39(6): 119-124.

[12] 陈晓萍, 徐淑英, 樊景立. 组织与管理研究的实证方法[M]. 北京: 北京大学出版社, 2012.

[13] 陈星. 新生代员工工作价值观、组织支持感与工作绩效关系研究[J]. 价值工程, 2014, 33(7): 182-183.

[14] 程垦, 林英晖. 组织支持一致性与新生代员工离职意愿:员工幸福感的中介作用[J].

心理学报, 2017, 49(12): 1570-1580.

［15］董蕊,倪士光.工作场所不道德行为：自我控制资源有限理论的解释[J].西北师大学报(社会科学版), 2017, 54(1): 133-144.

［16］杜建刚, 范秀成.服务补救中情绪对补救后顾客满意和行为的影响：基于情绪感染视角的研究[J].管理世界, 2007(8): 85-94.

［17］杜旌, 李难难, 龙立荣.基于自我效能中介作用的高绩效工作系统与员工幸福感研究[J].管理学报, 2014, 11(2): 215-221.

［18］段锦云.员工建言与沉默之间的关系研究：诺莫网络视角[J].南开管理评论, 2012, 15(4): 80-88.

［19］范秀成, 赵先德, 庄贺均.价值取向对服务业顾客抱怨倾向的影响[J].南开管理评论, 2002,5(5): 11-16.

［20］方慧, 何斌, 张韫.自我决定理论视角下服务型领导对新生代员工幸福感的影响[J].中国人力资源开发, 2018,35(10): 6-10.

［21］高伟明, 曹庆仁, 许正权.伦理型领导对员工安全绩效的影响:安全氛围和心理资本的跨层中介作用[J].管理评论, 2017, 29(11): 116-128.

［22］高英, 袁少锋.知识型员工职场抱怨的成因研究：基于探索性与验证性因子分析的实证[J].科技管理研究, 2015,35(19): 137-143.

［23］高中华, 赵晨, 李超平, 等.高科技企业知识员工心理资本对其离职意向的影响研究：基于资源保存理论的调节中介模型[J].中国软科学, 2012(3): 138-148.

［24］顾远东, 周文莉, 彭纪生.组织支持感对研发人员创新行为的影响机制研究[J].管理科学, 2014, 27(1): 109-119.

［25］韩宏稳.新生代员工为何频频离职：基于组织公平视角的实证研究[J].贵州财经大学学报, 2016(1): 61-69.

［26］韩翼, 杨百寅.真实型领导、心理资本与员工创新行为:领导成员交换的调节作用[J].管理世界, 2011(12): 78-86.

［27］侯烜方, 李燕萍, 涂乙冬.新生代工作价值观结构、测量及对绩效影响[J].心理学报, 2014, 46(6): 823-840.

［28］侯宇, 胡蓓.人-工作匹配视角下高绩效人力资源实践对个体创造力的影响研究[J].管理评论, 2019, 31(3): 131-142.

［29］胡斌, 毛艳华.中国情境下高绩效人力资源实践对工作幸福感的跨层影响[J].管理评论, 2017, 29(7): 163-173.

［30］胡翔, 李燕萍, 李泓锦.新生代员工:心态积极还是忿忿难平？——基于工作价值观的满意感产生机制研究[J].经济管理, 2014, 36(7): 69-79.

［31］黄玫.人格特质与员工抱怨行为相关性研究[D].北京:中国人民大学, 2010.

［32］黄中伟, 孟秀兰, 范光明.代际差异视角下工作价值观对员工离职倾向的影响研究[J].经济与管理评论, 2016, 32(1): 54-62.

[33] 霍娜, 李超平. 工作价值观的研究进展与展望[J]. 心理科学进展, 2009, 17(4): 795-801.

[34] 贾旭东, 衡量. 基于"扎根精神"的中国本土管理理论构建范式初探[J]. 管理学报, 2016,13(3): 336-346.

[35] 贾旭东, 谭新辉. 经典扎根理论及其精神对中国管理研究的现实价值[J]. 管理学报, 2010, 7(5): 656-665.

[36] 贾谊峰, 李素娟, 李红. 自我概念的理论模型及其发展走向[J]. 沈阳师范大学学报(社会科学版), 2008,32(2): 139-142.

[37] 江卫东, 徐秋杭. 特质情感对绩效评估程序公正感的作用机制及效应研究[J]. 商业研究, 2017, 59(5): 100-108.

[38] 蒋春燕. 员工公平感与组织承诺和离职倾向之间的关系：组织支持感中介作用的实证研究[J]. 经济科学, 2007(6): 118-128.

[39] 金星彤. 高绩效工作系统对员工行为影响研究[J]. 大连理工大学学报(社会科学版), 2012, 33(3): 39-44.

[40] 康勇军, 彭坚. 好管家的收益和代价：解密CEO管家行为对自身幸福感的双重影响[J]. 南开管理评论, 2020, 23(4): 120-130.

[41] 李海芹, 张辉, 张承龙. 网络公益社会认同影响因素及产生机制研究[J]. 管理评论, 2019, 31(1): 268-278.

[42] 李龙熙. 工会组织视角下的新时代和谐劳动关系构建[J]. 中国劳动关系学院学报, 2019, 33(1): 32-36.

[43] 李锐, 凌文辁. 工作投入的研究现状[J]. 心理科学进展, 2007, 15(2): 366-371.

[44] 李晓艳, 周二华. 心理资本与情绪劳动策略、工作倦怠的关系研究[J]. 管理科学, 2013, 26(1): 38-47.

[45] 李晓艳, 周二华. 顾客言语侵犯对服务人员离职意愿的影响研究：心理资本的调节作用[J]. 南开管理评论, 2012, 15(2): 39-47.

[46] 李亚伯, 吴为. 基于链式中介模型的新生代员工人际公平与敬业度分析[J]. 商业研究, 2017, 59(3): 120-126.

[47] 李燕萍, 侯烜方. 新生代员工工作价值观结构及其对工作行为的影响机理[J]. 经济管理, 2012, 34(5): 77-86.

[48] 梁建, 樊景立. 理论构念的测量[M]. 北京: 北京大学出版社, 2012.

[49] 梁建, 王重鸣. 中国背景下的人际关系及其对组织绩效的影响[J]. 心理学动态, 2001, 9(2): 173-178.

[50] 凌文辁, 方俐洛, 白利刚. 我国大学生的职业价值观研究[J]. 心理学报, 1999(3): 342-348.

[51] 凌文辁, 方俐洛. 心理与行为测量[M]. 北京: 机械工业出版社. 2003.

[52] 刘岸英. 自我概念的理论回顾及发展走向[J]. 心理科学, 2004, 27 (1): 248-249.

[53] 刘凤娥, 黄希庭. 自我概念的多维度多层次模型研究评述[J]. 心理学动态, 2001, 9(2): 136-140.

[54] 刘善仕, 刘辉健. 投资型人力资源管理系统与企业绩效的关系研究[J]. 管理工程学报, 2008, 22(4): 8-18.

[55] 刘亚, 李晔, 龙立荣. 组织公平感对组织效果变量的影响[J]. 管理世界, 2003(3): 126-132.

[56] 刘智强, 廖建桥, 李震. 员工自愿离职倾向关键性影响因素分析[J]. 管理工程学报, 2006, 20(4): 142-145.

[57] 卢艳秋, 庞立君, 王向阳. 变革型领导对员工失败学习行为影响机制研究[J]. 管理学报, 2018, 15(8): 1168-1176.

[58] 陆露, 刘军. 职场抱怨行为: 定义、理论基础与影响因素[J]. 中国人力资源开发, 2016(9): 6-14.

[59] 栾贞增, 杨东涛, 詹小慧. 代际差异视角下工作价值观对员工创新绩效的影响研究[J]. 管理学报, 2017, 14(3): 355-363.

[60] 栾贞增, 杨东涛, 詹小慧. 代际视角下工作价值观对建言行为的影响研究[J]. 软科学, 2017, 31(7): 71-75.

[61] 马剑虹, 倪陈明. 企业职工的工作价值观特征分析[J]. 应用心理学, 1998(1): 10-14.

[62] 满晶, 沈悦, 杨丽珠. 幼儿知觉到的教师期望结构及发展特点[J]. 辽宁师范大学学报(社会科学版), 2013, 36(6): 823-829.

[63] 苗仁涛, 周文霞, 李天柱. 高绩效工作系统与员工态度: 一个社会交换视角[J]. 管理科学, 2013, 26(5): 39-49.

[64] 苗仁涛, 周文霞, 刘丽, 等. 高绩效工作系统有助于员工建言? 一个被中介的调节作用模型[J]. 管理评论, 2015, 27(7): 105-115.

[65] 彭坚, 王霄, 冉雅璇. 积极追随特质一定能提升工作产出吗——仁慈领导的激活作用[J]. 南开管理评论, 2016, 25(4): 135-146.

[66] 彭娟, 张光磊, 刘善仕. 高绩效人力资源实践活动对员工流失率的协同与互补效应研究[J]. 管理评论, 2016, 28(5): 175-185.

[67] 彭军锋, 汪涛. 服务失误时顾客为什么会选择不同的抱怨行为?——服务失误时自我威胁认知对抱怨行为意向的影响[J]. 管理世界, 2007(3): 102-115.

[68] 秦启文, 姚景照, 李根强. 企业员工工作价值观与组织公民行为的关系研究[J]. 心理科学, 2007, 30(4): 958-960.

[69] 秦伟平, 杨东涛. 员工双重身份与工作嵌入的调节性中介效应机制研究[J]. 软科学, 2012, 26(8): 93-97.

[70] 尚永辉, 艾时钟, 王凤艳. 基于社会认知理论的虚拟社区成员知识共享行为实证研究[J]. 科技进步与对策, 2012, 29(7): 127-132.

[71] 邵芳, 樊耘. 复合型视角下组织支持维度剖析与量表验证[J]. 科学学与科学技术管

理, 2013, 34(11): 159-170.

[72] 苏中兴. 转型期中国企业的高绩效人力资源管理系统：一个本土化的实证研究[J]. 南开管理评论, 2010, 13(4): 99-408.

[73] 孙健敏, 邢璐, 尹奎, 等. 高绩效工作系统何时带来幸福感？——核心自我评价与成就动机的作用[J]. 首都经济贸易大学学报, 2018, 20(6): 44-53.

[74] 孙永生, 段伟玲. 企业制度创新视角的合作分享型劳动关系生成路径理论探析[J]. 中国劳动, 2018(6): 66-70.

[75] 孙永生. 高绩效人力资源管理系统(HPWS)：研究述评与情境思考[J]. 科技进步与对策, 2014, 31(19): 142-147.

[76] 谭春平, 景颖, 王烨. 员工的随和性会降低全面薪酬水平吗？——来自中国文化与组织情境下的实证检验[J]. 上海财经大学学报, 2018, 20(4): 63-77.

[77] 谭小宏. 个体与组织价值观匹配对员工工作投入、组织支持感的影响[J]. 心理科学, 2012, 35(4): 973-977.

[78] 田喜洲, 谢晋宇. 企业员工心理资本结构维度的关系研究[J]. 北京理工大学学报（社会科学版）, 2010, 12(2): 56-58.

[79] 王娟, 张喆, 范文娜. 高绩效工作系统、心理契约违背与反生产行为之间的关系研究：一个被调节的中介模型[J]. 管理工程学报, 2018, 32(2): 8-16.

[80] 王雁飞, 梅洁, 朱瑜. 心理资本对员工创新行为的影响：组织支持感和心理安全感的作用[J]. 商业经济与管理, 2017(10): 24-34.

[81] 吴明隆. 问卷统计分析实务SPSS操作与应用[M]. 重庆：重庆大学出版社, 2010.

[82] 吴士健, 杜梦贞, 周忠宝. 和合文化情境下包容性领导如何影响员工越轨创新行为[J]. 科技进步与对策, 2020, 37(17): 142-151.

[83] 吴伟炯, 刘毅, 路红. 本土心理资本与职业幸福感的关系[J]. 心理学报, 2012, 44(10): 1349-1370.

[84] 席猛, 刘玥玥, 徐云飞, 等. 基于社会交换理论的多重雇佣关系模式下员工敬业度研究[J]. 管理学报, 2018, 15(8): 1144-1152.

[85] 谢玉华, 陈佳. 新生代员工参与需求对领导风格偏好的影响[J]. 管理学报, 2014, 11(9): 1326-1332.

[86] 谢玉华, 李路瑶, 覃亚洲. 基于SOR理论框架的员工抱怨研究述评与展望[J]. 管理学报, 2019, 16(5): 783-790.

[87] 闫艳玲, 周二华, 刘婷. 职场排斥与反生产行为：状态自控和心理资本的作用[J]. 科研管理, 2014, 35(3): 82-90.

[88] 阎亮, 马贵梅. 工作满意或不满意促进建言？——代际差异与PIED的调节效应[J]. 管理评论, 2018, 30(11): 176-185.

[89] 颜爱民, 胡仁泽, 徐婷. 新生代员工感知的高绩效工作系统与工作幸福感关系研究[J]. 管理学报, 2016, 13(4): 542-550.

[90] 颜爱民, 赵德岭, 余丹. 高绩效工作系统、工作倦怠对员工离职倾向的影响研究[J]. 工业技术经济, 2017, 36(7): 90-99.

[91] 杨春江, 刘丹, 毛承成. 中国情境下的工作嵌入：构念内涵、维度和量表开发[J]. 管理工程学报, 2019, 33(1): 122-133.

[92] 杨皖苏, 杨善林. 分布式领导、组织支持感与新生代员工主动性-被动性创新行为：基于上下级关系和价值观匹配的交互调节效应[J]. 管理工程学报, 2020, 34(3): 10-19.

[93] 于桂兰, 梁潇杰, 孙瑜. 基于扎根理论的企业和谐劳动关系质性研究[J]. 管理学报, 2016, 13(10): 1446-1455.

[94] 余璇, 刘旭红, 丁小琴. 薪酬不满意感对员工抱怨及工作倦怠的影响研究[J]. 西南石油大学学报(社会科学版), 2018, 20(1): 52-57.

[95] 张光磊, 周金帆. 新生代员工的定义与特征研究评述[J]. 武汉科技大学学报, 2015, 17(4): 449-454.

[96] 张徽燕, 何楠, 李端凤, 等. 高绩效工作系统量表开发——基于中国企业样本的研究[J]. 中国管理科学, 2013, 21(增刊1): 46-51.

[97] 张军伟, 龙立荣, 王桃林. 高绩效工作系统对员工工作绩效的影响：自我概念的视角[J]. 管理评论, 2017, 29(3): 136-146.

[98] 张永军. 伦理型领导对员工反生产行为的影响：基于社会学习与社会交换双重视角[J]. 商业经济与管理. 2012(12): 23-32.

[99] 张振铎, 赵云龙, 刘蓉晖. 工作压力与离职倾向：情绪反应的中介效应[J]. 中国人力资源开发, 2015(11): 44-49.

[100] 章凯, 孙雨晴. 公平领导行为的构成与测量研究[J]. 管理学报, 2020, 17(5): 664-668.

[101] 赵富强, 陈耘, 胡伟. 中国情境下WFB-HRP对工作绩效的影响研究：家庭-工作促进与心理资本的作[J]. 南开管理评论, 2019, 22(6): 165-175.

[102] 赵书松, 吴世博, 赵君. 师徒制情境下心理资本传递的多重中介模型研究[J]. 管理学报, 2017, 14(7): 1015-1023.

[103] 郑景丽, 郭心毅. 组织公平对员工组织公民行为影响的实证研究[J]. 北京理工大学学报(社会科学版), 2016, 18(1): 82-88.

[104] 郑晓涛, 俞明传, 孙锐. LMX 和合作劳动关系氛围与员工沉默倾向的倒 U 型关系验证[J]. 软科学, 2017, 31(9): 88-92.

[105] 仲理峰, 王震, 李梅, 等. 变革型领导、心理资本对员工工作绩效的影响研究[J]. 管理学报, 2013, 10(4): 536-544.

[106] 周浩, 龙立荣, 王宇清. 整体公平感、情感承诺和员工偏离行为：基于多对象视角的分析[J]. 管理评论, 2016, 28(11): 162-169.

[107] 周建涛, 廖建桥. 为何中国员工偏好沉默：威权领导对员工建言的消极影响[J]. 商业经济与管理, 2012(11): 71-81.

[108] 周艳红, 高金金, 陈毅文. 心理资本调节工作满意度对工作绩效的影响[J]. 浙江大学学报(理学版), 2013, 40(3): 355-361.

[109] ADAMS J S. Inequity in social exchange[J]. Advances in Experimental Social Psychology, 1966, 2(4): 267-299.

[110] ALEXANDER S, RUDERMAN M. The role of procedural and distributive justice in organizational behavior[J]. Social Justice Research, 1987, 1(2): 177-198.

[111] ALLEN R E, KEAVENY T J. Factors differentiating grievants and nongrievants[J]. Human Relations, 1985, 38(6): 519-534.

[112] ANDERSON N, POTOCNIK K, ZHOU J. Innovation and creativity in organizations: A state-of-the-science review, prospective commentary, and guiding framework[J]. Journal of Management, 2014, 40(5): 1297-1333.

[113] AVEY J B, LUTHANS F, YOUSSEF C M. The additive value of positive psychological capital in predicting work attitudes and behaviors[J]. Journal of Management, 2010, 36(2): 430-452.

[114] AVEY J B, REICHARD R J, LUTHANS F. Meta analysis of the impact of positive psychological capital on employee attitudes, behaviors, and performance[J]. Human Resource Development Quarterly, 2011(2): 127-152.

[115] BASU K. Group identity, productivity and well-being policy implications for promoting development[J]. Journal of Human Development & Capabilities, 2013, 14(3): 323-340.

[116] BAUMEISTER R F, TWENGE J M, NUSS C K. Effects of social exclusion on cognitive processes: Anticipated loneness reduces intelligent thought [J]. Journal of Personality and Social Psychology, 2002, 83(4): 817-827.

[117] BERNARDIN H J, THOMASON S, BUCKLEY M R. Rater rating-level bias and accuracy in performance appraisals: The impact of rater personality, performance management competence, and rater accountability[J]. Human Resource Management, 2015, 55(2): 321-340.

[118] BLADER S L, TYLER T R. Testing and extending the group engagement model: Linkages between social identity, procedural justice, economic outcomes, and extra-role behavior [J]. Journal of Applied Psychology, 2009, 94(2): 445-464.

[119] BONO J E S, JUDGEJ T A. Self-concordance at work: Toward understanding the motivational effects of transformational [J]. Academy of Management Journal, 2003, 46(5): 554-571.

[120] BOSWELL W R, OLSON-BUCHANAN J B. Experiencing mistreatment at work: The role of grievance-filing, nature of mistreatment and employee withdrawal [J]. Academy of Management Journal, 2004(47): 129-139.

[121] BOWEN D E, OSTROFF C. Understanding HRM-firm performance linkages: The role of the "strength" of the HRM system[J]. Academy of Management Review, 2004, 29(2): 203-221.

[122] BRIAN S K. Determinants of grievance activity and the grievance system's impact on employee behavior: An integrative perspective[J]. Academy of Management Review, 1989, 14(3): 445-458.

[123] BROWN R, CONDOR S, MATHEWS A. Explaining intergroup differentiation in an industrial organization[J]. Journal of Occupational and Organizational Psychology, 1986, 59(4): 273-286.

[124] BUDD J W, GOLLAN P J, WILKINSON A. New approaches to employee voice and participation in organizations[J]. Human Relations, 2010, 63(3): 303-310.

[125] BURRIS E R. The risks and rewards of speaking up: Managerial responses to employee voice[J]. Academy of Management Journal, 2012, 55(4): 851-875.

[126] CAMPBELL W K, SEDIKIDES C. Self-threat magnifies the self-serving bias: A meta-analytic integration[J]. Review of General Psychology, 1999(3): 23-43.

[127] CHANG K, COOKE F L. Legislating the right to strike in China: Historical development and prospects[J]. Journal of Industrial Relations, 2015(57): 440-455.

[128] CHEN X P, EBERLY M B. Affective trust in Chinese leaders: Linking paternalistic leadership to employee performance[J]. Journal of Management, 2014(40): 796-819.

[129] CHOU S Y, PEARSON J M. Organizational citizenship behavior in it professionals: An expectancy theory approach[J]. Management Research Review, 2012, 35(12): 1170-1186.

[130] COLQUITT J A. On the dimensionality of organizational justice: A construct validation of a measure[J]. Journal of Applied Psychology, 2001, 86(3): 386-400.

[131] COOKE F L, SAINI D S. From legalism to strategic HRM in India? Grievance management in transition[J]. Asia Pacific Journal of Management, 2015, 32(3): 619-643.

[132] COOKE F L, XIE Y H, DUAN H M. Workers' grievances and resolution mechanisms in Chinese manufacturing firms: Key characteristics and the influence of contextual factors[J]. International Journal of Human Resource Management, 2016, 27(18): 1-23.

[133] COX E V. Organizational surveys: A system for employee voice[J]. Journal of Applied Communication Research, 2006, 34(4): 307-310.

[134] CROPANZANO R, HOWES J C, GRANDEY A A. The relationship of organizational politics and support to work behaviors, attitudes, and stress[J]. Journal of

Organizational Behavior, 1997, 18(2): 159-180.

[135] DALEY D M. If a tree falls in the forest: The effect of grievance on employee perceptions of performance appraisal, efficacy, and job satisfaction[J]. Review of Public Personnel Administration, 2007, 27(3): 281-296.

[136] DALTON D R, TODOR W D. Turnover turned over: An expanded and positive perspective[J]. Academy of Management Review, 1979(4): 225-235.

[137] DETERT J R, EDMONDSON A C. Implict voice theories: Taken-for-granted rules of self-censorship at work[J]. Academy of Management Journal, 2011, 54(3): 461-488.

[138] EISENBERGER R, HUNTINGTON R, HUTCHISON S. Perceived organizational support[J]. Journal of Applied Psychology, 1986, 87(3): 500-507.

[139] ELICKER J D, LEVY P E, HALL R J. The role of leader-member exchange in the performance appraisal process[J]. Journal of Management, 2006, 32(4): 531-551.

[140] ERDOGAN B, KRAIMER M L, LIDEN R C. Procedural justice as a two-dimensional construct: An examination in the performance appraisal context[J]. The Journal of Applied Behavioral Science, 2001, 37(2): 205-222.

[141] FASSINGER R E. Paradigms, praxis, problems, and promise: Grounded theory in counseling psychology research[J]. Journal of Counseling Psychology, 2005, 52(2): 156-166.

[142] FOLGER R, KONOVSKY M A. Effects of procedural and distributive justice on reactions to pay raise decisions[J]. Academy of Management Journal, 1989, 32(1): 115-130.

[143] FURNHAM A, PETRIDES K V, TSAOUSIS I. A cross-cultural investigation into the relationships between personality traits and work values[J]. The Journal of Psychology, 2005, 139(1): 5-32.

[144] GOLDSMITH A H, VEUM J R, DARITY W J. The impact of psychological and human capital on wages[J]. Economic Inquiry, 2010, 35(4): 815-829.

[145] GONG Y, LAW K S, CHANG S, et al. Human resources management and firm performance: The differential role of managerial affective and continuance commitment[J]. Journal of Applied Psychology, 2009, 94(1): 263-75.

[146] GOOTY J, GAVIN M, JOHNSON P D. In the eyes of the beholder: Transformational leadership, positive psychological capital, and performance[J]. Journal of Leadership & Organizational Studies, 2009, 15(4): 353-367.

[147] GORDON M E, MILLER S J. Grievances: A review of research and practice[J]. Personnel Psychology, 2006, 37(1): 117-146.

[148] Grant A M. Rocking the boat but keeping it steady: The role of emotion regulation in

employee voice[J]. Academy of Management Journal, 2013, 56(6): 1703-1723.

[149] HERNAUS T, POLOSKI V N. Work design for different generational cohorts: Determining common and idiosyncratic job characteristics[J]. Journal of Organizational Change Management, 2014, 27(4): 615-644.

[150] HOBFOLL S E. Conservation of resource caravans and engaged settings[J]. Journal of Occupational & Organizational Psychology, 2011, 84(1): 1160-1202.

[151] HOBFOLL S E. The influence of culture, community, and the nested-self in the stress process: Advancing conservation of resources theory[J]. Applied Psychology, 2001, 50(3): 337-421.

[152] HOGG M A, KNIPPENBERG D V, RAST D E. The social identity theory of leadership: Theoretical origins, research findings, and conceptual developments[J]. European Review of Social Psychology, 2012, 23(1): 258-304.

[153] HUI C, LAW K, CHEN Y, et al. The role of co-operation and competition on leader-member exchange and extra-role performance in China[J]. Asia Pacific Journal of Human Resources, 2008(46): 133-152.

[154] JAMES B A. Meta-analysis of the impact of positive psychological capital on employee attitudes, behaviors, and performance[J]. Human Resource Development Quarterly, 2011, 22(2): 127-152.

[155] KAUFMAN B E. The theoretical foundation of industrial relations and its implications for labor economics and human resource management[J]. Industrial & Labor Relations Review, 2010, 64(1): 74-108.

[156] KIEWITZ C, RESTUBOG S, ZAGENCZYK T. The interactive effects of psychological contract breach and organizational politics on perceived organizational support: Evidence from two longitudinal studies[J]. Journal of Management Studies, 2010, 46(5): 806-834.

[157] KIM K Y, EISENBERGER R, BAIK K. Perceived organizational support and affective organizational commitment: Moderating influence of perceived organizational competence[J]. Journal of Organizational Behavior, 2016, 37(4): 558-583.

[158] KLAAS B S. Determinants of grievance activity and the grievance system's impact on employee behavior: An integrative perspective[J]. Academy of Management Review, 1989, 14(3): 445-458.

[159] KURTESSIS J N, EISENBERGER R, FORD M T. Perceived organizational support: A meta-analytic evaluation of organizational support theory[J]. Journal of Management, 2017, 43(6): 1854-1884.

[160] LAW K S, WONG C S, MOBLEY W H. Toward a taxonomy of multidimensional constructs[J]. Academy of Management Review, 1998, 23(4): 741-755.

[ 161 ] LI P L, ZHU D. Make efforts to develop an olive-shaped distribution pattern: An analysis based on data from the chinese social survey for 2006-2013[J]. Social Sciences in China, 2016, 37(1): 5-24.

[ 162 ] LIDEN R C, WAYNE S J, LIAO C W. Servant leadership and serving culture: Influence on individual and unit performance[J]. Academy of Management Journal, 2014, 57(5): 1434-1452.

[ 163 ] LIU R R, MCCLURE P. Recognizing cross cultural differences in consumer complaint behavior and intentions: An empirical examination[J]. Journal of Consumer Marketing, 2001(18): 54-81.

[ 164 ] LUCHAK A A. What kind of voice do loyal employees use? [J]. British Journal of Industrial Relations, 2003, 41(1): 115-134.

[ 165 ] LUTHANS F, AVOLIO B J, AVEY J B. Positive psychological capital: Measurement and relationship with performance and satisfaction[J]. Personnel Psychology, 2007, 60(3): 541-572.

[ 166 ] LYTHANS F, NORMAN S M, AVOLIO B J. The mediating role of psychological capital in the supportive organizational climate-employee performance relationship[J]. Journal of Organizational Behavior, 2008, 29(2): 219-238.

[ 167 ] MANHARDT P J. Job orientation of male and female college graduates in business[J]. Personnel Psychology, 1972, 25(2): 361-368.

[ 168 ] MARCHAND C, VANDENBERGHE C. Perceived organizational support, emotional exhaustion, and turn over: The moderating role of negative affectivity[J]. International Journal of Stress Management, 2016, 23(4): 350-375.

[ 169 ] MARSDEN D. Individual voice in employment relationships: A comparison under different forms of workplace representation[J]. Industrial Relations: A Journal of Economy and Society, 2013, 52(Suppl.1): 221-258.

[ 170 ] MCCLEAN E, BURRIS E, DETERT J R. When does voice lead to exit? It depends on leadership[J]. Academy of Management Journal, 2013(56): 525-548.

[ 171 ] MCCLEAN E, COIIINS C J. High-commitment HR practices employee effort and firm performance: Investigating the effort of HR practices across employee groups within professional services firms[J]. Human Resource Management, 2011, 50(3): 341-363.

[ 172 ] MEYER D. Problem creation and resolution in unionized workplaces a review of the grievance procedure[J]. Labor Studies Journal, 2002, 27(3): 81-114.

[ 173 ] MEYER J P, IRVING P G, ALLEN N J. Examination of the combined effects of work values and early work experiences on organizational commitment[J]. Journal of Organizational Behavior, 1998, 19(1): 29-52.

[ 174 ] MILLIKEN F J, MORRISON E W, HEWLIN P F. An exploratory study of employee

silence: Issues that employees don't communicate upward and why[J]. Journal of Management Studies, 2003, 40(6): 1453-1476.

［175］MORGESON F, MITCHELL T, LIU D. Event system theory: An event-oriented, approach to the organizational sciences[J]. Academy of Management Review, 2015, 40(4): 515-537.

［176］MORRIS M, LEUNG K. Justice for all? Progress in research on cultural variation in the psychology of distributive and procedural justice[J]. Applied Psychology, 2000, 49(1): 100-132.

［177］MORRISON E W, MILLIKEN F J. Speaking up, remaining silent: The dynamics of voice and silence in organizations[J]. Journal of Management Studies, 2003, 40(6): 1353-1358.

［178］MOWBRAY P K, WILKINSON A, TSE H H. An integrative review of employee voice: Identifying a common conceptualization And research agenda[J]. International Journal of Management Reviews, 2015, 17(3): 382-400.

［179］NG T W H, FELDMAN D C. Employee voice behavior: A meta-analytic test of the conservation of resources framework[J]. Journal of Organizational Behavior, 2012, 33(2): 216-234.

［180］NGO H, LOI R, FOLEY S. Perceived job insecurity, psychological capital and job attitudes: An investigation in Hong Kong[J]. Intonational Journal of Employment Studies, 2013, 21(1): 58-79.

［181］OLSON-BUCHANAN J B, BOSWELL W R. An integrative model of experiencing and responding to mistreatment at work[J]. Academy of Management Review, 2008, 33(1): 76-96.

［182］OLSON-BUCHANAN J B, BOSWELL W R. The role of employee loyalty and formality in voicing discount[J]. Journal of Applied Psychology, 2002, 87(6): 1167-1174.

［183］PETERSON R B, LEWIN D. Research on unionized grievance procedures: Management issues and recommendations[J]. Human Resource Management, 2000, 39(4): 395-406.

［184］PICHLER S. The social context of performance appraisal and appraisal reactions: A meta-analysis[J]. Human Resource Management, 2012, 51(5): 709-732.

［185］RNON C, KALSHOVEN K. How high-commitment HRM relates to engagement and commitment: The moderating role of task proficiency[J]. Human Resource Management, 2014, 53 (3): 403-420.

［186］ROBERT E L. Factors differentiating grievants and nongrievants[J]. Human Relations, 1985, 38(6): 519-534.

[187] ROCHE W K, TEAGUE P. Human resource management and ADR practices in Ireland[J]. The International Journal of Human Resource Management, 2012, 23(3): 528-549.

[188] SINGH J, WILKES R E. When consumers complain: A path analysis of the key antecedents of consumer complaint response estimates[J]. Journal of the academy of marketing science, 1996, 24(4), 350-365.

[189] SMOLA K W, SUTTON C D. Generational differences: Revisiting generational work values for the new millennium[J]. Journal of Organizational Behavior, 2002(23): 363-382.

[190] SPECTOR P E, FOX S, PENNEY L M. The dimensionality of counter productivity: Are all counterproductive behaviors created equal?[J]. Journal of Vocational Behavior, 2006, 68(3): 446-460.

[191] STEPHANE C, MORGAN A M. A longitudinal analysis of the association between emotion regulation, job satisfaction, and intentions to quit[J]. Journal of Organizational Behavior, 2002, 23(8): 947-962.

[192] SWEETMAN D, LYTHANS F, AVEY J B. Relationship between positive psychological capital and creative performance[J]. Canadian Journal of Administrative Sciences, 2011, 28(1): 4-13.

[193] TAYLOR R N, THOMPSON M. Work value systems of young workers[J]. Academy of Management Journal, 1976, 19(4): 522-536.

[194] THOMAS D C, PEKERTI A. Effect of culture on situational determinants of exchange behavior in organizations: A comparison of New Zealand and Indonesia[J]. Journal of Cross-Cultural Psychology, 2003(34): 269-281.

[195] TWENGE J M, CAMPBELL S M, HOFFMAN B J, et al. Generational differences in work values: Leisure and extrinsic values increasing, social and intrinsic values decreasing[J]. Journal of Management, 2010, 36(5): 1117-1142.

[196] VAN DYNE L, LEPINE J A. Helping and voice extra-role behaviors: Evidence of construct and predictive validity[J]. Academy of Management Journal, 1998, 41(1): 108-119.

[197] WII COX K, STEPHEN A T. Are close friends the enemy? Online social networks, self-esteem, and self-control[J]. Journal of Consumer Research, 2013, 40(1): 90-103.

[198] WILKINSON A, TOWNSEND K, BURGESS J. Reassessing employee involvement and participation: Atrophy, reinvigoration and patchwork in Australian workplaces[J]. Journal of Industrial Relations, 2013, 55(4): 583-600.

# 后 记

本书是教育部人文社会科学研究规划基金项目"企业员工抱怨行为研究——构念、测量、形成机制与对策"（19YJA630063）的研究成果，是团队成员共同努力的结晶。在文献收集、数据采集、统计分析及文稿撰写等方面，段伟玲、王卿、胡雪妮、郭媛媛、周茜、夏彤等做了大量工作，在此，深表感谢。

在撰写本书的过程中，参考了学界同行的大量文献资料（受版面限制仅列举了部分参考文献），这些研究成果在本研究方案设计、理论支持、方法选择及数据分析等方面提供了宝贵的帮助，在这里对他们及他们的研究成果表示敬意和感谢。

本书的出版得到了西安工程大学学科建设经费的资助，特此感谢。